U0605432

120周年校庆
湖南师范大学附属中学

湖南
主 编
编 委　李春莲　苏建祥　廖　强
　　　　李智敏　陈胸怀　吴　卿
　　　　苏晓玲

金牌之路

主　编　谢永红　黄月初
副主编　苏建祥　李湘黔
编　委　刘进球　黄　俊　汤礼达
　　　　彭知文　殷艳辉　杨群英
　　　　许　力　谢兰萍　江　腾

湖南师范大学出版社
（长沙）

图书在版编目（CIP）数据

金牌之路 / 谢永红，黄月初主编. --长沙：湖南师范大学出版社，2025.3. -- ISBN 978 -7 -5648 -5819 -3

Ⅰ. G632.3 -53

中国国家版本馆 CIP 数据核字第 2025WX7329 号

金牌之路

Jinpai zhi Lu

谢永红　黄月初　主编

◇出 版 人：吴真文
◇策划组稿：莫　华
◇责任编辑：王　璞
◇责任校对：谢兰梅
◇出版发行：湖南师范大学出版社
　　　　　　地址/长沙市岳麓区　邮编/410081
　　　　　　电话/0731 -88873071　88873070
　　　　　　网址/https：//press.hunnu.edu.cn
◇经销：新华书店
◇印刷：长沙印通印刷有限公司
◇开本：710 mm ×1000 mm　1/16
◇印张：16.75
◇字数：270 千字
◇版次：2025 年 3 月第 1 版
◇印次：2025 年 3 月第 1 次印刷
◇书号：ISBN 978 -7 -5648 -5819 -3
◇定价：50.00 元

凡购本书，如有缺页、倒页、脱页，由本社发行部调换。

序一

携手同进　共育英才

　　湖南师范大学附属中学素以"金牌摇篮，课改先锋"著称，百廿弦歌不辍，始终以"成民族复兴之大器，做人类进步之先锋"为育人使命。欣闻附中集结数十年学科竞赛智慧结晶编纂成书，作为湖南师范大学校长，我既感欣喜，更觉振奋。这部凝聚着教育智慧与实战经验的著作，不仅是附中特色化办学的里程碑，更是新时代拔尖创新人才早期培养的生动范本。

　　学科竞赛作为创新人才培养的重要载体，承载着激发科学志趣、锤炼思维品质、锻造攀登精神的独特功能。附中教师团队以"大先生"之担当，在常规教学中渗透学科本质，在竞赛辅导中践行因材施教，构建起基础与拔尖相贯通的培养体系。书中所载的育人故事，既见高屋建瓴的学科思想指引，又见细致入微的方法论指导，字里行间跃动着附中人"追求卓越，自强不息"的赤诚之心。

　　党的二十届三中全会指出，要统筹推进教育科技人才体制机制一体改革，健全新型举国体制，提升国家创新体系整体效能。作为高素质创新人才培养重镇，附属中学为教育界提供了一份基础教育改革与拔尖创新人才培养的"附中方案"——《金牌之路》。这本书汇编了历届附属中学学科奥赛获奖者的回忆、感言与学习方法。翻阅书稿，我深切感受到三个维度的价值突破：其一，将碎片化经历凝结为系统化经验，让附中的培养范式更加可复制可推广；其二，突破应试窠臼，多维展现竞赛教育在塑造科学精神、培育核心素养中的深层价值；其三，探索中学与高等教育衔接的人才培养模式，为高等教育输送兼具学术潜质与创新能力的优质生源。这些创新与突破是湖南师大"仁爱精勤"与附属中学"公勤仁勇"校训精神的具体呈现与生动注脚，彰显着基础教育与高等教育立德树人的融汇贯通与协同互动。

当今世界正经历百年未有之大变局，国家对战略型人才的渴求比任何时候都更为迫切。期待这部著作能成为点燃青少年科学梦想的火种，为更多学校提供拔尖创新人才早期培养的实践指南。相信附属中学师生必将以此为新起点，在守正创新中续写辉煌，沿着"金牌之路"走向新的远方，为教育强国建设作出更大贡献！

是为序。

刘仲华

2025 年 3 月 1 日于岳麓山下

（作者系中共第二十届中央候补委员，中国工程院院士，湖南师范大学校长）

序二

育拔尖创新之人才， 成民族复兴之大器

　　拔尖创新人才是国之重器和核心竞争力，着力造就拔尖创新人才已成为新时代学校教育的重大使命。中小学是拔尖创新人才成长的基础性、关键性阶段，然而，我国基础教育阶段拔尖创新人才培养却存在明显短板：一是认识不足，意识不强，未能将拔尖创新人才早期培养责任担在肩上；二是定位不准，衔接不畅，未能建立小中大一体化贯通式培养体系；三是能力不足，跟进不力，拔尖创新人才早期培养师资和课程建设严重滞后。多年来，湖南师大附中以"成民族复兴之大器"为己任，利用省级基地、大学附中、集团化办学、示范性高中等显著优势，聚焦学科竞赛、体艺竞技、科创体验等实践领域，积极开展拔尖创新人才贯通式培养实践探索，形成了较为成熟的拔尖创新人才早期培养联动体系和共育机制，开辟了一条拔尖创新人才早期培养的金牌之路。

一、培根铸魂，担当拔尖创新人才早期培养责任使命

　　清代魏源曾在《默觚下·治篇九》中指出："人才者，求之者愈出，置之则愈匮。"拔尖创新人才能否如雨后春笋般茁壮成长，取决于是用心"求之"还是漠然"置之"。相关研究显示，逻辑思维、语言、想象力、创造力等创新素养的培育关键期，一般在 12 岁前后；如果不能适时地实施适合的教育，就可能错过发展最佳期，断送成才可能性。可见，中小学阶段是培养拔尖创新人才关键期，广大中小学校必须主动作为，孜孜"求之"，积极担当拔尖创新人才早期培养的使命责任。

中小学校拔尖创新人才培养属于早期培养或基础性培养，关键是要培养其正确的价值观、必备品格和关键能力，培养其创新人格、精神、品质和思维。印度有句谚语："孩子还小时，给他们深根；等他们长大了，给他们翅膀。"中小学阶段无疑是"给他们深根"的关键期，应该立德为先，培根铸魂，帮助孩子们"扣好人生第一粒扣子"，助力他们成长为担当民族复兴大任的时代新人，而不是应试狂魔、刷题机器、"精致利己主义者"。

湖南师大附中早在二十世纪八十年代就启动拔尖创新人才早期培养。学校以学科竞赛、体艺竞技、科创体验为突破口，开展整体教育实验班、超常发展教育实验班、个性特长实验班、理科实验班等创新实践，构建教学、训练、竞赛一体化培养模式，为有志趣、有天赋、有潜力、有余力的学生提供了广阔发展空间。学校从全面发展、个性发展、家国情怀、全球视野等四个维度强化价值引领，明确"素质全面，个性优良，成民族复兴之大器，做人类进步之先锋"的育人目标，校训"公勤仁勇"被确立为全校师生行动共识，"天下为公、勤勉笃行、求仁履实、敢为人先"的湖湘文化特色被确立为附中学子生命底色。学校确立"以研究为先导"的共同价值观，倡导教师"做学生创新思维的引路人"，引领学生感受知识发现过程，体验科学方法运用，从而培育学生的探究精神、研究习惯和解决问题能力，提升其学习效能和创新素养。精准定位并注重价值引领，促使湖南师大附中成为一所以解答"钱学森之问"为使命的研究型高中。

二、打通壁垒，构建拔尖创新人才早期培养联动机制

困扰基础教育阶段拔尖创新人才早期培养的诸多因素中，开辟学苗识别、选拔、培育绿色通道，可谓最大难题。受功利主义教育观、片面追求入学率、分数至上等顽障痼疾制约，不少地区实行"学苗地方保护主义"政策，百计阻挠本地优秀学生报考外地名校，试图通过"封山育林"来提高"教育政绩"。不少原本有天分、有潜力、有志趣的学生，被逼陷入刷题应试的泥淖之中，兴趣越来越淡，灵气越来越少，好奇心越来越缺失，想象力越来越枯竭，最终像方仲永一般"泯然众人矣"。可见，中小学拔尖创新人才早期培养，必须打通壁垒，构建跨地区、跨领域、跨学校、跨学段、跨学科的共育体系。

　　湖南师大附中充分利用省级基地、大学附中、集团化办学、示范性高中等办学优势，积极探索拔尖创新人才小中大贯通式培养新路径，初步建立了体系开放、机制灵活、渠道互通、选择多样的共育机制。

　　一是"向内挖潜"，立足校本开展拔尖创新人才早期培养。开活国家课程，将创新思维方法融会渗透到学科学习之中，打造"科学教育见长、人文素养厚重"的课程实施特色；开发卓越课程，满足学生科创普修、人文精修、专长深修、竞赛专修等课程需求，促使学生全面而有个性地发展；创设"三导四学"研究型课堂范式，构建以问题为载体、以自主研习和合作探究为主体的课堂教学新样态；开展研究性学习课程化建设，使其成为培养学生创新精神、品质、思维、能力和人格的肥田沃土；搭建学达讲坛、科创体验室、红枫艺术团、体训俱乐部、白帆文学社等活动平台，为各类拔尖创新人才的茁壮成长铺路搭桥。2018 年来，学生获市级以上体艺、科创、研究性学习等奖项累计超 4000 人次，入选丘成桐领军计划、湖南省英才计划，以及学科奥赛国家代表队、国家集训队、湖南省代表队人数连年居全省首位。

　　二是"向下衔接"，利用集团化办学优势开展创新人才"前置培养"。面向教育集团内部的小学和初中学校，定期组织"三小"（小论文、小发明、小探究）评比、"攀登杯"系列活动、夏令营（冬令营）集中研修、科技节科创体验等多样化活动，将拔尖创新人才早期培养重心下移，战线前移，较好解决了"苗子"甄别选拔与小初高衔接培养难题。我校近三年共 11 名学生入选清华大学丘成桐领军计划，其中两名为初三学生，均为集团校委托校本部重点培育的"苗子"。

　　三是"向上对接"，配合高等院校开展拔尖创新人才"升格培养"。学校携手清华大学、北京大学、浙江大学、上海交通大学等高等院校创建拔尖创新人才共育基地，开设 CAP 大学先修课程，全面对接强基计划、领军计划、英才计划、卓越计划、攀登计划等高校人才培养改革举措，主动迈上基础教育与高等教育共育拔尖创新人才的探索之路。2022 年，我校共有 23 名学生入围清华、北大"强基计划"并获破格录取资格；近两年里，我校先后有王秭如、向芊蓓、张榕航、郭家怡等同学获丘成桐女子数学竞赛诺特奖。

四是"向外连接"，调动社会资源开展拔尖创新人才联合培养。学校多方调动家长资源，激发家长参与人才共育的积极性和主动性；争取学校周边科研院所、厂矿企业及实践基地的支持支援，开展基于科技产业平台资源的项目化学习实践；融通国际课程，借鉴国外英才培养课程和培养模式，提高创新人才培养水平。近年里先后有大疆创新科技有限公司、西北工业大学等单位在我校设立科创体验场馆。

三、变革方式，推进拔尖创新人才早期培养课程建设

培养拔尖创新人才，最根本的是要改革传统育人方式。长期以来，中小学教育一直在追求"齐步走"和"一起走"，结果"齐步走"怎么也走不齐，"一起走"怎么也走不到一起。每所中小学校，都客观存在着有志趣、有天赋、有潜力、有余力的学生，学校理应因材施教，确保他们享受适合的教育。"有教无类"的教育机会公平必须确保，"因材施教"的教育过程公平也要力求，中小学校应该"不拘一格降人才"，为拔尖创新后备人才的茁壮成长搭平台夯基础，促使他们全面而有个性地发展。

多年来，湖南师大附中致力于普通高中育人方式改革，构建了多元主体全员参与、全方位全过程指导全体学生成长成才的人才培养新机制。

一是构建基于立德树人的人本课程体系。育人方式改革的核心，是构建多元而完备的课程体系，让能走的孩子走得更稳、能跑的孩子跑得更快、能飞的孩子飞得更高。湖南师大附中在原有"两性四型"课程体系基础上，构建由基础课程、拓展课程、卓越课程构成的人本课程体系，将课程开发实施的着眼点和着力点从"怎样培养人"转向"培养什么人"。其中"卓越课程"包括学科奥赛、科创教育、先修衔接、艺体专长、人文精修、国际理解等课程门类，为有志趣、有天赋、有潜力、有余力的学生提供丰富多样的课程选择，满足了他们科创普修、人文精修、专长深修、竞赛专修等课程需求，促使他们走上拔尖创新人才的茁壮成长之路。

二是采取便于因材施教的教学组织方式。学校确立了"整体化、差异化、个别化、自主化"的教学组织原则，采取整体教学、行政班教学、分组教学、开放教学、现场教学等多样化组织形式，实行"常规课齐头并进打基础，拓展课自主选择抓长短，辅导课个别跟进释疑惑，自习课自主探

究促内化"的灵动教学策略，真正将"以人为本、承认差异、发展个性、着眼未来"的课程理念做到了细处，落到了实处。

三是实行利于个性发展的选课走班制度。学校建立了科学的选课制度和走班教学制度，指导学生自主选择课程，帮助学生"私人定制"课程，允许学生跨班级、跨年级、跨校区选课，创设分类走班、分层走班、分项走班、分块走班等多种走班教学方式，满足了学生个性化、多元化、差异化学习与发展需求，促进了学生全面而有个性地发展。近年里，学校先后有蒋品、覃泽众等优秀学子考入牛津、剑桥等世界著名学府，多名高一高二学生取得学科奥赛优异成绩。

四是施行益于终身发展的成长向导制度。学校修订《学生成长导师制实施方案》，使其成为"人人当导师"的全员导师制、"生生配导师"的全生导师制、"时时遇导师"的全天候导师制、"处处见导师"的全过程导师制、"事事找导师"的全方位导师制和促进学生德智体美劳全面而有个性发展的全面导师制。学校强化并规范学生发展指导，整合思想启导、学业辅导、实践指导、学术引导、生活帮导、心理疏导、生涯向导、专业训导等八类课程，形成目标定位恰当、内容科学有序、实施切实可行、评估多元可信的成长向导课程体系，全方位服务学生成长成才和终身发展。

四、培养师资，提升拔尖创新人才早期培养能力水平

拔尖创新人才早期培养专业性较强，必须由高素质、专业化、创新型教师领衔担岗。中共中央、国务院《关于全面深化新时代教师队伍建设改革的意见》要求："到2035年，教师综合素质、专业化水平和创新能力大幅提升，培养造就数以百万计的骨干教师、数以十万计的卓越教师、数以万计的教育家型教师。"新时代人民教师应当科学规划专业成长和职业生涯，努力成为高素质、专业化、创新型的卓越教师，这既是时代的召唤，也是培养拔尖创新人才的需要。

湖南师大附中2015年开启研究型高中建设新征程，2018年成为湖南省"十三五"教育科学研究基地（示范性高中研究型教师队伍建设研究基地），潜心开展研究型教师校本培养创新实践。学校强调"教师成为研究者"，开展"示范性高中研究型教师的内涵、价值和培养途径研究""新时代研究型

高中师德师风建设实践探索"等省级重点课题研究，系统探究研究型教师内涵、特征、价值和成长规律，构建"修学教研一体化"教师专业化发展模型。通过专家引领、同伴互助、自主研修、项目促进等路径举措，学校培养了大批富于情怀、勤于学习、长于实践、崇尚学术的研究型教师，为拔尖创新人才早期培养提供了强有力的师资保证。

学校注重拔尖创新人才早期培养教练队伍建设，要求教练们秉持"立德树人"教育初心，坚持理论探究、实践探索两条腿走路，锚定高素质、专业化、创新型三大目标，做到师德涵养和专业培训融合、知识传授和技能训练融合、教育意识和科研能力融合、提升智慧与增强情商融合等四大融合。为提升教练育人水平能力，学校提出十大要求：一是学习研究专家学者的科学探究精神；二是学习研究国内外大学教材与大学先修课程；三是学习研究国际、国内竞赛试题及各地拔尖学生培训试题；四是学习研究考研考博试题；五是学习研究专业文献；六是学习研究生产生活中的科学现象；七是学习研究前沿科学；八是学习研究拔尖学生培养试题和实验；九是学习研究知名高校教授或科学家所探究的问题；十是学习研究教育学、心理学。修学教研赛一体化培养模式，促进了我校教练快速成长，地科教练向超取得博士学位，体育教练邓轶轩入选国家女子垒球队教练团队。

清华大学原党委书记陈希曾提出：拔尖创新人才应具有六大素质，即德才兼备、专业领域有很深的造诣、对探索未知世界具有浓厚兴趣和丰富想象力、有创新勇气和思维方式、有全面完善合理的素质结构和知识结构、有宽广的国际视野。除"专业领域有很深的造诣"外，其他素质都需要甚至取决于基础教育阶段的早期培养。可见，中小学校在拔尖创新人才早期培养领域大有可为，必须大力作为并且大有作为，方能不辜负为党育人、为国育才的时代责任和历史使命。

谨以此文为《金牌之路》序。

谢永红

2025 年 1 月 8 日于岳麓山下

（作者系湖南师范大学附属中学党委书记，中学正高级教师，享受国务院政府特殊津贴专家，全国五一劳动奖章获得者，湖南省徐特立教育奖获得者）

目 录

第二篇　物理

第三篇　化学

第四篇 生物学

第五篇　信息学

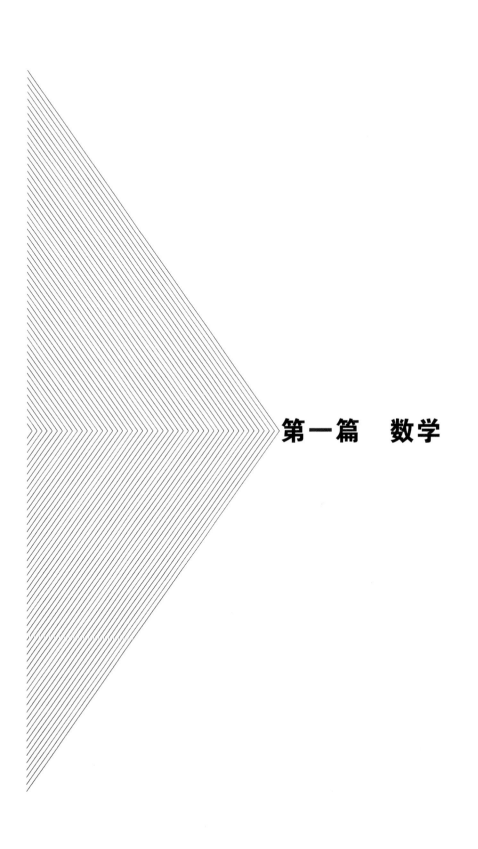

第一篇　数学

数学竞赛，让我从农村走向了世界

作 者：郭早阳，获得 1991 年第 32 届国际数学奥
林匹克竞赛（IMO）银牌。本科就读于清
华大学土木工程系；博士就读于美国西北
大学（Northwestern University，USA），师
从美国两院院士、固体力学大师巴赞特
（Bazant）教授。先后在英国格拉斯哥大
学、英国纽卡斯尔大学、重庆大学、北京航空航天大学等任职，
目前为哈尔滨工业大学（深圳校区）理学院教授。

教 练：袁宏喜
班主任：沈 真

有校友说，我是附中奥赛国际奖牌第一人。看着当年那块 IMO 银牌，
我沉思良久。的确，因为数学竞赛，我成了附中首批入选国家队的人，也
成功从农村走向世界，更成就了今天的我。

提笔回忆数学竞赛往事之时，我已是年过半百。当年的数学竞赛往事，
竟已是 30 多年前的事情了。如果我的记忆和历史有偏差，那可能是时代久
远导致的记忆误差，请大家原谅并指正。

我和师大附中结缘就是因为数学竞赛。我从小在长沙县北山区的一个
农村长大，在我读小学和初中的时候，甚至都没有听说过湖南师大附中。
主要原因，一方面是 20 世纪七八十年代农村消息闭塞，另一方面是因为那
个时候，像湖南师大附中这样的长沙市名校，只在长沙市市区招生，而我

作为长沙县初中生，按常理是与师大附中没有交集的。然而，在我初三那一年，命运的齿轮开始转动。初三时，我通过层层选拔参加了全国初中数学联赛，取得了长沙市一等奖的好成绩。那个夏天，师大附中的毛国林老师通过多方打听，找到了远在乡下的我。他告诉我，师大附中首次获批面向全省举办一个"全面打基础，发展个性特长"实验班146班，欢迎我报名参加。

1988年的秋天，我顺利通过了实验班的招生考试，在师大附中开启了对我未来人生影响深远的三年高中求学生涯。

进入附中后，我第一次见到袁宏喜老师，他是我们实验班的数学老师，也是高一年级的年级组长。他跟我说："郭早阳，你要开始准备今年的高中数学联赛了。"当时的我异常惊讶，因为那意味着我需要在短短的一个月时间内，学完整个高中的数学知识！

在进师大附中之前，我的小学、初中教育都是在农村完成的。我母亲是小学语文老师，父亲是初中体育老师。我那时学数学，主要是自学完成的。在小学三年级的时候，我就已经学完了小学的数学内容。在初一暑假自学几何的时候，我感觉自学完课本内容以后还是有不少几何难题不会作辅助线，就央求父母带我去当时长沙市最大的袁家岭新华书店，买了三本几何方面的教辅书（当时市面上教辅书很少）。一个暑假做完了那些书上的几千道几何题，我终于对各种辅助线的作法有了感觉。但当时，我找不到系统的数学竞赛培训书籍，所以我的数学竞赛水平主要是通过思考求解零散看到的难题来提高的。小时候，父亲教过我一些《九章算术》等古代数学书上的难题，我现在还记得他给我讲的"韩信点兵"问题的口诀（所以我经常说我的数学是体育老师教的），但他也没法讲清楚口诀背后的原理，直至我在高中系统学习了数论里的"中国剩余定理"后，才真正理解了"韩信点兵"问题。

在进附中的前三个星期，我充分发挥了自主学习能力，很快学完了高中所有的数学内容，而且学习效果非常好，当时做高考模拟题，每次都基本满分。我高一主要就在附中的超常班、高三班级学习准备高考。当年，我还参加了全国高中数学联赛，并取得了省里的优胜奖；还报名参加了中国科大的少年班考试。虽然当年高一结束时高考发挥得不好，没有考上少年班，但是那段经历让我对高中的其他学科进行了全面学习，对我以后的发展非常有利。

在高一准备高考时，我也没有落下数学竞赛的学习。在高二的全国高中数学联赛中，我的成绩在湖南省排名第二。但因为当年联赛题太容易，成绩没有很好的区分度，很难选拔出冬令营选手（当时冬令营选手仅100人左右）。于是，为选拔冬令营选手，联赛之后又进行了一次全国优胜选手的加试。

在那次加试中，我出现了一点状况，没能入选冬令营，那次经历让我至今记忆犹新。加试的前两个星期，我看书看到了一道难题。当时没有做出来，我就看了书上的解答思路。那时我是看懂了那个解答思路的。在加试试卷打开的一瞬间，我发现最后一道题和那道难题一模一样，我当时就意识到自己没有真正理解答案，做不出来。所以，我当时心态就崩溃了，发挥失常，考得很差。当年，湖南省只有第一名按规则不用加试直接入选冬令营，参加加试的选手无人入选（由此可见，当时湖南省的数学竞赛水平在全国相对较弱）。这件事也让我意识到，光看懂解答是没有用的，如果没有真正理解，我没办法做出超出自己认知之外的难题。从那以后，我对每一道难题都特别珍惜，尽自己最大的能力去把它搞懂、吃透。

因为在高二的全国数学联赛中成绩不错，南开大学给我发了录取通知书。我当时决定不读高三，直接去南开大学读数学系。现在回想起来，附中是有尊重学生选择的好传统，学校没有强行挽留我再读高三冲刺冬令营等为学校争取荣誉，同意了我去南开大学读书。但后来，因其他原因，我还是留在了附中继续读完高三，并在1990年下半年再次冲击全国高中数学联赛。

高三的全国高中数学联赛，我和同班的刘新二人顺利进入了冬令营。当年的冬令营在华中师范大学举办，有大约100个选手参加。能去冬令营我还是非常兴奋的。因为，去武汉参加冬令营是我这辈子第一次坐火车，也是第一次离开湖南，能看到外面的世界，还不用花太多爸妈的钱（花销都有报销），让我非常开心。这也是我人生第一次到达了长江以北。我和刘新在当时的考试中都发挥出色，顺利进入了当年只有 24 人的集训队。

在短短四周的集训过程中，我们考了很多次考试。我很幸运，凭借自己"完美解答"的特点（会的题能拿满分）和稳定的发挥，有幸在非常残酷的淘汰过程中"通关"，进入了国家队的六人名单。

集训队结束前聚餐，很多选手都喝了些酒，有几个失意的选手甚至有些喝多了。每个集训队的选手都是优中选优的强手，除了极个别的天才中的天才，能不能进国家队很大程度上靠运气，还有解题习惯。那时候通信不发达，我们没有通知学校选拔结果。集训结束后返回长沙，在长沙火车站我告诉来接站的学校团队，我进了国家队，班主任沈真老师听到后高兴得跳了起来。我记得他当时对我说："郭早阳，你晓得啵？你创造了附中的历史！"

四周集训，我印象最深刻的居然是天南街上的手工水饺。虽然是个南方人，但我从小就特别爱吃水饺，小时候每次到长沙市，我都央求我爸带我去新华楼吃长沙最好的饺子。等到我好不容易有机会第一次到北方，吃到心心念念的北方饺子的时候，我记得吃第一口时眼泪都要出来了，"天呐，这个世界上竟然有这么好吃的饺子！"在那四周里，我每天至少要去吃一顿水饺，父母给的零花钱，大部分都花在了水饺上面。集训的四周，有很多著名教练给我们上课，让我的竞赛水平得到了快速提升。

国家队的集训，是在南开大学。这次去天津路过北京的时候，我去天安门看了升旗，圆了很多中国人都有的梦。国家队的集训，强度和压力都小了很多，教练组把给我们减压作为重点。在去瑞典比赛之前，为了习惯比赛时的饮食，教练组特意带我们在北京吃西餐，还带我们去北戴河疗养院放松了几天。轻松的环境、名师的点拨，我发现，自己对数学越来越沉迷了。在国家队集训时，大名鼎鼎的陈省身老先生正好在南开大学。接触中，先生的睿智给我留下了深刻的印象。我现在还记得，当他听到我们要去瑞典参加考试，就如数家珍似的给我们介绍瑞典的数学家的情景。

去瑞典参加比赛，是我第一次坐飞机、第一次走出国门。到了瑞典，我看什么都好奇，又经历了无数个人生的第一次：第一次吃国宴、第一次用滚筒洗衣机……

当年，IMO考试共六道题，连续两天的最后一题，我都做得不是太好，最后只拿到了银牌，那可能也是我的真实水平。副领队知道后，完全没有责怪我。据说，我答得不是太好的第三题，是中国命题的。我有点自我安慰地认为，这也恰好反映了中国教练组没有违规泄密。

回忆参加数学竞赛的经历，我最需要感谢的，是附中给了我足够的自由空间。在高中期间，我能够自由安排自己的时间、自己的学习计划。附中给我提供了当时湖南最充足的资源，让我在数学的奇妙世界中遨游。另外，在附中，我还遇到了很多天才同学，高146班整体数学成绩都非常好，数学学习氛围也很好。班里有不少同学都参加了数学竞赛，大家你追我赶，很多人从高一开始就拿到全国联赛的省级奖项，最后，班里"四大天王"中，有两个进了国家集训队。正是他们的优秀，激发了我的潜能，让我得以和他们一起茁壮成长。在附中，学校和老师尊重学生的传统，也让我受益匪浅。在我的学术生涯中，我一直和我的研究生平等相处，以至于有很多学生都邀请我做他们婚礼的证婚人。

在数学竞赛学习的过程中，我收获最大的并不是一块IMO的银牌，而是在这个过程中，我学会了独立思考，提高了自主学习能力（分析问题、解决难题的能力反而在其次）。这种独立思考和自主学习的能力，在我读博士、在高校当老师做科研时，都给了我很大帮助。可以说，我在科研上的小小成绩，离不开那几年数学竞赛学习的训练。

接到母校通知，要我写下自己的攀登记忆，以激励学弟学妹们。我开始还担心自己作为一个词汇贫乏的理工男，写不出多少内容。没想到现在年纪大了，回忆起往事竟是唠唠叨叨，让大家见笑了。

▶》》**寄语学弟学妹:**

对于一个竞赛生来说,首先,也是最重要的一点,一定要全面培养。不能只学习数学竞赛,从教育和个人发展的角度来说,高中全面教育是必需的,要对高中尤其是高考的所有学科,都进行全面的学习。

其次,要学会正确的自主学习的方法,最高效地培养、提高自己独立思考的能力。一般来说,竞赛生在学习方面都很主动,但如何做到最高效、最节约时间,需要尽快总结出最适合自己的方法。

再次,也是总结我能够幸运进入国家队的一个最重要因素,也是我的一个特点,那就是"完美解答"的能力。即对于自己会做的题,一定要能够拿满分;对于自己不会做的题,要把会做的部分表述得很好,尽可能地多拿分。我认为,这种"完美解答"的能力,决定了一个竞赛生最终能够走多远。我们应该总结这方面的经验,重视这个问题,有意识主动训练这方面的能力。

高效管理时间，练到"熟能生巧"

作　者：林乾，获得中国数学奥林匹克竞赛（CMO）
　　　　银牌。本科、硕士就读于北京大学数学专业，
　　　　博士毕业于麻省理工学院。现为北京大学副
　　　　教授。

教　练：汤步斌
班主任：易红芝

在湖南师大附中的几年，是我人生中最难忘的时光。不仅仅是因为这里有美丽的校园环境，更因为这里有一群志同道合的朋友和老师。他们陪伴我度过了青春岁月中最宝贵的时光。在这里，我不仅在学业上取得了显著进步，更在为人处世、思维方式和个人素质上得到了极大的提升。每一天，我都在知识的海洋中遨游；每一次挑战，都让我更加坚定自己的目标和梦想。

回想起在湖南师大附中的日子，我深刻地意识到，对于一个高中生来说，时间管理是多么重要。学习任务繁重，课外活动丰富多彩，如何在有限的时间里做出最合理的安排，是我在高中学到的最重要一课。如果有机会重读一次高中，我会更加注重时间的高效管理。我会制订详细的学习计划，合理分配学习、休息和娱乐的时间，确保自己能够在紧张的学习之余，也能享受到生活的乐趣。

在数学竞赛方面，我深知熟能生巧的道理。如果能再回到高中时光，我会制订更加系统性的训练计划，深入研究竞赛的各个分支，如代数、几

何、组合等，并对自己做过的题目，进行归纳整理和适当引申。通过这样的方式，相信自己能够在数学竞赛中取得更好的成绩，同时也能提升自己的逻辑思维和解决问题的能力。

任务分解与规划也是我希望能够改进的地方。我们通常会高估自己几天内能完成的任务，而低估几周、几月甚至几年的时间内可以完成的事情。如果再来一次，我会仔细地将复杂任务分解在周、月、年等时间尺度上，以更好地实现长期目标。这样的规划不仅能帮助我更好地管理时间，还能让我在面对挑战时更加从容不迫。

此外，我还深刻体会到了自主学习的重要性。在高中阶段，我们不仅要完成老师布置的作业，更要有主动探索知识的欲望。如果我能再次回到高中，我会更多地利用图书馆和网络资源，拓宽自己的知识面，培养自己的兴趣爱好。我相信，通过自主学习，我能够更好地发现自己的潜力，为未来的发展打下坚实的基础。

希望这些经验，对正在求学的学弟学妹们有所帮助。愿大家在学习的道路上，找到自己的节奏，保持对知识的热爱，迎接每一个挑战，成就更加优秀的自己。让我们一起努力，为了梦想而奋斗，为了未来而拼搏。在湖南师大附中的每一天，都是我们人生中最宝贵的财富，让我们珍惜这段时光，让它成为我们人生中最美好的回忆。

▶▷▷ 寄语学弟学妹：

亲爱的学弟学妹们，学习是为了探索未知、发现自我，而不仅是为了考试。希望你们珍惜在附中的每一段时光，勇敢追求自己的梦想。我希望你们在未来的工作学习中：

保持好奇心：对知识保持好奇心，勇于探索新领域。好奇心是创新的源泉，会带领你们走向更广阔的天地。

学会自主学习：掌握自主学习的能力，主动寻找学习资源，培养独立思考和解决问题的能力。

合理管理时间：学会合理安排时间，平衡好学习与生活。时间管理不仅能提高学习效率，也能让人有更多时间追求兴趣和爱好。

坚持不懈：面对困难和挫折，不要轻言放弃。坚持不懈的努力终将带来丰硕成果。每一次的失败，都是成长的机会。

保持良好心态：在竞争激烈的环境中，保持积极向上的心态。相信自己，勇敢面对挑战，善于从失败中汲取教训，不断进步。

愿你们在附中的时光里，收获知识、收获友谊、收获成长。未来属于你们，期待你们成为更加优秀的自己，为社会和国家作出更大贡献。

突破的瞬间，像被打通了"任督二脉"

作 者：肖维，获得 IMO 金牌。本科、硕士就读于清华大学，博士毕业于香港科技大学。现就任于深圳大学。

教 练：卞新荣、汤步斌
班主任：苏建祥、蔡卫红

2024 年国庆前夕在湖南师大开会，会场恰好在母校附中的旁边，便想着趁会议间歇，到校园去看一看。

时光如白驹过隙，悄然流转。不觉间，离开附中已有二十余载。当我再次踏入这片熟悉的校园，往昔的记忆如潮水般汹涌而来，心中感慨万千。

门口右边多了些雕塑、假山、喷泉，增添了许多园林的味道。那天似乎恰好是运动会，稚嫩的学弟学妹们穿着熟悉的校服在教学楼前集合，准备参加运动会的开场。在教学楼转了一圈，都是熟悉的风景。走进图书馆，除了竞赛教室搬到了 4 楼，其他都还是当初的布局。4 楼的墙上，挂着一些照片，有不少熟悉的面孔。遇到刚刚指导学生拿到 IMO 金牌的汤礼达教练，热情地聊了一会儿当年共同的人和事，感叹离开时仍是少年，再来时已是两鬓微霜。

高中时代是一段充满迷茫与探索的岁月。彼时的我，在化学与数学之间徘徊不定。化学成绩还过得去，加上当时的班主任又是化学老师，这让我对化学有着天然的亲近感。然而，我花在数学上的时间也是不少的，在各种考试中也未曾辜负。这两门学科就像摆在我面前的两条道路，我犹豫不决，不知该如何抉择。

直到大部分人完成竞赛分班后，看着曾经一起讨论问题的同学相继离开，一种难以言喻的失落感涌上心头。那一刻，我明白了自己内心的抉择。那个决定，如同在我迷茫的人生中点亮了一盏明灯，引领我踏上了一条充满挑战的道路。

附中也让我收获了另一份热爱——足球。高中时，一次偶然的机会，我被同学们拉去踢了一场球。从那以后，我便爱上了这项充满激情与活力的运动。球场上的奔跑、拼搏，成为我生活中不可或缺的一部分。每一次射门、每一次传球，都让我感受到团队协作的力量和挑战自我的乐趣。二十多年后的今天，我依然坚持踢球。无论是在忙碌的工作之余，还是在闲暇的周末时光，只要有机会，我就会约上三五好友，在球场上尽情挥洒汗水。足球不仅让我保持了健康的体魄，还教会了我坚持、团队协作和积极面对挑战。

回顾那段竞赛岁月，我深感幸运。附中为我们提供了无比优越的条件，这里有优秀的培训老师。他们知识渊博、教学经验丰富，总是耐心地指导我们，为我们答疑解惑。他们不仅传授知识，更注重培养我们的思维能力和创新精神。在他们的引导下，我们逐渐掌握了数学竞赛的精髓，学会了如何分析问题、解决问题。记得有一次，我在一道难题面前卡壳了，苦思冥想了好几天都没有头绪。直到某个瞬间，就像突然打通了"任督二脉"，清晰的思路在脑海中显现出来。那一刻，我心中充满了喜悦和成就感。学校还邀请全国最优秀的竞赛教练到附中讲课。他们带来了先进的教学理念和方法，让我们接触到了最前沿的数学知识。那些教练们虽然讲课风格各异，但都充满了激情和感染力。他们用生动的例子和深入浅出的讲解，让我们领略到了数学的魅力。在他们的指导下，我和同学们的潜能得到了极大激发，有了与全国各地优秀选手一较高下的能力。

附中的岁月，是我人生中最宝贵的财富，不仅给予了我们知识和技能，更培养了我们的品德和素养。在这里，我们学会了尊重他人、关爱他人，学会了团队协作、勇于担当。这些品质将伴随我们一生，成为我们前进道路上的坚实基石。在这里，我找到了方向、收获了荣誉、得到了成长。我感恩母校给予我的一切，感恩那些曾经陪伴我成长的老师和同学。

站在母校这片熟悉的土地上，我仿佛看到了当年那个充满朝气和梦想的自己。我知道，无论时光如何流转，附中精神将永远激励我前行。

▶》 寄语学弟学妹：

在拔尖创新人才早期培养中，尤其是竞赛领域，可以更多注重个人能力的全面发展。管理上，除了关注学业成绩，还要着重培养自我管理能力，学会合理安排时间、制订学习计划，提升自主学习的效能。同时，强化团队协作能力的培养，在小组竞赛项目中、在合作中，学会沟通、协调与包容。

不能仅聚焦于学科知识的学习，要注重综合素质的拓展，如领导力的培养，在实践中锻炼领导才能，学会如何激励团队、做出决策。还要提升表达能力，能够清晰地阐述自己的观点和想法。

在不断超越中，实现自我

作　者：李先颖，获得 2004 年第 45 届 IMO
金牌。清华大学博士，荣获 2006 年
第十届清华大学智能体大赛冠军，
所写论文被评为 2013 年中国计算机
学会（CCF）优秀博士论文。现为
网易公司研发专家。

教　练：王树国
班主任：贺忠良、蒋向华

　　二十年前在湖南师大附中度过的五年宝贵时光，仍历历在目，仿佛就发生在昨天。那是一段写满挑战与成长的日子，每一天都充满了新的发现和惊喜。

　　1999 年，我进入附中超常实验班（超八班）学习，贺忠良老师是超八班的班主任及数学老师。贺老师的数学课生动有趣，他能用最简单的语言，解释最复杂的概念。这让我们那些本就对数学充满好奇的孩子，学习起来更加游刃有余。为进一步激发我们的数学兴趣，在那个信息远没有现在发达的时代，贺老师坚持组织班级每周开展"有奖征解"活动，还鼓励大家订阅《中等数学》杂志，这些活动不仅培养了我的数学兴趣、筑牢了数学基础，而且锻炼了我的逻辑思维能力和解题能力。

　　初二下学期的暑假，贺老师推荐我到高中理科实验班黄军华老师的数学组旁听。黄老师的教学风格严谨又不失幽默，他习惯用生动的例子给学生讲解抽象的数学概念。在黄老师的课堂上，我学到的不仅是知识，更是如何学习、如何思考的方法。黄老师以及高年级学长们的钻研精神让我获益匪浅，尤其是 2003 年 IMO 金牌得主王伟学长的学习劲头。

那段时间，我的进步真可以用"巨大"来形容。榜样的力量，让我明白了什么是真正的学术追求和探索精神。耳濡目染下，我逐渐能够独立思考和研究问题了。

但我的大挑战，也随之而来。进入高二，为了实现进入集训队、国家队的目标，15 岁的我，做出了人生成长过程中极具重要意义的决定——在超八班的基础上延迟毕业一年。

那时，王树国老师是我的竞赛教练。在我身上，他倾注了大量心血。几乎全年无休地帮我搜集资料、分析问题，带我全国各地游学、参加比赛。对我来说，王老师是良师，更是益友。他的教诲让我受用终生，他的每一句话都像是一盏明灯，为我照亮着前行的路。他总是引导和激励我，"人生要有梦想，要敢于追求，即使面对困难和挑战，也不要轻易放弃"。国家队选拔考试期间，王老师特意与我散步谈心，帮我调整状态。当时，那一句"做最好的准备，做最坏的打算"，让我卸下了沉重的心理包袱。在王老师的引导下，我学会了如何面对压力，如何调整心态，如何在竞争中保持冷静和专注。

在附中，我收获的不仅是数学方面的成绩，更有人格方面的成长与完善。学习期间，我有幸参与了许多有意义的团队合作。这些团队合作，不仅提高了我的学习效率，也增强了我的团队意识，学会了如何与他人合作、沟通、协调，如何在失败中寻找教训、在成功中保持谦逊。这些经历和教训，对我后来的学习和工作都产生了深远的影响。我也有幸结识了许多志同道合的朋友。我们一起学习，一起讨论问题，一起参加各种活动。朋友们给了我很多的支持和鼓励，也让我学会了如何与人相处，如何共同面对挑战。友谊，成为我附中生活的最宝贵财富之一。

前进的路上，我曾遇到过不少挑战和困难。比如，学习的压力，有时让我喘不过气；与同学协作中的矛盾，有时让我困惑和无助……但在老师、学长和朋友们的帮助下，这些挑战和困难，瞬间转为让我学会如何面对问题、解决问题，并在逆境中顺利成长的阶梯。

回想起那些日子，我心中充满了感激。感谢附中给了我一个展示自己才华的舞台，感谢无私帮助我的师长们，感谢那些一起奋斗的同学们。是你们，让我的青春充满了色彩。

如今，二十年过去了，我已经不再是那个青涩的少年，但我依然怀念那段时光，怀念那些人、那些事。我一直想对所有曾经帮助过我的人说一声谢谢。是你们，让我成长为今天的我。我也会继续努力，不辜负你们的期望，不辜负那段美好的时光。

未来，我希望能够将我在附中所学到的知识和经验，传递给下一代，让他们也能够像我一样，拥有一个充满挑战和成长的青春；希望能够将这份感激转化为行动，回馈社会，帮助更多的人。

▶》寄语学弟学妹：

比起全面发展，一项过硬的"看家本领"更为重要；

比起短期的成绩，面对逆境的心态更为重要；

比起在竞争中获胜，能够持续、不断地超越自我更为重要。

祝附中的学弟学妹们，前程似锦！

胜出，就是持续的超越和挑战

作　者：邓杨肯迪，2012 年获得 CMO 金牌进入国家集训队。2013 年被清华大学数学科学系录取，2017 年进入中国科学院硕博连读。2022 年博士毕业后在中国科学院数学与系统科学院进行博士后研究。

教　练：羊明亮

班主任：李　艳

　　湖南师范大学附属中学的奥数学习经历，是我人生中一段难忘的回忆。在那个充满挑战与竞争的环境中，我感受到了与众不同的体验。羊老师那一手漂亮的板书，总是能将复杂的数学公式和定理清晰地展现在我们面前，让我们对数学之美有了更深的认识。李老师则像一位慈祥的长者，对我们每一个学生都关怀备至，她的细心照顾，让我们在艰辛学习之余，还有着别样的温暖。

　　我自小就开始接触奥数，这与我父亲的影响有关。父亲是一位数学爱好者，家里摆满了各种数学书籍和习题集。在父亲的引导下，我从小就对数学产生了浓厚的兴趣，并且在学习过程中逐渐培养出了解题的技巧和逻辑思维能力。我还记得，当时最大的动力，缘自奥数可以让我搭上通往大学的"直通车"，避开高考独木桥，直接进入心仪的高等学府。

　　在师大附中就读期间，我参加了全国数学奥林匹克竞赛，并在高二时荣获银牌。那一刻，我知道自己的未来已经有了保障，清华的大门已经为我敞开。这一切的成就，都离不开我从小养成的良好学习习惯。我总是在学校完成所有作业，从不把学习压力带回家。回到家后，我的时间都用来做一些课外的练习和拓展，这让我对数学的理解更加深入。

适当超前学习，尤其是奥数，对于掌握课本知识有着极大帮助。在学习奥数的过程中，我接触到了许多课本之外的数学知识，那些知识让我在面对课本上的题目时，能够更加轻松地找到解题的思路和方法。因此，我一直都觉得数学课本上的知识相对容易，这让我在学习上更加自信。

除了掌握更多的数学知识，学习奥数也锻炼了我的意志力和抗压能力。在准备竞赛的过程中，我经历了无数次的失败和挫折，但每一次我都坚持了下来，不断地挑战自己、超越自己。这种坚持不懈的精神，也在我的其他学习和生活中发挥了重要作用。

在湖南师大附中学习奥数的经历，不仅仅是一段学习经历，更是一段成长的历程，让我明白了学习的意义不仅仅在于获取知识，更在于培养自己的品格和能力。这段经历，让我在面对未来的挑战时，更加坚定和自信。

奥数的学习不仅仅是对数学知识的掌握，更是一种思维的训练。在解决那些看似无解的难题时，我学会了如何运用逻辑推理，如何进行抽象思维，如何从不同的角度去审视问题。这些技能不仅仅在数学领域有用，在我整个学术生涯，乃至职业生涯中，都发挥了巨大作用。

记得有一次，我们在准备一个特别难的题目时，整个团队陷入了僵局。我们尝试了所有能想到的方法，但似乎都无法找到突破口。就在我们几乎要放弃的时候，羊老师走进了教室，他没有直接告诉我们答案，而是引导我们重新审视问题，从一个新的角度去思考。在他的启发下，我们终于找到了解决问题的关键，那一刻，我深刻体会到了数学的魅力和团队的力量。

在湖南师大附中，我学到了如何成为一个更好的人。老师们不仅教会了我们数学思维，更教会了我们如何面对困难，如何与人相处，如何成为一个有责任感和同情心的人。这些品质，在我看来，比任何学术成就都要重要。在学习奥数的过程中，我结识了许多志同道合的朋友。我们一起讨论问题，一起参加竞赛，一起分享成功的喜悦和失败的苦涩。这些经历不仅让我在数学上有所收获，也让我知道了团队合作和人际交往的重要性。

回想起那些日子，我感到无比的幸运。有幸在一个充满挑战的环境中成长，有幸遇到一群优秀的老师和同学，有幸在青春的岁月里经历了一段难忘的旅程。这些经历，这些回忆，将永远珍藏在我的心中，成为我前进道路上的灯塔。

那段时光，让我内心充满了感激和怀念。感谢那些悉心教导我的老师们，感谢那些陪伴我一起成长的同学们，也感谢那个不懈努力的自己。我相信，这段经历将会成为我人生中最宝贵的财富之一，激励着我在未来的道路上不断前行。

▶》寄语学弟学妹：

引用一句希尔伯特的名言："我们必须知道，我们必将知道。"

祝愿附中越办越好，竞赛生们也能获得自己想要的成绩和突破，在青春中不留遗憾！

果断走出舒适区

作　者：谌澜天，获得 2014 年第 55 届 IMO 金牌。本科就读于清华大学、美国麻省理工学院（MIT）。后赴美国麻省理工学院（MIT）攻读计算机科学专业，取得硕士学位。现居英国伦敦，在 SKY 公司任研发专家。

教　练：羊明亮

班主任：刘　婧

　　2014 年的夏天，我参加了在南非举办的 IMO。那是我第一次出国，也实现了我长期以来的梦想，拿到了金牌。

　　在国家队训练的时候，领队姚一隽老师对我们六个选手说："大学期间，不许你们当数学竞赛培训教练。大学以后我不管，但在大学里不允许。"

　　我大概能明白姚老师的顾虑。

　　心理学里有个词叫舒适区（comfort zone），形容让一个人感到熟悉的、可掌控的环境。对我们六个中国队队员而言，数学竞赛毫无疑问，就是舒适区。但舒适区的问题在于，如果一个人只停留在自己熟悉的领域，就没有机会再学习、成长。在中国数学竞赛培养体系里成长起来的选手，尤其是那些到达顶层的选手，往往是对数学竞赛指导得很多，但对其他事情涉猎得太少，而这些"其他"领域，却可能与个人的成长息息相关。久而之，那些成功的选手们更容易产生对数学竞赛的依赖性。毕竟，相对于不擅长的事情，一个人更倾向于把擅长的事作为自己的终极选择。但要想拓宽视野，就需要把很多东西推倒重来。那些东西不仅包括失败，也包括成功。

在我总结出这些心得的时候，距我高中毕业前参加的那场 IMO，已有五年之久，而我，也已经从美国麻省理工学院本科毕业了。大学里，我选择了三个未曾接触过的领域：以计算机为主修专业，以管理和戏剧为辅修专业。换言之，我没有再选择数学。原因很简单，我不想把时间花费在我已经熟悉的事情上了。不是说我已经掌握了数学的方方面面，而是我大概了解了学数学的人是怎样思考的。这个世界上还有其他千万种思考、实践、感受的方式。这些"其他"的门道，如果能够掌握，不仅可以再拥有一种背景知识（context），也更能够让我更加清楚数学的思维结构特点。

数学的基础不是数字，而是逻辑。数学思维本质是一种逻辑操练。所以数学里最重要的能力之一，就是确保严谨，例如，等式左右两边是相等的，因果关系的推导是完备的。这种严谨是一种推导能力，最后会内化为一种直觉。另一方面，数学不仅限于这种底层的逻辑检验，数学中的高层建筑也是有意义、有美感的。也许是为了简化，也许是为了广泛化，这种意义是每个运算和推导背后的数学意图。那些在逻辑上成立的推导并非七零八乱、毫无目的。他们的存在是为了获取一些证明中、表达里的优势。这需要一种在数学里能从现象看到本质的能力，一种创造力。创造力是动态的，像是一门艺术，形成于解题和证明中的一次次经验积累。但其和上述"严谨"能力一样，最后也会演化成一种直觉。

但是生活不是数学，生活的逻辑，如果有的话，也并不完全是数学的逻辑。以工科为例。工科也是一个很理性的领域，但数学里对错的绝对性，在工程里其实是一种阻碍，因为没有什么现实生活中的事情是绝对正确、永远正确的。思考数学的人大多是独自思索，但鲜有哪个工程项目是由一个人建造，或只为工程师自己而建造的，工程的本质是解决实际问题。管理学所探讨的问题更加广泛和灵活，因为其中一个问题焦点就是人，而人很难被模拟，不是机器和算式。戏剧所关注的完完全全就是人，但戏剧强调人的内心情感（每个人的感受和思考，又是完全不同的），并且重视人物的矛盾冲突。在戏剧里，问题的解法通常是不重要的，反倒是无解的问题

（悲剧以及存在性问题）更有戏剧意义。这些是我对我所了解的几个专业的总结，可见，它们的思维方式和数学大相径庭。

在我的数学竞赛经历中，更多是，是关于"竞赛"，而非关于"数学"。竞赛就意味着大量的时间投入和高度的压力，当然，还有一次又一次的失败。在日复一日的解题过程中，即使不是比赛结果的失败，我大部分的时间，其实也是停留在"怎么也解不出来"的状态里。这段经历锻炼了我不轻易放弃的品质，它在我之后五年的大学经历里发挥了很大的作用。在今天看来，"锲而不舍"其实是一种可以锻炼的技能。

在数学竞赛里走得远的选手，大多数都有着对数学本身的热爱，包括竞赛数学。这也许不构成全部的原因，可是如果本身不够喜欢的话，他们不可能对很多抽象复杂的数学问题产生自己的理解，也不容易在困难重重的高压环境里坚持下来。就我个人而言，我在小学的时候凸显出了对"奥数"的喜爱和长处。这份基础在最初是没有强求的，但对我在中学阶段的训练一直都很有帮助。高中时，我的训练规范了很多，也严苛了很多，像是一种竞技体育项目。在成长的过程中，我有很多其他的遗憾。但我从未后悔过当初的选择。

让我高兴的是，在大学面临人生选择的时候，我没有贪恋自己在数学竞赛中夺得的舒适区，而是选择重新开始。

每个人过往的经历，都会为他今后的选择，提供第一手的参考信息。但问题在于，当选择时机来临的时候，你将如何回应。

再优秀，也要习惯和忍耐失败

作　者：蒋安，高中数学国家集训队成员。本科
　　　　至博士，均就读于复旦大学。

教　练：苏　林

班主任：彭知文

　　提及在师大附中的生活，那些埋头在教室里
专心学习的画面，始终会清晰地浮现在我的脑海中。那段时光里，无论是
知识的积累，还是思维的训练，我都取得了长足的进步。

　　高一时，是我初次从永州到长沙。我满心都是对新环境的好奇，对高
中课程一无所知。由于没有提前学习的打算，父母也一直采取放任的态度，
我甚至不知道还有所谓的"竞赛"。分班的时候，听说可以专门学习一个学
科，于是毫不犹豫地选择了数学。那时只有一种单纯的信念，"如果别人能
够搞懂的知识，那我就努力去学，一定能学会"。

　　高一那年，我用上半年时间，完成了课本知识学习，下半年的时间都
安排了奥数学习。在那段学习的时光里，我感受到数学的魅力。每当我解
出一道难题，心中那种小小的成就感无与伦比。与同学们讨论问题、分享
解题思路，那种合作与竞争的氛围让我充满了动力。课堂上，老师讲解的
每一个知识点都像是打开了一扇扇窗，让我看到了更广阔的世界。

　　高中期间，我几乎把所有的"多余"时间都投入了数学学习中。周一
到周六，我的生活几乎是朝九晚五的学习模式。尽管我不喜欢其他科目，

但在课堂上，我认真听讲，课后则埋头写作业。剩下的时间里，几乎都在学习数学。实际上，我非常喜欢这种状态。每当夜深人静时，书桌上的灯光照耀着我的脸庞，我专注地解着一道又一道题，直到心满意足，才会放下手中的书本，进入梦乡。

那时候，对奥数，对数学，就是一份单纯的热爱。无所畏惧，乐于挑战，熬夜学习的状态更是再正常不过的事情。夜里一两点不睡，蹲在厕所里借着微弱的光线看书，也不会觉得辛苦，更不会感到不适。

如果没有特殊情况，每到周日的晚上，我会选择去爬岳麓山，或在桃子湖旁小憩，游玩之后，和朋友们一起去吃小吃。这样的生活看似简单，却让我感受到了一种无忧无虑的快乐。和朋友们的嬉闹声、笑语声，成为我青春岁月中不可或缺的旋律。用这些轻松的时光，暂时忘却和舒缓学习的压力。

但并不是所有的时光都会顺风顺水，也不是所有的努力都与回报对等。高中三年，虽然每一天都在努力向前，但一些挫折与迷茫，却在所难免。尤其是在某些关键、重要的考试中，面对比我更优秀的同学，心中难免产生焦虑与不安。在那些被学长们轻易超越的时刻，我常会自卑地开始否定自己的能力、怀疑自己的选择。

但恰是在这种困境中，我渐渐学会了调整心态。我意识到，成绩并不是唯一的衡量标准，成长与进步才是最重要的。虽然面对的每一个困难都可能让我感到无助，但这些经历，也让我不断反思自己、提升自我，并开始试着从失败中汲取教训，而不是一味地沉浸在失落中。

现在，我常常想起高中时期的那些点滴。无论是紧张的学习时光，还是和朋友们一起放松的欢乐时光，都是我生命中不可磨灭的印记。感谢那段时光，感谢陪伴我一起成长的老师与同学们，让我懂得了努力的意义与友情的珍贵。这些经历塑造了我，让我在以后的生活中更加坚定与自信。无论未来的道路多么崎岖，我都会带着一份感恩，继续前行；我都将坚信，只要坚持努力，必将迎来光明的前景。

▶》寄语学弟学妹：

　　无论你们现在处于一种怎样的状态，都要珍惜每一个学习的机会。面对困难时，不要害怕失败。每一次挫折，都是成长的契机。相信自己，始终保持对知识的渴望与热爱，未来一定会有更多的可能性在等待着你们。

持续的进取和专注，才是成功的关键

作　者：粟天宁，获得 2011 年、2012 年 CMO 金牌。
本科就读于北京大学物理专业，博士就读于
美国加州马里兰大学。

教　练：周正安

班主任：蒋向华

回顾竞赛生涯，除了知识与成绩的收获，更有享用一生的经验和教训。

初三那年，在湘潭一所中学就读的我，匆匆赶到师大附中参加自主招生考试。那场考试，成了我人生中的一个重要转折点。

当时，我的成绩并不均衡，数学成绩相对较好，其他科目不尽如人意。我本以为自己可能无法通过选拔，但在招生办的面试阶段，面试老师看到了我的潜力，破格录取了我，让我有机会进入师大附中，开启数学竞赛之旅。

进入高中后，我毫不犹豫地选择了加入数学竞赛组。然而，刚开始的日子并不轻松。由于在初中时期没有系统地参加过奥数竞赛的训练，所以在竞赛组里常常感到力不从心，成绩也远远落后于其他同学。但是，教练周正安老师并没有放弃我。他耐心地为我解答每一个疑问，还特别为我制订了一套学习计划。在他的悉心指导下，我的数学能力得到了飞速提升。尤其是在高二的那段时间，我的进步非常显著，这让我对数学竞赛充满了信心。

高二那年，我有幸进入了湖南省队。那个过程对我来说非常重要，不仅得到了更高水平的训练和竞争机会，还极大地增强了自信心。随后，在扎实的训练和良好的临场发挥下，我赢得了全国数学奥林匹克竞赛的金牌。这一成绩无疑是我数学竞赛生涯中的高光时刻，为我带来了荣誉，也带来了对未来的期待。

但在拿到全国金牌之后，我的状态有所松懈。即便进入了国家集训队，但因为比赛中状态的起伏，最终与国家队失之交臂。那段经历也让我深刻体会到，成功不能仅依赖一时的努力，持续的进取和专注，才是长期取得优异成绩的关键。

痛定思痛。我发现，数学竞赛的过程对我来说既是知识的积累，也是心态的磨炼，更是意志的考验。它教会了我如何在压力下保持冷静，如何在失败后迅速调整心态重新出发。最重要的是，它让我意识到，追求卓越是一场考验意志力的长跑，只有持续的努力和坚定的信念才能走得更远。

面对数学竞赛过程中的诸多挑战，我学会了在总结中前行。首先，数学基础知识是非常重要的。没有扎实的数学基础，就无法在竞赛中走得更远。其次，数学竞赛不仅仅是解题能力的比拼，更是心理素质的较量。在竞赛中，我们会遇到各种各样的问题，有些问题可能非常难，需要保持冷静、耐心解答。这就要求在平时的训练中，不仅要提高解题能力，还要锻炼好心理素质。此外，团队合作也是数学竞赛中不可或缺的一部分。在竞赛中，往往需要与其他队员合作，共同解决一些复杂的问题。这就要求具备良好的沟通能力和团队协作精神。在平时的训练中，需要多与队友交流，分享解题思路，共同进步。

在数学竞赛的道路上，我常感恩自己遇到的优秀老师和同学。他们给了我很多帮助和支持，让我在竞赛中不断成长。我特别感谢教练周正安老师，他不仅在学术上给予我指导，还在生活上给予我关心。他的教诲和鼓励，让我在竞赛中始终保持着积极的态度。同时，我也感谢我的队友们，他们的陪伴和支持，让我在竞赛中不再孤单。

而今，站在新的旅程上回望，附中阶段的数学竞赛生涯，更像一段充满挑战和收获的旅程。它不仅让我学会了如何面对困难，如何与他人合作、如何保持积极的心态；也让我学会了坚持和努力，学会了在失败中总结教训、在成功中保持谦逊。那段经历，那些优秀的品质，都已成为我人生中的宝贵财富，伴随我一生，帮助我在未来的学习和工作中取得更大的成就。

▶〉〉**寄语学弟学妹：**

保持热爱，勇敢追梦。

不怕失败，坚持到底。

相信自己，未来可期。

那是一场漫长、艰苦的自我修行

作　者：王琇，获得 2020 年第 35 届 CMO 金牌，国家集训队队员。被清华大学经济与金融专业录取。大学期间曾荣获 2021 年唐立新综合优秀奖学金，学业优秀奖学金；大三时期前往美国密歇根大学安娜堡分校进行交换，所修课程均获得 A＋等级。荣获 2024 年北京市高校优秀毕业生、清华大学优秀毕业生称号。目前为澳帝桦（上海）商贸有限公司量化交易员。

教　练：汤礼达
班主任：朱昌明

　　我的数学竞赛经历，是一次与同窗携手共进、收获理性美的旅程，也是一场漫长、艰苦却受益匪浅的自我修行。

　　我与数学竞赛结缘于初三那年。那时，我课内学业以及升学方面的压力较小，于是，通过参加湖师大附中举行的攀登杯冬令营，第一次系统地了解到了高中学科竞赛的内容和组织。虽然我从不认为自己在数学方面多有天赋，而且从小学到初中，也没有接触过太多课外超前内容，但在冬令营接触到来自各地的优秀同辈后，一贯性格好强的我，却激发出了强烈的"跃跃欲试"的念头。

　　优秀的人太多。在冬令营的几次竞赛小测中，我的绞尽脑汁与旁人的从容交卷，形成了鲜明的对比。也许是这种过大的差距，加上之前自己未曾想过一定要在数学竞赛方面多有成绩，反倒是让我能够静下心来，以兴趣作为主要动力，以优秀的同龄人为目标，积极主动地阅读四处搜集到的竞赛学习资料。

渐渐地，我喜欢上了竞赛学习具有挑战性的思考过程。不知不觉，几个月的沉浸式学习时间已过，当再回附中与队友们一同早培时，我惊喜地发现，自己的几何水平已经处在前列。那段时间，在数学竞赛学习中，我欣喜地收获着思考的快乐，也切身体会了学习过程中那些付出的艰辛。攀登冬令营学习所带来的意外惊喜，不仅让我备受鼓舞，也坚定了我继续走下去的决心。

在初高中衔接的那个暑假，我的身份正式切换，成了一名有着清晰目标的数学竞赛生，投入极为枯燥的针对性培训中。目标，就是拿下高中刚入学时的初次联赛。

没承想，惊喜接踵而至：那年九月，初出茅庐的我就拿到了联赛的入场券，在与高二、高三学长一同竞争的激烈省赛中胜出，夺得省赛一等奖。高一快结束时，我在清华的"飞签"中拿到最优惠约，这让我的自信心爆棚，决定乘胜追击，进入省队。

一项项实战成果，让我逐渐挣脱了以往没有基础、难以赶上的自我认知束缚，从踌躇不前改为大步向前，期望着接下来的日子，能够一路高歌、所向披靡。

在低谷的时光里，为了让自己尽快走出阴霾，我摘录了很多有力量的文字用以自勉。但支撑我顽强挺立的，还是那些弥足珍贵的同窗情谊。他们会静静地倚窗听我倾诉痛苦和焦虑，会在我泪水与嘶吼并俱的时候拍拍我的肩膀，也会在我被一个个"如果"束缚时，狠狠地一巴掌拍醒我，并坚定地告诉我，"要面对现实，而非臆想"……有这样一群并肩作战的战友，痛苦和焦虑被稀释，取而代之的，是宏大愿景的构建。

我在团队的力量中渐渐成长起来。团队的力量，不仅体现在个人心态提升上，更体现在思维的激烈碰撞中。揣摩他人独特的思维模式，能让自己跳出固有的狭隘，获取全新的见解。记忆中，上台讲题的提前反复酝酿与临场解读展示，准备互测试题的绞尽脑汁与精心编排，又或是提出妙解或创造好题时满满的自豪感……在数学竞赛路上，这是只有和战友一道，才能感受到的美妙体验。

后来，我进入省队、集训队，一路的心境起伏从未止歇。幸好，我积累了更多经验，还有一群志同道合、坚定目标的战友相伴。三载光阴，犹如青春的一场洗礼，使我的内心更加坚韧、更加成熟。我心中满怀感激，感谢汤礼达老师的引导，感谢并肩作战的同伴，感谢一路上遇到的每一个人。那些在数学中思考的乐趣，那些同舟共济的美好时光，永远在我的记忆中生辉；而那些关于心态、关于挫折、关于失败的青春教训，将成为我未来人生路上不可或缺的智慧和力量。

拼尽全力，静待花开

作　者：尹顺，获得 2018 年、2019 年 CMO 金牌。本科
　　　　被北京大学数学专业录取，博士就读于美国埃
　　　　文斯顿的西北大学（Northwestern University）。
教　练：汤礼达
班主任：朱昌明

在湖南师大附中数学竞赛这条路上，我经历了三个春秋，最终收获了成长。而今，阔别多年，将心声写下，与师弟师妹分享。

我是个从常德来到长沙的外地生。刚进师大附中，就听闻了众多长沙本地生的"传说"，怀着对竞赛的憧憬又满是迷惘，我也走上竞赛的道路。初入竞赛组时，汤老师告诉我，"对数学竞赛，不要看得太功利了。它不仅仅是大学的敲门砖，更意味着做感兴趣的事"。是的，做自己感兴趣的事，我记住了这句话，日后也深切地感受到这一点。

刚进数学组的时候，心态还没有调整过来，以为自己综合成绩不错，竞赛也能搞得挺好。但是进组之后的几次考试，立刻让我明白了长沙学生的厉害。班级前排，是个不怎么说话的男生，考试总是第一；坐我前面的那个同学，几何感觉超级棒；我同桌，爱说大话的学生，考得也比我好……我的自信心被挫得有点严重。

第一次参加联赛，我们组里出了两个一等奖、一个省队，可我却考得一塌糊涂，当时心情特别沉重。不过万幸的是，我是一个略显"钝感"的人。我安慰自己，"我是后学嘛，要朝先进看齐，加倍努力喽"。所以，之

后去南京参加省队培训，我竭尽全力听懂老师的讲课，认认真真做好笔记，看到了自己的不足。回来之后，组内学数论，我很感兴趣，巧妙而严谨的论证令我如痴如醉，我开始痴迷地看数论的书、做数论的题。到了寒假组内考数论，我居然考得"相对很好"。于是，我信心指数又升了起来，同时认识到，那些曾经觉得超级厉害的人，也不是无所不能。"人嘛，需要清楚自己的短处，但也要认识到自己的长处，才不至于丧失信心。"

自数论考试后，我与班级同学的交流渐渐多了起来，慢慢也找到了一些兴趣相投的好朋友，经常一起交流、找题。那时候，大家都是自己找一些竞赛题去揣摩，提升题感，发现有好题，就互相交流，有难题的话也会相互讨论，甚至有的题会持续讨论几天……经过这样的思维碰撞，大家交流的内容，变得越来越深入。记得有很多次，我找到的一些问题，是尚未有解的问题。虽然依旧是想不出答案，但内心却会因为发现了这些问题的存在而欣喜。

高一下学期，我在参加上海新星的培训时，听到了一句印象深刻的话："他强任他强，清风拂山岗；他横任他横，明月照大江。"不过没承想，此后的半年，我会不时地用这句话来给自己加油打气。

那段时间，唯一的好消息，就是我居然进了省队，我笑称是"走大运"。对于进省队的机会，我既倍加珍惜、努力把握，又暗自调低预期，担心再次受挫。好在那次的努力没有白费，顺利进入了集训队。这个时候心态似乎也没有变化，之后依然是按照节奏走的，照常做题看书。回顾这段写满"难"字的经历，我想起了汤老师经常教导我们的话，"不要大喜大悲。相信自己，一定能有所收获。不放弃，坚持学下去，保持一贯的节奏就好"。

数学竞赛之路是一个漫长的过程，从最初的什么都不懂，到后来可以做出很多难题。这中间不只是单纯一股对竞赛的热爱，更需要不懈的努力、持久的积累。没有什么事可以一蹴而就的，只有把平时做好、认认真真对待每一天，最终才会有所收获。在这方面，我对自己还是比较满意的。一直以来我都严格要求自己、积极向上。认真对待每一堂考试，不折不扣地完成教练布置的任务，抱着学习和发现问题的态度去做题，在思考中寻找乐趣……学习竞赛的过程中，大部分时间都是在看书、做题，一天天重复。对于这样每天两点一线的生活，我反倒是乐在其中，一直坚持着，努力从中寻找新的收获，我觉得，这样的日子很有意义。

整个高二，每天都在做题、看书、讨论，一整年的时间都是这样度过的。究竟做过了多少题，我也不清楚。但我觉得只有这样，才不会辜负自己的付出、不会辜负父母和老师的期待。我坚信："只有全力以赴之后，才能坦然接受任何结果。在一个人拼尽全力的时候，命运终是不会辜负的。"

三年的竞赛经历，让我领略了数学世界的美妙与优雅，也领悟了学习之道。同时，在那段旅程中，我收获了宝贵的友谊，获得了难忘的历练，也积累了丰富的人生经验。我要感谢湖南师范大学附属中学，感谢汤礼达老师的悉心指导，感谢我们团队的每一位成员，感谢在这段时光中遇到的每一个人。是你们，让我的高中生活充满了色彩和意义。

攀登需要继续，前进不能停歇

作　者：王文博，曾获 2022 年、2023 年全国中学生数
　　　　学联赛省赛一等奖，2023 年全国数学奥林匹
　　　　克金牌。本科被北京大学数学类专业录取。

教　练：刘伟才、苏　林
班主任：杨　茜、王春梅

　　我踏上竞赛这条攀登之路于我而言其实纯属偶然，清楚地记得那是初三附中集团举办的一次冬令营，当时略显懵懂的我第一次踏入附中校门，就被这里的"书香弥漫、绿意清新"所吸引，迫切希望能来这里完成我儿时的梦想。

　　在随后初选竞赛科目时，我曾对选数学还是选物理有些纠结。经过两天的"泛学"后，在我眼中，数学展现出了别样的风采。我还深刻地记得当时苏林老师激励我们的一句话，"只要是我们数学组走出去的学生，别的不说，都是有血性、有骨气的"。往后的日子，这句话就也深深地烙在了我的脑海里。

　　刚入高一时的那次联赛，虽说成绩不理想，但也在意料之中。一来我相较其他选手起步较晚，而且当时的我对于知识总是浅尝辄止，不够扎实，这次失利也算给我敲了一次警钟。为了弥补自己的不足与追赶他人的脚步，我开始花大量精力在数学竞赛上。

　　随着时间的推移，我也逐渐领会到了数学竞赛所带给我的不同于其他科目的愉悦，竞赛数学不同于课堂数学，它更注重于提升解决问题的思维

能力。我在不断学习的同时，也会不断给自己做总结，并把这种学习思维模式运用到学习其他科目上去，提升自己的学习效率。

别人眼中的攀登之路或许是激情四射、热烈奔放，但真正体验过后，方知其实可以归结为偶有波澜，常止于平静。无论我们口头上谈起数学竞赛这条攀登之路时，显得多么的云淡风轻，但不得不说攀登竞赛之路带给我的也是身与心，脑力与体力的双重挑战。长时间的头脑风暴、合理的时间规划、考试前的紧张等都是不容小觑的考验。久坐与长时间的思考也很考验我们身体的承受能力。

高二的联赛成绩，我由高一时的"省三"进步到了"省一"，且排名年级第一。虽说这次成绩不错，但实际上，当时的我是遗憾满满，和省队仅一步之遥。面对一年后即将到来的高考，压力也陡然增加。数学竞赛是继续还是止步，当时的我，内心真的很纠结。选择前进，必然会影响我的高考综合成绩；选择止步，可又让我如何割舍。心中的苦楚与不甘，竟把自己推向了一个彷徨的十字路口。

刘老师了解我的情况后，第一时间约我单独谈话，和我一起分析了此次成绩带给我的困扰，给我排难解忧。他鼓励我对自己要有信心，并希望我在数学竞赛的道路上继续添砖加瓦。经过再三深思熟虑之后，最终还是拨开乌云见天日，守得云开见月明，我选择了继续紧跟刘老师，继续我的数学竞赛之路。

付出总会有回报，2023 年的秋天，在这个瓜果飘香的季节，迎来了我入赛后的最大转折。初赛，我顺利进入了省队。紧接着决赛，我以高分斩获金牌。随后在北大英才班考试中，我以优异成绩获得北大降一本线录取资格。

曾经的我在这条攀登之路上也徘徊过、迷茫过，但我深知，攀得高才能望得远。攀登需要继续，前进不能停歇。

攀登之路本就是借着前辈的光，踏上属于自己的路。尽管纠结过，但希望一直准；尽管徘徊过，但方向一直在。人生之路不尽，我的攀登之路不尽。

"引路人＋兴趣＋付出"，是一剂良方

作　者：周锦琛，获得 2020 年全国数学高中联
赛一等奖。本科就读于武汉大学数学与
统计学院数学与应用数学专业，研究生
（硕士、博士）就读于清华大学数学科
学系。现于武汉大学数学与统计学院工
作，就任武汉大学数学与统计学院本科
生第一党支部书记一职。

教　练：苏　林、刘伟才
班主任：张　添、谢朝春

2017 年的秋天，是我的初三上学期，教练苏老师到博才学校找我，为
我开启了接触高中数学竞赛的大门。

在苏老师的指导下，我开始学习数学竞赛的相关知识。一直到那年寒
假，到附中参加了冬令营。

当时，数学组有很多"大佬"，进度比我快很多。但压力之下，我依旧
庆幸自己能够选定真正感兴趣的方向，并按苏老师的指导和自己的节奏，
一步一步坚持了下来。

初三下学期，我在基本确定直升后，来到了培训室。数学组的氛围，
一直都是轻松且有条不紊的。苏老师会安排好我们每天的任务，同时也留
出一定时间，让我们根据实际情况自己学习。大家休息时也会经常打打球、
开开玩笑，在高强度的同时，保持着高兴趣。那段时间，我竞赛知识的底
子，打得比较扎实。

事实上看，"引路人＋兴趣＋付出"确实是卓见成效的一剂良方。苏老

师的几何非常强，在他的带动下，大家高涨的几何学习兴趣一直都是"高位行走"。整个高中，我的几何笔记也是完成得最认真的一项。我的几何水平，也从最开始屡屡被组里的大佬们"爆杀"，到后来偶尔出现某道几何题，全组只有我一个人能解出的现象。这种进步，给了我很大的自信心。的确，引路人很重要，是他们把我们带向了正确的道路，而后支撑着我们前行。对于记笔记这件事，虽然很费时，但却很实用。不过，在达到一定程度之后，可以改为以精简版笔记为主，拿出更多的时间，去攻克相对的数学短板。

高一联赛前的集训，让我对联赛有了真实的感觉，也意识到了自身的诸多不足之处。进入高一后，我开始认真学代数和数论。那是我心态和行动都非常扎实的一年。高二的联赛后，有同学直接进了省队，但我却在二试被卡在了不等式，心里的落差，无异于当头一棒。遗憾的是，高三联赛，我又失利了。记得当时，一试考完感觉良好。二试时，前两道题在一个小时内就搞定了，但第三道题走了歪路，没有将最初正确的想法坚持到底。当得知要回学校"从头再来"的时候，我整个人都是蒙的——很难在短时间内，接受自己竞赛综合全方位失败的事实。

由于内心不够强大，联赛回来之后的整个高三，我大部分时间，都是逃避的状态。经常自己跑出去，或者找老师们聊天。现在回想起来，内心非常感谢附中，她的厚度与包容度，让我有了喘息的机会。也很感激高三的老师们，一直在帮我、关心我。当时，谢老师还特意选我当语文课代表，让我在颓废的生活中培养出负责任与担当的品质。

那段写满挫败与坚持的历程，造就了我现在强大的抗压能力，一直以来比较擅长的组织管理能力也没有荒废。怀着对附中的感恩和喜爱，本科我选择了与其风格极为相似的武汉大学。

▶〉〉寄语学弟学妹：

如果你暂时在路上，相信自己，抓紧时间坚持走下去，不要忘了为什么要出发。

有些东西，可能没有办法第一时间反馈给你快乐，甚至可能让你迷茫、使你焦虑，但只要你坚定走下去，就会发现，没有白走的路，未来必将是一片坦途！

把感兴趣的事做到极致

作 者: 梁行健,第 64 届国际数学奥林匹克金牌获得
者。2023 年被北京大学录取,获北京大学明德
奖学金。

教 练: 汤礼达

班主任: 刘 婧

  在湖南师大附中的数学竞赛生涯,算是我高中学习生活中最浓墨重彩的一笔了。在这条路上,从初中到高中,不知熬过了多少个日日夜夜,才最终收获了成长。有些心里话想写下来留作纪念,与学弟学妹们分享。

  我是初二开始接触数学竞赛的。在附中走上攀登竞赛之路,除了对竞赛的憧憬,更多的,是从小特别爱好数学。兴趣使然,让我把最初的选择,坚持着走到了最后。

  在初入竞赛组时,汤礼达老师告诉我,不要把数学竞赛看得太功利了。参加竞赛,不仅意味着夺得一块大学的"敲门砖",更意味着可以把感兴趣的事做好、做到极致。是的,"做自己感兴趣的事",我记住了这句话,日后也深切地感受到了这一点。

  当时,学长们正在备考高中联赛,汤老师安排我每天跟他们一起做模拟题。作为初学者,我的水平自然不如学长,对很多题目都无从下手。这让我感受到了数学竞赛的难度,也发觉自己还有很多东西要学习和训练。那段时间,汤老师常跟我讲,"伟大是熬出来的"——大概需要"熬"过那段最艰辛的加速过程吧。

　　于是，我开始疯狂地主动学习，学数学竞赛各种相关的知识。我记得，当时找到了一套竞赛入门教材，看过后，我学到了数学竞赛里常用的知识和工具，也能用这些知识做出一些模拟题。与此同时，在做笔记方面，养成了一些习惯——把笔记做得很详细，就像印标准答案一样，而且还会加入一些自己的想法（尽管现在看来，是一些很离谱的内容）。这种独特的做笔记方面的习惯，成了我最终获得成功的重要原因之一。后来，我也把这个习惯沿用到了大学，只不过纸质版变成了电子版。

　　上高中之前，为了竞赛，我也去外地城市参加过培训。在外地培训机构学习压力很大。后来听说，初学者能搞懂三分之一的题目，就算胜利，看来这个说法是很有道理的。培训机构通常会一次性给很多题目，我经常跟不上进度，很多题目的解答不仅要请教学长，还要花至少一周的时间去消化、吸收。不过，虽然压力大，却也收获了很多，这是自己看书不能达到的。

　　我一直是利用文化课学习的空余时间学习数学竞赛知识。在寒假和暑假，我不仅参加了汤老师的日常培训，还看了一些网上的学习资料。那段时间里，我的水平提高得很快。2020 年，我进入了省队，在冬令营中拿到了金牌。

　　但是在 2021 年的联赛中，因没能及时调整心态，发挥失常，没能进入省队。那次失败对我打击非常大，我用了十几天的时间才缓过来。汤老师跟我说，那是上天的考验，让我"自省"，要重拾以前的学习习惯，不要偷工减料。同学们也纷纷以不同的方式鼓励我、认可我。汤老师的教导和同学们的支持，成为我调整心态、直面困难的关键动力。回顾那段"很难"的经历，就像汤老师所说的，"相信自己一定能有所收获。不放弃，坚持学下去，保持一贯的节奏就好"。

　　2022 年，我拿出了更为努力的姿态。因为是最后一年，所以我们每天都要用整个上午做限时训练（专题训练或模拟考试），下午进行讲评。在备考期间，家里也不允许我玩游戏。那段时间，我看完了整本 *Problems from the Book*（一本竞赛专题集锦），还做了很多竞赛的真题和模拟题，整理工作照常完成。不仅竞赛水平有了进步，心态和稳定性方面也有了很大提升。

在 2022 年的联赛中，我拿下了被认为全卷最难的二试第三题，顺利进入省队。那年冬令营相对简单，我在考试中发挥稳定，于是顺利入选国家集训队。在集训队考试中，我继续稳定发挥，做出了自己能力范围内的所有题目并拿了满分。就是凭借着这种稳定性，我成功进入了国家队。

在 IMO 考试中，我和其他国家队队员一样，顺利做出了前五道题。然后用了近三个小时的时间，拿下了最难的第六题，最终，以离满分一分之差的成绩，为自己高中生涯的 IMO 考试画上了圆满的符号。

行久必芬芳。数学竞赛之路是一个漫长的过程，从最初什么都不懂，到后来可以做出很多难题，这中间不单纯是一股对竞赛的热爱，还包括坚持不懈的努力、持久的积累。没有什么事是一蹴而就的，只有把平时功课做好、认认真真对待每一天，最终才会有所收获。在这方面，我对自己的要求一直都比较严格。对于教练布置的任务，都是不折不扣地落实到位，抱着学习和发现问题的态度去做题。我一直告诉自己："一定要做，坚持做。拼尽全力的时候，命运定不辜负。"

数学竞赛即人生。在参加数学竞赛的岁月里，我不仅获得了对学习的深层理解，还窥见了数学世界那令人叹为观止的优雅与美丽。那段特殊的经历，让我收获对学习的深刻理解，见识到了美妙优雅的数学世界，也收获了深厚的友谊，这是一次宝贵的历练，更是一次积淀。我要向湖南师范大学附属中学表达我的感激之情，向汤礼达老师致以最深的敬意，向我们团队的每一位成员表达谢意，并对每一位在这段旅程中遇见的人心存感激。

▶》寄语学弟学妹：

首先，是一些竞赛上的建议：

要服从教练的安排，因为老师更有经验。

要保持自己的节奏，放平心态，不要攀比。强迫自己改变学习或思维方式，或者养成不同的作息习惯，只会事与愿违。学习方法没有好坏之分，只有适合自己和不适合自己的区别。

　　要在应对考试和写解答方面养成好习惯，让自己少在简单题上丢分。每一次模拟考试或限时训练都是这方面的训练，要把握好这样的机会。但这只是数学竞赛的一方面，不要在这方面花费太多时间。

　　要享受解题过程，不要事事以结果为导向。多学一些知识没有坏处，但不要一有题目没做出来，就自我否定。

　　其次，是关于有志于数学研究的建议：

　　在对能力的要求上，数学竞赛和数学研究，有着本质的区别。数学竞赛涉及的知识有限，考验的多是一个人的稳定性和创造性；数学研究涉及的知识浩如烟海，很多东西光是理解就很难，考验的是一个人对自己研究领域的整体把握和独到见解。因此，数学竞赛成绩和数学研究的成绩几乎没有联系。此外，数学研究还有一个特点——没有标准答案。在攻克开放试题的过程中，光是提出一个可行的思路就可喜可贺，如果能以此为基础建立了一个理论，如 Galois 理论，那么数学界将为之振奋。

四大板块要"一超多强"

作　者：肖子翔，获得 2020 年全国数学高中联赛
二等奖，2021 年、2022 年全国数学高中
联赛一等奖，2022 年第 38 届中国数学奥
林匹克金牌。被北京大学数学专业录取。

教　练：苏　林、刘伟才、黄　钢、陈天择
班主任：刘雄昆、肖　莉、刘　婧、王春梅

　　参加竞赛学习所经历的挫折和焦虑，有助于加速个人心态的成长，这是除了数学知识、竞赛成绩之外，竞赛给我的最宝贵的礼物。

　　2019 年 8 月，是我的初三上学期，也是我首次到湖南师大附中学习数学竞赛。上学期，跟着 1911 班学习综合，同时在组内学习高中数学以及平面几何。

　　在入门阶段，有计划、有指导的学习，是十分必要的。初三寒假恰逢疫情，居家学习期间，教练苏老师每天都会给我们上网课，并有计划地布置训练题。坚持下来，居然过得比上学期更加充实，收获更大。

　　初三下学期，我专攻几何。每天上午做六道几何题，下午讨论。讨论是数学组极好的传统，每个人上台分享自己觉得有借鉴意义的解题方法。因为要讲解，为了避免讲错，每个人的思考也会更为严谨。集思广益之下，不仅能掌握多种解题方法，还有助于训练自己的语言表达能力、整理思路的能力。

　　初三下学期的几何强化训练，扩充了我的几何知识、提升了我的几何思维能力。也是在那个时候，几何开始成为我的一大特长，为我日后建立并保持自信心打下了基础。

竞赛中，四大板块做到"一超多强"，是非常有必要的。比如，我的几何比较好，可以达到接近集训队的水平，其他三个板块没有那么强，不过也可达到省队的水平。这样的话，高于整体水平的几何，会让我更有信心冲击更高目标，更高的目标又给了我更大的动力去补强其他板块。同时，其他板块的中等水平，也形同一道保险，比如，最终考 CMO 时，虽然我最擅长的几何题没做出来，但其他三个板块的正常发挥，还是确保我拿到了金牌。

进入高中之后，我们组的整体战略是先难后易，先攻数论。虽然刚开始成效并不明显，但从长远来看，先接触一个比较难的板块，不仅有助于大家克服畏难情绪，而且对于数论这种需要时间沉淀的板块而言，长时间、大跨度的"浸泡"更有益处。

高三，是我最跌宕起伏、最焦虑难熬的一年。

高三前的暑假，我的主教练苏林老师病倒了，由刘伟才、黄钢、陈天择三位数学组教练帮忙带着我们做训练。当时，我心里除了想着为自己拿下一个好成绩以外，还想着为苏老师争一口气，让苏老师能安心养病。

考联赛之前，苏老师还带病来看了我们一次，给我们鼓劲。这让我感动、感慨并感恩自己遇到了这样一位值得尊敬、理解学生、德才兼备的教练。

高三那年联赛，二试区分度很小，最终省队排名咬得很紧，因为判卷尺度调整，成绩晚出了将近一个月。那段时间里，我一边处于备考 CMO 的忙碌之中，一边处于焦虑和低效的学习状态当中——担心自己会不会选不上省队，好在最后进入了省队。

考 CMO 又是一段煎熬的历程。第一天我只做出了一道题，最擅长的几何板块碰上了一道非常规的问题，束手无策。经过晚上与家人、教练聊天，紧张情绪慢慢地消退了。第二天，终于稳定发挥，拿下了两道题，斩获金牌。

等 CMO 具体成绩的时候我又开始焦虑了，既没有认真准备英才班，也没有准备高考内容。成绩出来拿到金牌以后，对英才班又有点掉以轻心，没能通过北大英才班的考试，错失了降一本线录取的机会。高三最后的半年，我过得并不比竞赛的时候轻松。好在最终是通过强基计划考上了北京大学，最后的结果是好的，竞赛的成绩也在升学中派上了用场。

或许每个处在压力下的人，都会有一段几近崩溃，甚至徘徊在抑郁边缘的日子。但不管怎样，只要能够在家人、老师、朋友的开导下走出来，就能收获一个更加强大的内心。

单论竞赛，我高中阶段从结果上也算是中规中矩地度过了——高一省二、高二省一、高三省队，既不是出类拔萃的尖子，也不是游手好闲的混子。但对于一个普通的竞赛选手来说，扎扎实实加正常发挥，也差不多够进省队了。事实上，能正常发挥，就已经是一件值得庆幸的事情了。

总结我的竞赛学习经验，主要可以概括为四个方面。

第一，要认真读书、多读书。我自己是切实感受到了认真读书的好处，同时也吃了读书少的亏。竞赛期间，我认认真真读完的竞赛书不超过十本，但对于每一本读过的书，上面比较有意义的题，我都会分类整理下来，或按方法分类，或按题型分类，或选出特殊的问题。总之，基本的解题方法都掌握到位了。

第二，要养成良好的学习习惯。每一次训练（无论是否限时），都要当作正式考试，不到规定时间不与同学讨论，更不要翻书、上网找答案。给每一道题都留出足够的时间思考，让每一次训练，都能为能力或成绩带来丝毫提高。

第三，要保持良好的心态。到竞赛后期，大家的实力往往相差不大，比的就是心态。不要因为自己比别人学得早，就认为自己一定会比别人强；也不要认为自己学得比别人晚，就一定会比别人弱。没有理所当然的成功，也没有不能逾越的困难。做好自己应该做的，至少能够问心无愧。

第四，不要浪费等成绩的时间。联赛考完，尽快调整状态。大致评估后，要么投入 CMO 的准备，要么回归综合。无论哪一条路，都认真走好，不要因为等成绩而虚度光阴。考完 CMO 亦然。

▶》寄语学弟学妹：

永远记住，做自己想做的，乐在其中才是源源不断的动力。

在这里，也把我最喜欢的两句话送给大家：一切都是最好的安排；不做天生的冠军，但我是努力的天才。

攀登，是一种成长方式的选择

作　者：张榕航，2022 年一举荣获丘成桐女子中学生数学竞赛银奖、中国女子数学奥林匹克竞赛金牌、CMO 铜牌。本科被清华大学数学与应用数学专业录取。

教　练：汤礼达

班主任：刘　婧

　　攀登，是一种极具挑战、辛苦、寂寞的成长方式。它作为一种成长方式的选项出现在我的生活中，是从第一次见到附中数学竞赛组的学姐开始。

　　那时的我，还在初中学习，到附中参观是一次偶然的安排。那位学姐当时已经获得了国家数学奥赛金牌。当她从培训室中出来时，头发还有些凌乱。我想，一定是想难题时抓乱的。于是，我问出一个真诚而幼稚的问题："姐姐，你都拿到金牌，也签约心仪大学了，为什么还这么努力？"姐姐笑着回复我："你进来（附中）就懂了，可以先去看看校园里的攀登雕塑。"看着她再次进入培训室的背影，我觉得她"真乃神人也"。而我，就是仰望大神的"菜菜"。

　　果然如学姐所说，进入附中后，我渐渐理解了攀登雕塑的深意。通过努力，我进入了附中的数学竞赛组。这是我在附中"攀登"路上第一次小小的自我超越——能够鼓起勇气，站到学长学姐们奋力奔跑过的赛道上。

　　初入竞赛组的阶段，仿佛进入挫败感的"集中体验"期。原来觉得自己菜，是一种缥缈的感觉，但慢慢地，那种感觉开始汇聚成必须直面的事实。竞赛组里高手如云，除了很厉害的学长学姐之外，还有很厉害的同组同学、很厉害的友校同龄竞赛生。更虐心的是，还有一些是超级厉害的小孩哥、小孩姐们……对比之下，我相形见绌。

但附中平台和竞赛组团队的托举力量，着实强大。我发现，虽然与他人比还有着很大差距，但就自身而言，我的进步还是挺快的。通过反思，并与同学、学长及汤教练交流，我调整了心态：周围的高手们，不应该成为我的压力，我应该更积极地与他们交流、向他们请教。关键是，我要能够在这个快速前进的团队中，调整好自己的节奏。随着心态渐渐稳定，我的竞赛学习，也开始按照规划有条不紊地推进了。如同一种飞机巡航状态，匀速、平稳且节油。

一个机会的出现，改变了我的竞赛巡航模式。当时情况是，如果我想把握那个机会，就需要从现在的竞赛学习中抽离，进入另外一个赛道。由于时间太短，有长辈建议是否需要进行专门的辅导。但我知道，关键时刻，掌控自己的节奏是最重要的。我快速地融入了新团队，与大家一起努力着。即便是学到筋疲力尽，我也能从大家的鼓励中，快速实现能量补给。那是一段与之前竞赛学习不同的体验，但之前习得的知识、养成的习惯，会被迁移到新赛道，也会通过对新知识的学习，再对原知识产生更为不同的理解。真是有一种"温故而知新"的感受。

攀登的路上，不可能没有挫折。时间飞快地到了高三的省高联。那场考试，将会让一些朝夕相伴的伙伴退出竞赛组，重回综合学习赛道。但时间不允许我们去咀嚼失败的苦味，去假设更多的如果。唯有迈开脚步，继续攀登。因为只有攀上了新的高点，才能对前一刻的遗憾，坦然一笑。

我原来以为，"攀登"只是带我们去往更高的地方，但与班主任、汤礼达教练、同学们在附中走过的三年共同攀登之路，让我明白，"攀登"是一种成长方式的选择，比一般的成长方式更具有挑战，也更为辛苦，甚至更为寂寞。在攀登的过程中，总会有一种境遇让你不得不逼问自己：我可以吗？我还要坚持吗？但正是这样的时刻，会让你更清醒地认识自己、改变自己。攀登，也让我们更加坚定自己的初心、强大内心、提升能力，有勇气选择并奔赴所向往的任何地方。

▶》 寄语学弟学妹：

附中人，都是攀登之旅的奔跑者。

攀登之旅需要勇气，需要前进的方向，但不要被具象化的目标限制。

攀登的路途，不是笔直而上的层层阶梯，而是"山重水复疑无路，柳暗花明又一村"的发现之旅。攀登，不止"高深"一个维度，还有拓展宽度、融合多元、交叉创新。攀登，将引领我们发现更精彩的世界。

附中进校的层层阶梯和载满荣誉的攀登雕塑，告诫着每一个附中人：攀登之旅，道阻且长，行则将至。行而不辍，未来可期。

勤学苦练是通往成功的必经之路

作　者：郭家怡，获得高中数学联赛省一等奖，中国
女子数学奥林匹克竞赛金牌，丘成桐女子数
学竞赛银奖，中国数学奥林匹克金牌；欧洲
女子数学奥林匹克金牌。本科入选北京大学
数院英才班。

教　练：刘伟才、苏　林、黄　钢
班主任：杨　茜

　　初三时，初来长沙的我，尚不懂竞赛，但幸运地被苏教练收下了。上了一年早培班后，在初升高的暑假正式进入附中学习数学竞赛。

　　首战高联，我以省三告终。眼看着许多同学拿到省二及以上，我在"怒己不争"之下，冲动地去找老师退组。老师分析了我失利的原因，说了很多鼓励的话。我也因为老师那句，"谁有潜力，教练心里都清楚"，重拾了坚持下去的勇气。

　　高一一年，我在兼顾部分文艺活动的同时，全力以赴地学习竞赛知识，并利用午休时间自学高数。

　　高二联赛前，教练组建议我上午和晚上学竞赛知识，下午去高数组备赛 TACA 及女丘。参考了教练的意见后，我果断接受了挑战。但没承想，结果却事与愿违：联赛只拿到了省一；之后停课一学期准备的女丘，也再次失利。

　　出成绩的那晚，我大哭了一场。班主任杨老师同我谈心，开解了我一

个晚上，才让我重燃斗志，又回到了竞赛组。

幸运的是，回归竞赛后，我很快找回了感觉，全心准备女奥，不仅有教练无微不至的关心和指导，还有学长学姐精心准备的模拟题。2023 年 8 月，我荣获中国女子数学奥林匹克竞赛金牌，顺利进入省队。

进入高三，在距离女丘只有半个月的时间时，黄老师建议我再考一次女丘。于是，我开始在省培的空闲时间里复习女丘。我借到了优秀学长的笔记，再加上高二上学期停课备赛女丘的知识积累，很快进入状态，并再度有所提升。不负众望，那次女丘考试，我喜获银奖。

紧接着是 CMO。很难想象的是，考前的几次模拟，我不仅发挥得不好，而且接连"爆零"。已经是离出发不到三天时间了，我情绪崩溃地跑出了教室。有一天放学后，刘老师找到我，反复肯定了我的"绝对实力"。老师的一通情绪价值输出，居然让我获得了莫大的勇气——几天后信心满满地踏入考场，一举拿下了金牌。

签下北大英才班后，我开始准备欧洲女子数学奥林匹克竞赛。起初，我十分散漫，时常静不下心，到处闲逛。杨老师严肃地和我谈了话，我意识到了自己的问题，摆正了心态，"重回正道"，并在 2024 年 4 月，拿下了欧洲女子数学奥林匹克金牌。

回望在附中的三年，如同一首用青春与热血为理想谱写的诗。因为我们的身后有家长的关爱、老师的教导、学校的支持，我们才能义无反顾地奔赴山海。三年前（或者说四年前）选择附中，无疑是选择了热爱、选择了梦想。

▶〉〉寄语学弟学妹：

身为刚刚毕业的学姐，我有一些话想给学弟学妹们说。

第一，要坚定信念。竞赛之路充满挑战，但请记住，每一次的努力与尝试，都是为了更接近自己的梦想。不论遇到什么困难，都请保持内心的坚定与执着，相信自己能够战胜一切。

第二，勤学苦练是通往成功的必经之路。在知识的海洋中，不断汲取养分，刻苦钻研，才能在竞赛中脱颖而出。记得合理安排时间，将学习与实践相结合，让每一分努力都转化为成果。

第三，团队协作是竞赛中不可或缺的一环。学会倾听他人的意见，分享自己的想法，与大家携手共进。一个优秀的团队能够激发出无穷的力量，让人在竞赛中更加从容与自信。

第四，调整心态同样重要。竞赛中的压力与紧张是难免的，但请保持冷静与理智，学会在压力面前保持平和的心态。相信自己的实力，不被外界因素所干扰，才能发挥出最佳水平。

第五，时间管理是一门艺术。在竞赛准备过程中，合理规划时间，分清轻重缓急，确保每一项任务都能得到妥善处理。珍惜每一分每一秒，让时间成为取得成功的助推器。

第六，注重细节是成功的关键。在竞赛中，一个小小的失误可能就会导致满盘皆输。要时刻保持警觉，关注每一个细节，确保每一个步骤都准确无误。

第七，享受过程同样重要。竞赛不仅是一场较量，更是一次锻炼与成长的机会。珍惜与队友们共度的时光，享受在挑战中成长的喜悦。这些宝贵的经历将成为人生中的宝贵财富。

勇攀高峰是一个目标。无论前方的道路多么艰难险阻，都请勇敢地迎接挑战。相信在你们的努力下，一定能够登上成功的巅峰。

学弟学妹们，愿你们在竞赛中绽放光彩，收获属于自己的辉煌！加油！

第二篇　物理

掌控了时间，就掌控了一切

作　者：李昊坤，获得第 25 届全国中学生物理竞赛金牌。本科被北京大学物理专业录取，曾获北京大学秦克诚奖学金、五四奖学金、李彦宏奖学金、北大杯排球赛亚军。博士研究生就读于加州大学伯克利分校。毕业后定居美国旧金山，现就职于苹果公司，从事光学传感器件的设计和研发工作。

教　练：彭知文

班主任：彭知文

　　附中理科实验班的学习生活，不仅深深地影响了我的学习方式，更培养了我自主学习与高效利用时间的习惯。为了能够在各科学习之间取得平衡，同时留出更多的时间潜心钻研物理竞赛的知识，我们常常利用课上的时间高效地完成对应科目的作业。这种学习模式对我们提出了更高的要求，让我们在掌握课堂内容的同时，能够快速灵活地将知识点加以应用。同学们不负青春，争分夺秒的场景至今依然历历在目。这样的经历也培养了我良好的专注力，使我在紧张的学习工作中从容不迫。

　　常言道，好记性不如烂笔头。我至今依然保存了许多高中时期的学习笔记，上面记录了许多有趣的竞赛题目，对各个知识点的深入探索，以及学习过程中的反思。记得我常常在晚自习结束前打开笔记本，回忆最近学到的知识点，了解自己的优势和不足，并对接下来的学习计划作出调整。

生活上遇到困难，学业压力大，或者考试成绩不理想也会通过自我总结来调整心态，继续前进。常记录，常反思，这样的习惯一直延续到大学和后来的科研与工作中，使我受益匪浅。

学习之余，我热衷通过阅读各种科普杂志，了解最新科学动态，尤其是那些突破性的研究和发现。在附中理科实验班期间，我每个月都会通过班级订阅《环球科学》杂志，阅读上面的科技报道是我当时最享受的课余时光。使我尤为自豪的是，2019 年年底，在我博士毕业半年后，《环球科学》介绍了我博士论文中观测到的真空量子涨落引发的传热现象。课余时间，和同学们一起打篮球是我放松心情、释放压力的最佳方式。我们在篮球场上挥汗如雨，一片欢声笑语中团队合作的意识逐渐增强。在酣畅淋漓的比赛之后，充满了欢呼与鼓励，几经磨炼的友谊让我们在学习和生活中愈发默契。高中毕业后我也一直钟爱团体运动。大学和研究生期间，我参加了许多学校组织的排球比赛并有幸和队友们一起获得了傲人的成绩。现在，在忙碌的工作和生活之余，我每周都会抽空邀朋友们一起打球。锻炼身体，舒缓身心，加固友谊，一举三得。

每天清晨，附中校园里的琅琅书声仿佛青春的战鼓，高昂嘹亮催人奋进。课间时分，电视机里《朝闻天下》的新闻播报声与同学的讨论声交织在一起，构成了属于我们青春的音符。老师们的谆谆教导犹如春风化雨，滋润着我们稚嫩的心灵；而同学们的青春洋溢，仿佛是刚刚升起的太阳，令人心潮澎湃。那些在附中的美好时光至今历历在目。这座学校以人为本、敢为人先的优良传统始终激励着我朝着人生目标不断努力攀登，向着更高的理想迈进。

▶▶ 寄语学弟学妹：

多年来，附中在理科竞赛中取得了举世瞩目的成绩，无愧金牌摇篮的称号。希望附中的同学们既能打下扎实的基础，也能着眼未来，树立伟大的理想，为实现理想孜孜不倦，终身学习。成功者，拥有强烈坚定的信念！

没有什么困难不可逾越

作　者：范毅丰，获得物理竞赛省一等奖，并入选
　　　　国家集训队。本科被清华大学电子工程专
　　　　业录取，硕士、博士研究生毕业于伊利诺
　　　　伊大学香槟分校。现定居美国芝加哥，在
　　　　脸书担任软件工程师。

教　练：蔡任湘

班主任：谢朝春、李　艳

高中三年，我的竞赛之路可谓是"一波三折"。

我深刻记得，在高一刚开始时，初来乍到的我，没有接受过提前培训，对于物理竞赛几乎是一无所知。身边的同学，大多从初中就已经接受了系统培训，熟练掌握了许多竞赛知识。我内心充满了忐忑与不安。每当看他们讨论竞赛题目，我都感觉自己像是站在一片未知的领域，迷茫而焦虑。自我怀疑、对失败的恐惧，以及落后带来的压力，常常让我夜不能寐。那时，我常常想，自己真的能追上他们吗？每当想起这些，我都会有一阵强烈的无力感。

尤其是在高中这个分秒必争的时期，每一天的落后，似乎都可能造成无法弥补的差距。面对如此巨大的压力，我开始怀疑自己是否真的适合竞赛这条路，甚至一度打算放弃。就在我内心充满挣扎的时候，教练蔡任湘老师的出现，给了我方向和力量。

蔡老师是我的物理竞赛启蒙教练，他深知我作为一个后来者所面临的

困难和挑战。他没有给我施加更多的压力，反而在我最迷茫的时候，一直用耐心和鼓励陪伴着我。即便他日常工作繁忙，他仍然抽出时间和我沟通，倾听我的困惑、帮我厘清学习思路。蔡老师一次次为我拨开迷雾，带领我走过了物理竞赛初期最艰难、最迷茫的日子。在他的悉心指导下，我的信心逐渐恢复，找到了前所未有的动力。

在蔡老师的帮助下，我逐渐明确自己的目标，也重新建立起了对物理竞赛的信心。蔡老师为我制订了详细的学习计划，并亲自给我补习那些落下的知识。每当我遇到复杂问题时，他都会细致入微地为我讲解，有时为了帮我理解某个难点，甚至不惜花费一个小时的时间。这种无私的奉献精神，让我深受感动，也促使我更加努力地去学习。

在物理竞赛的准备过程中，我逐渐意识到，自学能力是取得优异成绩的关键。蔡老师的帮助，更多体现在大局观的把握和总体方向的指导上，真正的学习过程，则完全依靠每个人自学。为了在竞赛中脱颖而出，我们必须在一年内掌握相当于普通大学生几年才能学完的内容，这种巨大的压力，让我常感到紧迫和焦虑。

其实在培训初期，蔡老师就特别重视培养我们的独立思考能力。他不仅教我们解题的技巧，还教我们如何在短时间内抓住学习的重点，避免在知识的海洋中迷失。在有限的时间里，这种能力对我来说无疑是至关重要的。蔡老师时常强调，"掌握方法，胜于苦读"。这句话深深触动了我，让我在学习中更加注重学习方法的探索与实践。

蔡老师还不断提醒我们，"自学的关键在于合理分配时间"。他说："时间管理是竞赛选手的必修课，如果不能高效利用时间，就无法在竞赛中脱颖而出。"在他的指导下，我学会了如何有条不紊地安排每天的学习任务，逐步掌握了从书写习惯、笔记整理到时间规划的全方位技能。这些能力不仅帮助我在竞赛生涯中取得了进步，也为我日后的成长打下了坚实基础。

让我深感受益的是，这种自学能力在大学的科研生活中也同样发挥了重要作用。科研是一条孤独的道路，很多时候需要我们自己去探索和发现，而在竞赛准备中学到的自学能力，正是我应对科研挑战的利器。蔡老师教会我们的，不仅仅是物理知识，更是如何独立思考、如何高效学习，以及如何在学术和生活中做出合理规划。

随着时间的推移，我逐渐适应了紧张的学习节奏，也越来越自信。在每天的自习中，我尝试着用不同的方法解决问题，逐步积累了宝贵的经验。然而，光靠个人的努力是远远不够的，自学固然重要，但与其他同学的合作也是不可或缺的环节。蔡老师一直强调团队合作的重要性，尽管我们最终都是以个人身份参加比赛，但在准备过程中，与其他同学的互帮互助对取得好成绩至关重要。

正因为很早地意识到了团队协作的重要性，在我的竞赛生涯中，我始终不是一个人在战斗，而是整个团队通力合作。我至今还记得，每天完成自习计划后，我都会与其他同学积极分享当天所学到的有用信息，并互相解答疑惑，给予彼此鼓励。在这种相互扶持的氛围中，我们不仅增进了友谊，也共同克服了许多学习上的难题。每当一个同学解决了难题，我们都会欢呼雀跃，分享成功的喜悦，这种共同奋斗的经历让我感到无比珍贵。

蔡老师常说："良好的合作环境，是胜利的催化剂。"正是在我们这些强大个体和团结集体的共同努力下，取得好成绩变得水到渠成。我们不仅在竞争中彼此激励，还在合作中成长。通过讨论和交流，我学会了如何倾听别人的观点，尊重不同的思维方式，这让我在理解问题时更加全面。

正因为有了个人的努力奋斗和团队无私的帮助，在短短的两个月时间里，我成功完成了原本需要半年的学习任务。蔡老师不仅帮助我弥补了知识上的差距，还不断鼓励我向周围优秀的同学学习。他时常对我说："身边的同学是最好的学习资源，要学会向他们学习，这样进步才能更快。"在他的鼓励下，我积极参与小组讨论，和同学们一起探讨物理问题，分享解题思路。在这种互相学习和竞争的环境中，我的能力逐渐提升，也变得更加自信。

从最初对竞赛的恐惧和怀疑，到逐渐找回自信并跟上队伍，这一过程中，我不仅在学术上取得了长足的进步，还学会了如何面对压力和困难。物理竞赛的准备不仅让我提高了物理思维能力，还让我明白了坚持、勇气和合作的重要性。

最终，这段竞赛的旅程成了我学术成长的一个重要里程碑，也成了我人生中一次难忘的经历。蔡任湘老师的悉心教导和无微不至的关怀，使我从一名落后的学生，逐步成长为一名能够在物理竞赛中独当一面的选手。我深深地感激蔡任湘老师为我所做的一切，也感谢那些在我身边陪伴和帮助我的同学们。他们让我相信，任何困难都可以在坚持和努力下被克服。

▶》寄语学弟学妹：

首先，自学能力是取得优异成绩的关键。在备赛过程中，你们会发现，真正的学习过程主要依赖于个人的努力与思考。制订合理的学习计划、有效分配时间、抓住重点知识，都是帮助人在有限时间内取得进步的重要方法。记住，努力学习的同时，要保持对知识的好奇心和探索精神，每一次解题都是一次提升自我的机会。

与此同时，团队合作也是成功的重要因素。虽然大家最终都是以个人身份参加比赛，但在备赛的过程中，和同学们的互相帮助与支持是不可或缺的。积极分享自己的学习经验，讨论难题，这不仅能加深对知识的理解，还能让学习过程变得更加有趣。良好的合作环境能够激励大家共同进步、创造更优异的成绩。

希望学弟学妹们在未来的竞赛旅程中，勇敢追求自己的梦想，充分发挥自学能力和团队合作的力量。相信你们一定能够在物理竞赛中创造出属于自己的辉煌成就！

竞赛不是纯靠智力的游戏

作　者： 沈睿哲，物理竞赛省队成员。本科被清华大学
电子信息系录取。硕士毕业后回到湖南师大附
中参加工作，担任物理竞赛教练。所带的2024
届学生中，2 人入选国家集训队，5 人获得国
家金牌，4 人获得国家银牌；4 人录取清华大
学攀登计划，2 人入选北京大学卓越计划，2
人高二录取中科大少创班。

教　练： 蔡任湘
班主任： 李　艳

　　我从小对数学、物理方面的问题就有着极大的探索欲。初中在湘潭江
声实验学校就读期间，我参加了学校组织的数学、物理、化学三个学科的
奥赛培训，三个学科都获得了全市一等奖，为我的竞赛思维打下了基础。
后来，通过湖南师大附中组织的选拔考试，进入了附中理科实验班。

　　清晰地记得，第一节课，蔡任湘老师给我们做物理学科竞赛知识介绍，
我便被深深地吸引了。当时，蔡老师还分享了一位往届学长的故事，有一
句话让我记忆犹新："如果老师您不让我学物理，那我就从这里自由落体。"

　　最初的日子，的确有点虐心。一方面，蔡老师的课条理清晰，但速度
较快，我需要花很多功夫才能跟上他的节奏。另一方面，是因为我的一个
舍友。这舍友也是我的初中校友，叫申泽宇。在初中时，我们都称他为
"申哥"——此人是湘潭市数学竞赛第一，物理竞赛第一，化学竞赛第二。

进入附中，他更是"神一样的存在"——每次都能够在课前把对应要讲的内容预习好，甚至把几本竞赛书上的题目都做完。"与大神共舞"的日子，让我压力巨大。但好在我有一个特点，就是喜欢向高手请教。记得刚开始时，我在组内的成绩只能排到中下。我经常向"申哥"请教问题。"申哥"思维很快，有时他已经把问题解释完了，但我却没反应过来，还是一脸蒙。

后来，我在组内又认识了一些学友，比如，梁昊（后来的亚洲赛金牌获得者）、李谨然、王邦彦、罗智文等。在与他们的请教和讨论中，我慢慢进步，逐渐能跟上蔡老师的进度了。

这里我特别想提的一个人是梁昊。刚进学校时，梁昊看起来呆呆憨憨的，大家不会把他跟顶级高手联想到一起。但后来我们发现，梁昊特别专注，他能够抱着一本书在教室从早"啃"到晚，即便有人在旁边玩耍嬉戏，也对他产生不了任何影响。一开始，我的成绩跟他差不多，但随着时间推移，他越来越强，甚至多了一个"昊爷"的称号。这个称号源于他的"小跟班"郝博文。每天下课，郝博文准时向"昊爷"请教问题，每次"昊爷"都能给出准确回答。后来，我们越来越多的人知道了他的厉害。高一暑假，我们参加了杭州舒幼生老师的培训，在培训结营考试中，他斩获全营金牌，从那时起，他便晋级为我们组里的"大神"行列，后来，与组里另一位叫陈博的"大神"一同斩获亚洲赛金牌。

我认为，专注和持之以恒是梁昊成功的秘诀。但他的成功不止于物理竞赛，还包括体育。一开始，他的体育成绩并不好，体质也很差，连跑1000 米都困难。为了训练自己的长跑，他开始每天坚持训练，一年后，变化特别大。后来听说，有一次，梁昊一口气在附中操场跑了七十多圈（三十多千米）。从梁昊身上，我仿佛看到了"滴水穿石"的成语释义。后来，梁昊在北京大学本硕博连读，在 *Science*、*Physical Review Letter* 等期刊发表文章三十余篇；本科阶段获 CUPT 一等奖；博士阶段受北大校长奖学金资助，并获评为优秀助教；入选参与 69 届诺奖得主林道会议；于 ICPEAC 2019 会议获最佳海报奖。他现在在德国担任博士后的工作。另外插一句，梁昊还是知乎物理学科优秀问题回答人，他用严谨的科学原理和简洁的语言回答了很多有趣的问题。例如：吃一小勺白矮星会怎么样？大家有兴趣的话可以去搜一下。

说到高中竞赛的故事，还有一位不得不提及的"大咖"，就是王邦彦。王邦彦给我的印象是四个字——"智商爆表"。据说，此人是以附中招生考试数学满分进入的附中理科实验班。虽然拥有一个"爆表"的好脑子，但进了物理竞赛组以后，他并不满足于刷题、看书、学竞赛，而是开始沉迷于"科研"——"做题对我的科研没有帮助，我要发明长生不老药"。我发现，此人的确从来不做题，只做"研究"，"研究"书中的理论，并提出自己的独特"猜想"。例如，他跟我讲，"从毕奥萨伐尔的三个实验推出了毕奥萨伐尔定律"。王邦彦让蔡老师很头疼，一是不做题，二是书写习惯不好，常常把钢笔水弄得手上、试卷上都是。但是因为太聪明了，所以即使有以上两大"debuff"，高一时他的成绩依然在组里维持中上。蔡老师心急如焚，因为他知道，这样学习下去的后果，只会在高难度的复赛中摔跟头。蔡老师苦口婆心地多次找他谈话，但毫无作用。后来只能使出"撒手锏"——成立"第二物理组"，把王邦彦转到高考班待了半个学期。这里我解释一下什么叫"第二物理组"。因为蔡老师在物理竞赛组有很多要求，比如，刷题的要求、书写的要求，但王邦彦一不做题、二不好好写字，多次谈话毫无效果，又不愿意退组，所以蔡老师决定成立"第二物理组"。"第一物理组"就是我们原来的物理组，需要严格按照蔡老师的要求学习；"第二物理组"是只有王邦彦一个人的物理组，可以不遵守那些严格的要求。"第二物理组"不能来"第一物理组"自习和听课，但是可以过来参加考试。在这种情况下，王邦彦终于"洗心革面"开始刷题，认真练习书写，后来在组内成绩也更加靠前，最终获得全国决赛金牌保送至清华大学。

从王邦彦的故事中，我看到了蔡老师的"教无定法"。物理竞赛不是纯靠智力的游戏，很多天赋异禀的学生"个性鲜明"，但缺乏在学习习惯上的引导，导致在复赛中与省队失之交臂。蔡老师的厉害之处在于他能"因材施教"，用他的"方法"把各种类型的学生引导到正确的学习道路上。

印象中，蔡老师跟我们讲得最多的，就是他的"三大法宝"：归纳整理、书写习惯、限时训练。这三大法宝也让我受益匪浅，尤其是归纳整理的习惯。通过归纳不同问题的共性和规律，整理出一条通用思路，在下次碰到类似问题时，就可以避免重复无用的思考，直击问题要害。其实，在物竞的学习上，我的刷题量并不大，但是因为养成了归纳整理的好习惯，所以取得了事半功倍的效果。后来，我把归纳整理这个习惯运用到了生活中的各个方面，比如，书法、格斗、魔术，以及后来的教学，都取得了不错的效果。而蔡老师也使用他的"法宝"，在教学生涯中带领学生斩获了9枚国际赛金牌，成为全国最有名的物竞教练之一。

我的"攀登之路"仍在继续。硕士毕业后，我选择回到母校担任物理竞赛教练。在带学生的过程中，我仿佛又重走了一遍自己高中时的"攀登之路"。后来，我在附中又遇到了我的竞赛师父、金牌教练彭知文老师。在彭老师带领的物理竞赛教练团队无私指导下，工作三年的我，水平已从最初的"新人上路"提升为现在的"平稳驾驶"，学会了从如何当一个"好学生"转为如何当一个"好老师"。

▶》寄语学弟学妹：

竞赛是一段艰险而快乐的道路，充满了机会与挑战，希望大家能全力以赴，百分百执行教练的要求，一步一步、脚踏实地攀登高峰。

跨越山海，发现自己比想象中更强大

作　者：赵宇璋，物理竞赛省队成员。本科就读于清华
大学电气工程系，硕士研究生毕业于香港科技
大学。作为联合创始人，在天津创办了工业物
联网平台高科技型企业——联智科技，任
CMO。目前公司经过四轮融资，估值过亿，公
司核心技术已被成功运用在钢铁、能源、电
力、制造等行业。

教　练：蔡任湘
班主任：谢朝春

　　当我回首我的中学时光，从娄底来到长沙求学时，心中满是感慨与感
激。从最开始的中下游成绩，到一步步在数学和物理方面找到自己的优势
并不断突破，我的学习旅程充满了艰辛与成长。这段经历，不仅帮助我进
入了物理竞赛省队，也让我理解了学习中"脚踏实地"的重要性。

　　在学习过程中，我最大的收获是：目标不要定得太高，而是要设定一
个个小目标。小目标的实现带来的成就感，不仅让我更有动力，还让我在
一次次的积累中逐渐提升。比如，第一次尝试物理竞赛时成绩并不理想，
但我没有放弃，而是每次都通过错题本反思、总结，直到逐步掌握那些我
曾经不擅长的知识点。错题本真的非常重要，遇到问题要深入剖析原因，
而不是一句"粗心"了事。

　　回想高中的一段趣事。曾经，我为了节省通勤时间，和朋友们组成了

"翻墙帮"，每天都翻越学校的围墙上下学。然而一次意外的摔伤让我意识到，或许上天是要给我一次沉下心来学习的机会。那段时间，我虽因为受伤，整个学期都要依靠拐杖行走，但也因内心的纯粹和平静，取得了学习上的最大进步。通过那段经历，我也深刻体会到了团队的力量，尤其是朋友们在我受伤时提供的帮助与支持，让我意识到了团结的重要性。

在我高中期间，物理竞赛给我带来了巨大的收获。我发现，学习不仅仅是为了考试，更是为了探索世界的奥秘。在物理竞赛中，我学会了如何攻坚克难：遇到难题时，我会去请教组里的"高手"，他们往往乐于分享他们的解题思路和方法。通过这种合作与讨论，我不仅提升了自己的水平，也结交了许多志同道合的朋友。

竞赛的收获不只有成绩。竞赛培养了我的科学兴趣，激发了我对未知领域的好奇心，以及对技术的浓厚兴趣，且一直延续到大学时期。在清华大学期间，我持续投身于包括清华大学挑战杯在内的各类科技赛事。这些经历不仅丰富了我的学识，也让我逐步理解了技术与现实需求的结合。可以说，这些竞赛经历为我日后创业方向的选择埋下了种子，让我意识到通过科技创新来解决现实问题的重要性。

竞赛学习的经历告诉我，无论是在学习还是生活中，遇到困难时，不要气馁，坚持不懈，总有一天会发现，原来自己比想象中更强大。

▶》寄语学弟学妹：

人生总是充满了未知和挑战。在学习和生活中，我们往往会面临各种困难与挫折，但正是这些经历让我学会了坚持与勇敢。我鼓励你们在高中生活中勇敢尝试，走出自己的舒适区，去面对那些看似不可能完成的任务，因为正是在这些挑战中，我们才能真正成长，收获成功的喜悦。

跨越决赛的低谷，我笑傲在高考之巅

作　者：陆思锐，获得全国中学生物理奥林匹克
竞赛银奖，物理奥林匹克竞赛湖南省一
等奖，2013 年丘成桐中学科学奖物理银
奖。本科就读于清华大学物理系。现于德
国马克斯·普朗克量子光学研究所攻读博
士研究生，师从量子信息领域的创始人之
一———伊格纳西奥·西拉克（Ignacio
Cirac）教授，研究量子计算。

教　练：彭知文
班主任：彭知文

　　光阴似箭，日月如梭。回首高中时代在母校度过的青葱岁月，历历在
目的，仍是在物理竞赛道路上砥砺前行的点点滴滴。

　　我从初中起就对信息学竞赛颇感兴趣。在刘明春老师的悉心指导下，
我刻苦钻研编程算法，最终在省级比赛中斩获一等奖。这一经历不仅是我
迈入竞赛殿堂的初试啼声，更坚定了我在理科领域深造的决心。考入师大
附中后，我毅然选择加入了竞赛班，在彭知文教练的指导下专攻物理学科。

　　在师大附中，学校为参赛学子提供了优质的学习环境和丰富的训练资
源。记得在北京大学的舒幼生教授的广州培训课上，我们全组同学都聚精
会神地汲取着大师传授的宝贵经验；在实验室里，我们在指导老师的带领
下，一次次地演练各种实验操作。正是在这样严格而又科学的训练下，我
们一步步地掌握了扎实的理论功底和实践技能，为参赛做好了充足准备。

在备赛期间，我们始终秉持刻苦钻研、精益求精的态度。每逢周末和寒暑假，泡在图书馆和实验室就是我们再常见不过的状态。从基础概念学起，到习题演练再到考试模拟，循序渐进、环环相扣，在不知不觉中，我们的竞赛和物理水平都得到了质的飞跃。

在那段时间，我们仿佛沐浴在知识的海洋里，对探索未知的渴望愈发强烈。但同时，备赛压力的持续累积也是不容忽视的。我们需要在文化课学习和竞赛训练之间寻求平衡，兼顾深度和广度，合理分配时间和精力。这对当时的我们无疑是一个不小的挑战。

即使在决赛后一度陷入低谷，但凭借多年竞赛磨砺出的意志和定力，我最终调整好心态，在高考中顺利发挥，考入理想的清华大学。回望这段峥嵘岁月，竞赛生涯带给我的究竟是什么？是知识，是能力，更是品质。在漫漫求知路上，这些都将成为我不断进取的宝贵财富。

另外，我有幸在高二时与同学组队参加了由丘成桐先生发起的中学生科学奖评选，凭借在物理学研究上的创新性成果获得了银奖。这不仅是对我科研能力的极大认可，也让我有机会与包括诺贝尔奖得主在内的众多大科学家面对面交流。丘先生的鼓励更是让我萌生了出国深造的念头，并最终前往麻省理工学院交换一年。

▶▶ 寄语学弟学妹：

对于如今仍在竞赛路上前行的学弟学妹而言，我想表达的是，比赛的输赢固然重要，但更应着眼于学习和成长的过程本身。在这个过程中，培养专注、坚持、不怕困难、敢于创新的优秀品质，养成自主学习、合理规划、严谨治学的良好习惯，往往受益终身。

与此同时，竞赛的限时性也有其合理性——在成人的世界里，许许多多事情也同样是限时的。在紧张的国际学术竞争中，也往往面临着争抢鳌头的激烈竞赛。在时间紧迫的条件下，能最高效率地处理好除了公式推导之外的杂事，也是重要的能力之一。

母校各学科竞赛硕果累累的背后，是几代附中人薪火相传的不懈奋斗。作为新时代的附中学子，希望学弟学妹们能够继承先贤遗志，心怀科学报国的远大理想，在各自的领域披荆斩棘，用实际行动为母校争光、为祖国添彩！

好习惯，才是磨刀不误砍柴工的"刀"

作　者：丁一开，2015 年荣获第 32 届全国高中生物
　　　　理竞赛金牌，2016 年获得第 17 届亚洲中学
　　　　生物理奥林匹克竞赛金牌。本科保送至北京
　　　　大学信息科学技术学院，计算机科学技术方
　　　　向。现于颐华学校担任物理竞赛教练。

教　练：蔡任湘
班主任：马正阳、吴彩霞

作为土生土长的长沙人，我可以算是在竞赛氛围中"浸"大的。

我从三年级开始学习数学竞赛、四年级开始学习信息竞赛，一直坚持
到了初三。初三升高中的时候，我开始主攻物理竞赛，并通过高一、高二
两年的艰难冲刺，最后取得了比较不错的成绩。

我小学时候的竞赛并不是由学校组织，而是在外面的机构学习。基本
上一周有一次奥数课、一次信息课，还要出去上钢琴、羽毛球、主持人等
兴趣班。生活虽然被安排得满满当当，但也倍感充实和快乐。

想当年，奥数非常风靡，我学奥数的机构算得上是长沙的"头部培训
机构"。那里的同学都很强，课程进度也很快，基本在初一左右，就学完了
几何、代数、数论等大部分知识。教材是培训机构自己出的书，一个专题
就是厚厚的一本。当时年纪小，接受能力很强，而且课外时间也很多。学
这些东西虽然感觉有点难度，但回家之后自己钻研，也能勉强入门两门竞
赛。信息奥赛是一周一节课，从零开始慢慢学起。事实上，那些年所学的

信息奥赛的知识，在我读大学之后还格外有用，以至于在本科期间，几门主要课程学起来完全不用费功夫，甚至可以不用听课。

早年在数学和信息奥赛方面的学习经历，使我受益颇多：让我学会了读书，读一些大学的教材和国内外的一些简单论文；让我的性格偏于沉稳，能够在书桌前一坐一整天；让我有了基本的攻坚克难的勇气；最重要的一点是，让我知道了有"竞赛"这条路，可以让我在自由学习的同时圆梦清北。

到了高中，我"转行"到了物理竞赛。当时也有很多人不解，觉得我不该放弃努力了近10年的学科。但在我看来，理科高手应当具备广泛的兴趣，选择哪一门竞赛都一样。通过长期的专业学习，我对数学和信息奥赛的内容已经基本熟悉了，意识到我灵感有限，并不适合学习数学奥赛，也不太适合继续冲击信息奥赛，因为有两个一起学习的学弟，在初中就获得了保送资格，对我是一点小冲击。

最后选择物理，主要是因为我认为物理学能帮我解释很多事情。作为小孩子，我对身边观察到的一切都很好奇，更想知道他们运作的规律；而且当时附中的物理教练蔡教练也给了我很大的鼓励，帮助我在早期迅速建立物理学的知识体系。

支持我学习物理的另一个动力很纯粹——我不想参加高考。准确来说，我主观上排斥一切考试。在当时的我看来，考试的主要任务是展示自己的能力，如果我的个人能力足够强，就不需要浪费时间考试，能力不够强，考试也是浪费时间。但我更清楚，如果不想参加高考，就必须考到全国的前50名。为此，我在高一、高二期间的竞赛学习可谓是"玩命"，自从走读之后，没有哪一天早于凌晨2点睡觉。对知识和成绩的追求，一直支持着我走完两年的竞赛路程，并最终取得了我想要的成绩。

第一年的学习是比较迷茫且困难的。因为物理学的知识结构非常严密，几乎必须学习整个板块后，才能拥有重组的解题能力，很难像数学一样单点突破，用某个公式直接解题。这艰难的一年里，在蔡老师的带领和同学们的共同努力下，我们物理组完成了对物理学的开荒，并在寒暑假初步接触了大学物理和高等数学。

在这一年里，除了知识之外，我认为最重要的还是习惯的培养。这也是蔡老师的拿手好戏。包括解题的基本规范、看书的读书笔记、刷题的限时训练，包括思考问题的基本方法，甚至包括日常生活的纪律和卫生，我们物理组都是十分追求完美的。在习惯养成的过程中，我们组的规模，也从最初的 107 人，减少到了不足 30 人。

我时常思考一个问题：什么是物理竞赛？学竞赛就是在深挖物理学的知识，并把这些知识不断体系化、规范化，其实这也正是过去几百年里物理学家所做的事情。所以，我认为，学习物理竞赛的过程，就是在重走物理学家们所走的路。至于解题，公式推导本身就是最好的解题技巧，审题，抓住关键词，分析其定义，并从定义出发，严谨推理，答案自然就会浮现。领悟到这一层后，第二年，我的学习越发顺手，同时也以自学为主，快速学完了大部分的大学数学、物理课程，包括四大力学。随着学习进度的快速推进，我的自信心也空前暴涨，并很快进入了停课阶段。

说来也怪，我在高二的经历无疑是十分宝贵的，但是我对高二的记忆基本来自同学、老师的复述。也许是学习太过于集中，也许是高度重复的每日安排，我只记得我非常疯狂，记得我和同学一起组队刷了几十本书和很多很多真题，以及蔡老师请了很多学长和教授给我们上课。

总的来说，我认为竞赛的学习中，知识积累和刷题是主线，最重要的是习惯的培养，磨刀不误砍柴工。

▶〉〉寄语学弟学妹：

祝愿加入竞赛的学弟学妹们能够找到属于自己的学习方法，找到自己努力的方向，在未来有所作为！

以竞赛之法攻高考，斩获两科"大满贯"

作　者：胡天琛，2018 年获全国中学生物理竞赛决赛银牌，2019 年高考数学和物理满分。本科就读于清华大学物理系，获北京市大学生数学竞赛一等奖。毕业后回到湖南师范大学附中任教，目前为附中物理竞赛教练。

教　练：蔡任湘、潘高扬

班主任：李　艳、朱修龙

　　我接触物理竞赛是在初三年级后期。我初中在娄底就读，没有接受过系统的早培，甚至没有明确的学习物理竞赛的想法。通过参加招生选拔来到附中后，我才在蔡老师的引领下学习物理竞赛。

　　物理竞赛难度很大，身边的同学都非常优秀。我们从基本的概念与公式开始学习，一步步加深难度，提高能力。在此期间，我和同学们建立了非常深厚的"革命友谊"，不仅互相讨论知识和题目，也在闲暇时一起娱乐放松，偶尔会看看小说，也会在人齐的时候凑一局狼人杀。

　　前、中期的学习我不是很认真，经常上课开小差，或者自习时间走神，课余时间更是放飞自我。与部分努力刻苦的同学相比，现在我真是感到非常惭愧。或许是由于这一点，以及方方面面的原因，最终我成了物理组少数几个没能与清北签下最优约的学生。我痛定思痛，在后续的学习中不再那么放纵，终于幸运地进入了省队。然而本性难移，松了一口气的我又开始打摆，结果在决赛中遗憾地取得银牌。

此后，我回到学校，开始学习高考内容，有了竞赛的学习经验，学习高考内容简直如鱼得水，没有遇到太大的问题。学习物理竞赛不仅培养了我相对敏捷的数理思维能力，还培养了我考虑问题细致全面，很少犯低级错误的特点。最终我能取得高考数学和物理满分，总分 668 的成果，很大程度上要归功于竞赛学习的经历。

在高三，我提升最大的两门科目是英语和化学。因为我的数学、物理、生物本来就很好，而语文最终考砸了。因此，就我个人的学习经验而言，我推荐学习物理竞赛的学弟学妹们在高三复习时把重心放在英语、化学、生物上。因为数学、物理一般对我们而言没有太大的难度，不需要花太多精力，而英语、化学、生物只要你背单词或记知识点，就会有看得见摸得着的提升。

这一路上，我非常感谢教练，也非常感谢李艳老师、朱修龙老师、卿卫群老师以及其他所有的任课老师。如果没有他们的指导，我不可能取得这样的成绩。这三年的学习经历和美好时光将是我人生中最宝贵的财富。

▶▶ **寄语学弟学妹：**

学习竞赛不仅能够让你学到知识和方法，还能锻炼你的思维能力、自学能力和抗压能力等一系列更为重要的能力。学习竞赛，哪怕最终没有取得直接的成果，也能提高你的综合素质。它一定能成为你人生中一段最为宝贵的经历。希望学弟学妹们能够积极地投身竞赛，勇敢地攀登高峰！

孤独是成功者的必经之路

作　者：王子豪，获得第47届国际物理奥林匹克竞赛
（IPhO）金牌。本科保送北京大学物理系。现
于北京大学攻读博士，进行粒子物理尤其是中
微子物理方面的研究。

教　练：蔡任湘
班主任：吴彩霞

初三的那个暑假，恩师蔡任湘老师找到我，让我到附中学习物理竞赛，我感到受宠若惊。

刚进附中，我算不上拔尖者。此前，确切地说，是自小学六年级起，一直到初中毕业，我都是自信地在竞赛的辽阔疆域里驰骋，取得了初中物理、化学等竞赛学科的一等奖。但因为暑假没有做太多的提前练习，高中物理知识算是刚刚学起。那时，听到周围同学聊用导数求某函数的最大值，我完全不懂。

但或许是年纪尚小，我没有因差距而感受到太大的压力，只是默默从零学起，不懂导数就去书店买了本微积分的小册子学习。蔡老师也十分看重我，让我能刚入高一就去隔壁湖南师大学习普通物理知识。还记得，我第一次去听课就迟到了，不好意思推门进去，只得在门外站着，听到里面老师在讲些当时还听不懂的力学知识。下课后，我找同学要来笔记，却也是看不懂，还是从同学那里知道，"x上面的点是导数的意思"。那时起，我意识到数学之于物理的重要性。高中竞赛中的微积分能帮助理解很多知识，极限的思

想至关重要，一个小小的常微分方程却能帮助我们理解遥远的行星轨道。

从此，我物理竞赛之路走上了正轨。不断地看书和做题，有了微积分的基础后，那些大学教材也都能看懂了。每到假期，都有学长来教我们一些新奇的东西。尤其是陈博学长，他讲的"看书用抄的"经验让我受益匪浅——抄写物理教科书上的知识点，既加强了记忆，又能让自己理解那一部分知识体系的结构和重点。我抄写了一个又一个笔记本，学完了普通物理、四大力学和数学物理方法。

有时，我也会出去参加培训。那些大学老师们用大学授课的经验结合高中物理竞赛的题目，让我们轻松地理解了一个又一个常见的模型。虽然感觉自己心中的知识体系变得越来越宏伟，但做起题、考起试来，却又是另一回事了。每每组内考试，总会可惜这里、可惜那里，结果不尽如人意。这就是蔡老师所说的，"极限情况下的速度缺失"。

记得在广州的舒幼生老师的培训课上，舒老师的讲课循循善诱、引人入胜，每次都能吸引全国各地几百学子前来聆听。培训最后会考一套舒老师亲自出的题目。听课时，我的体验极佳，考试时也感觉不错，但最终成绩却完全不似自己所想，只有一个三等奖。我不禁问自己："难道我跟全国各地的同辈差距如此大吗？"

好在时间还长，仍有机会提升自己。物理组内的氛围极好，大家都在培训室内安静认真学习，在这样的环境下，很难不让自己埋头看书做题。每天下午放学前，还有一段专门的讨论时间。每到这时，大家会几人一组，聚在一起讨论，讨论各自今天学习碰到的问题，大家的思维都会调动起来，碰撞出思想的火花，许多好点子都会萌发出来。蔡老师会在我们面临困境的时候，来一个打鸡血的演讲，缓解我们的压力，激起我们的动力，让我们不至于自卑，相信自己有能力学好，有能力与全国各大学校的高手竞争。

物理竞赛不只有做题，还有实验。到了高二，我们也开始了实验的培训。对我来说，实验要比理论更难。在青一平老师的课上，我偶尔也能想到他奇思妙想的实验原理，但亲自上手后总会出一些岔子，这只能靠实践经验的积累。实验上，有很多细节需要重视，需要对原理和仪器有透彻的理解，很多情况也不一定出现在实验指导书上。也要感谢王超老师的付出，在附中的物理实验室里，他每天事先摆好各类仪器让我们去练手，让我们积累了丰富的经验。

在高二下学期，北大、清华两所学校已经开始面向竞赛生招生，暑假的各类金秋营也即将到来。我运气不错，在北大到我们学校招生时，通过面试，拿到了北大的升学协议，消除了后顾之忧。

此时，离高三时的物理竞赛复赛也不远了，整个物理竞赛组进入了冲刺阶段：每天白天考两套理论题，晚上去王超老师准备好的实验室做实验。理论题是往年的复赛试题和自命题。自命题是很有必要的环节，组里的同学两人一队选择一个考点出一套试题，各种鬼点子层出不穷，真是"惊为天人"，把我们的思维力展现得淋漓尽致。那段时间，我仿佛进入了状态——所有考题都会做，考题的答案由我和几个同学一起讨论出来，阅卷也一起负责，最终的成绩也在榜单上遥遥领先。

一切都很顺利。通过复赛，我成功进了省队，又顺利通过决赛，成功进了集训队。

到集训队后发现，学习思路不同了。在那里，如同在大学上课，最终的考试不像是高中竞赛题，而像是大学课程期末考试，区别可能只在于课程的时间，需要在短短一个多月内学习大学物理专业的十几门专业课。这是很锻炼心境的一段时间。为了专心，我上交了手机，每天除了上课、吃饭、睡觉，就是自习，周围不再是熟悉的培训室和二十多个同组的同学，会显得孤独，感到孤独也是竞赛路上的必有环节。还好很多内容在进集训队前就有所学习，所以最后也考得不错，成功进了国家队。

随国家队出战，就是竞赛的最后一段旅程了，参赛地点是瑞士的苏黎世大学。一路上，国家队的老师们还有当地的志愿者都很好，让我们能够专心参赛。最终，自己能代表国家站在领奖台上，各种感情涌上心来，有感激、自豪、喜悦，等等。

回首过往，竞赛是一条艰难的路，是对自己多方面的考验。但攀登路上的种种经历，也让我内心更加坚韧。

▶》》**寄语学弟学妹：**

首先，需要确定自己的兴趣所在，让自己在路上不要迷失了方向。我一开始可能只是想着去做数量更多、种类更多的题。

但随着书看多了，心态就变成了去学习更多的数学、物理知识，更多地了解这个世界，了解前人是如何描述和推演这个世界的。带着这种心态，做题可能就是附加产物了，不会显得那么枯燥。

当然也不能让自己一味沉浸在学习新知识的世界中。高中竞赛成果的体现方式就是考试。学了再多知识，得让它表现出来，那就需要不断做题，锻炼自己的做题准度和速度。总的来说，竞赛不仅需要天赋，更需要努力。天赋只是让自己能学进去的门槛，要想取得好成绩，还需要刻苦学习，看足够多的书、做足够多的题。

竞赛体现了"更高、更快、更强"的奥林匹克精神，需要去理解更高层次的知识，锻炼出更快的学习和做题速度，培养出自己更强的综合学科能力。这是对自己的磨炼，让自己勇攀高峰，哪怕最终没能获得自己满意的成绩，但相信回首过去，仍能发现这段青春中的竞赛经历给自己带来的影响。

戒去浮躁，带着"大将之风" 迎战考验

作　者：陈俊豪，获得第 50 届国际中学生物理奥林匹克竞赛金牌。本科入读清华大学。在校学习期间成绩优异、发展全面，多次获得国家奖学金、清华大学综合优秀奖学金等荣誉，本科毕业论文获评清华大学优秀本科毕业论文。2023年进入加州大学伯克利分校的一所顶级半导体实验室攻读博士学位。

教　练：蔡任湘、潘高扬
班主任：李　艳

　　早在附中博才实验中学就读的时候，便对附中十分向往，希望自己能够成为一名附中人。

　　进入附中之后，更加坚定了自己当初的选择。在这里，我不仅得到了许多经验丰富的老师的指导，也遇到了来自全省各地的优秀同学，他们充满活力，给我留下了很深的印象。身处这样一个积极向上的环境，真是一件很幸运的事。

　　高一开学之前，我参加了附中的夏令营。那时候，我才首次了解到学科竞赛，而且对当时同学们高涨的竞赛学习热情很有感触，在他们影响下，我也萌生了参加物理竞赛的想法。

　　高一正式开学后，我的学习成绩与心理预期存在很大落差。尽管综合成绩依然位于年级前列，但竞赛方面却遇到了不少挫折。当时，对是否继

续加大竞赛学习投入，我很是犹豫。一次晚自习，班主任朱老师找我谈话，希望我能坚持下去，并相信我良好的数学思维习惯，能助我在竞赛的路上走得更远。谈话后，我决定将物理竞赛的学习坚持到底。但那毕竟是一条漫长的攀登之旅，即便坚定了想法，也无法取得立竿见影的效果。所以，在高一的学习中，我鲜有尝到成绩突破的甜头。

但在那个阶段，以蔡老师和潘老师为主的教练团队却对我们充满了耐心和信心。他们鼓励我们要沉下心，夯实基础，注重良好学习习惯的养成，注重培养稳重的心态，注重提升抗压和耐压能力。这些方法，让我们日后受益匪浅。在那一年里，组里同学之间结下了深厚的友谊，也形成了很好的讨论与合作氛围，促成了全组的齐头并进。在那之后，我的竞赛学习也开启了全新的篇章。

高二是竞赛生提升自己、取得突破最重要的一年。所有同学都要在学习上投入更多的时间。大家不仅要在短时间内完成剩余的综合课学习，而且还要快速将自己的理论知识体系构建完整，以迎接后续高强度、高密度的各种考试。

记得从 2018 年 11 月开始，我们需要去湖南师大理学院上课。那段时期的学习内容，基本覆盖了高中竞赛的全部知识，极具挑战性。我也是在那段时期实现了全面提升，取得了不少优异成绩，数次在全省竞赛生的联考中拔得头筹。于是，我开始定下目标：攀登更高的高度，实现在国际舞台上为国争光的梦想。

高三一整年，都是紧张与刺激并存。从长沙的省赛到上海的国赛，以及最终在北京的集训队选拔，每一关，我都需要竭尽全力。选拔是残酷的，但即便如此，附中的同学们依旧并肩前行、相互打气。那时，教练对我们把握好细节的能力很重视，时常叮嘱我们要戒去浮躁，带着"大将之风"迎战每一次考验。我相信，这是后来大家在每一个阶段都能收获硕果的重要因素。在面对竞争最为激烈的国家集训队选拔时，谢校长与蔡老师亲自前往北京为我们加油打气，给予了我们莫大的鼓舞。最终，我也突出了重围，进入了国家代表队。

再后面的故事，就变得更加自然，坚持到了最后，也成功在以色列夺得了国际金牌，在那个所有攀登者们都向往的大舞台，实现了自己在附中的梦想。

回忆起来，有太多的往事涌上心头，太多的感动难以忘怀。在附中物理组学习的时光是很快乐的，同学们之间交流密切、关系融洽，蔡任湘老师、潘高扬老师、王超老师以及李艳老师对我们无微不至的教导与呵护，让我和组里的同学们一路收获颇丰，自信地进入了后续的学习阶段。

▶》寄语学弟学妹：

衷心希望附中的未来更加辉煌，也祝愿学弟学妹们学业顺利，能在附中度过快乐的、收获满满的三年，也是难忘的三年。

金牌背后，是被挫折虐过的意志力

作　者：谢荣靖，第 36 届中国物理奥林匹克竞赛
　　　　总分第一名。本科就读于清华大学计算机
　　　　科学与技术系。目前在北京一家科技金融
　　　　公司担任研究员。

教　练：周启勇、蔡任湘、袁江涛

班主任：朱昌明

　　我的物理竞赛经历是一场深入探索自然奥秘的旅程，更是一段在实验
与思考中不断成长的心路历程。

　　初三那年，我与物理竞赛"初相识"。

　　那年，我参加了学校组织的物理夏令营。我当时对物理了解得不多，
甚至对于"竞赛"这个词也只是些许模糊的概念。然而，当我走进教室，
看到那些先进的设备，听到竞赛老师讲解那些奥妙的物理原理，心中便充
满了强烈的好奇。夏令营的氛围十分浓厚，来自不同学校的优秀同学们也
让我感到了竞争的压力。大家讨论问题时的热烈场面，让我深刻体会到物
理的魅力。

　　在夏令营的几周里，我对物理学科有了多方面的了解，也认识到，许
多物理现象与我的理解相差甚远，但这并没有让我感到沮丧，反倒欣喜于
物理学科中无限的知识和启示。夏令营让我意识到，物理学习不仅仅是公
式的运用，更是思维的碰撞和团队的协作。

　　随着夏令营的结束，我对物理的热爱愈发深厚。我与物理学科的缘分，

也进入了理论与实践相结合的阶段。

我开始主动阅读物理书籍，尤其是关于力学和电磁学的内容。课外阅读让我领悟到了许多课堂上未曾涉及的原理，也让我对物理的逻辑思维有了更深的理解。然而，仅仅依靠书本知识是远远不够的，我知道我需要将理论与实践结合起来。

为了提升自己的实验能力，我开始接触学校的物理实验室。每周的实验课程，都会开展不同的实验，讨论实验的原理和过程。有一次，实验的主题是"简谐运动"，我们搭建了一个摆锤实验。在实验过程中，尽管摆锤的频率和周期有了理论上的预期，但实际测量的结果却和理论值存在差距。这时，我意识到，实验中细微的误差也会影响结果的准确性。因此，我开始更加注重实验的细节，逐步养成了严谨的实验习惯。

竞赛学习中，挫折是难免的，进行自我反思也是必然的结果。

在竞赛过程中，我经常会遇到各种各样的挫折，如，未能如愿获得测试名次、实验失败等。面对这些挫折，我时常感到非常失落，有时心中也充满了怀疑，质疑自己的努力是否有效。后来，我开始反思自己的学习过程，分析考试中的失误。失败并不是终点，而是一个新的起点。只要不断调整自己的心态，吸取教训，就一定能够在下次的挑战中更进一步。

高二的暑假，我们正式进入物理竞赛的备赛日程。

那时，我已经对物理产生了浓厚的兴趣，决心在这条路上走得更远。为了更好地应对接下来的比赛，我开始调整自己的学习方法。除了继续刷题和进行模拟考试，我还在课外寻找更多的实验机会，以加深对物理现象的理解。通过观察和实验，我逐渐形成了一套更为系统的学习方法，并制订详细的学习计划：每天至少花两个小时复习理论知识，再加上每周进行一次模拟考试。这个过程虽然枯燥，但我知道，唯有坚持才能见到成效。

在备赛过程中，我遇到了不少困难。尤其是在一些高难度的题目上，常常感到无从下手。记得有一次，我在做一道关于热力学的题目时，尝试了几种不同的方法都没有解出，内心不禁涌起一阵沮丧。就在我准备放弃时，同学给我提供了一种新思路。经过几次尝试，我终于找到了答案。这次经历让我明白了一个道理：在物理竞赛中，灵活的思维和不断尝试是至关重要的，失败并不可怕，关键在于从中学习到的收获。

经过一段时间的努力，我顺利通过了初赛，进入了复赛。"竞争"与"成长"，成了我日常生活的关键词。

复赛的竞争更加激烈。面对来自各个学校的优秀对手，我感到了一种前所未有的压力。但我并没有被压力压垮，反而激发了我更强的求胜欲。在复赛前，我和我的同学们组成了一个学习小组，互相讨论难题，共同提高。

复赛当天，我怀着紧张而兴奋的心情走进考场。考试中，有些题目让我感到棘手，但我尽量保持冷静，将平时的训练和学习运用到实战中去。最终，我顺利完成了考试，获得了一个不错的名次。这次经历不仅让我收获了荣誉，更体会到了努力与成长的乐趣。

高三的秋天，我终于迎来了全国的物理竞赛。

我知道，这次比赛不仅是对我物理知识的考验，更是对我心理素质的挑战。为了在赛场上保持冷静，我在赛前进行了一系列心理训练，尽量让自己放松下来。比赛当天，我以平常心面对。考试过程中，遇到难题，我开始调整自己的思维方式，尝试从不同的角度切入，最终顺利完成了所有题目。这次比赛不仅让我获得了满意的成绩，更重要的是让我体会到了内心的平和与自信。

在整个备赛和竞赛的过程中，我深刻体会到团队合作的重要性。

无论是平时的讨论还是共同的实验，团队的力量总能让我在遇到困难时找到解决的方法。当我进入实验的瓶颈期，队友们的支持和鼓励总能给我带来新的灵感。模拟考试后，我们会一起总结，分析彼此的解题思路，帮助对方提升。

在这段旅程中，我结识了许多志同道合的朋友。我们在实验室里熬夜复习，在讨论中争论不休，也在胜利后一起庆祝。这些回忆让我感到无比珍贵，因为我们共同经历了许多挑战与磨砺，彼此间的友谊，也在这段时日得到了升华。

总结三年的竞赛经历，的确感慨良多。

我深深地感受到，每一次实验、每一道难题，都是在不断磨砺着我的思维和意志；也让我明白，物理不仅仅是一门学科，更是一种思维方式，一种探索未知的勇气。

如今，我站在新的起点上，准备迎接更多的挑战。我希望在未来的日子里，能与更多的同伴一起并肩作战，在充满未知的道路上，共同成长。无论未来的路有多么坎坷，我相信，只要心中有光，便能照亮前行的方向。

▶》寄语学弟学妹：

亲爱的学弟学妹们，在你们即将踏上物理竞赛征途之际，我想和你们分享一些我在这条路上所获得的经验和感悟。

对我来说，物理竞赛不仅仅是对知识和技能的挑战，更是一场深入探索自我、直面失败与挫折的教育。通过这段经历，我学会了如何以意志力战胜困难，突破自身局限。

在高中三年的学习生活中，你们将面临无数的挑战和机遇。随着物理知识的不断积累，你们的思维方式也将逐渐成熟。然而，这条充满竞争的道路并不总是一帆风顺。你们可能会遭遇来自各个方面的压力：无论是对成绩的渴望，还是对未来的迷茫，这些都可能成为你们的"心魔"。

我曾经历过许多次失败，无论是在比赛还是测试中。每一次失利都让我感到无比沮丧，心中充满了对自身能力的怀疑。然而，也正是这些挫折，更加坚定了我追求物理的决心。我开始意识到，需要正视失败。失败并不可怕，重要的是如何从中学习并成长。每一次的失败都是一次宝贵的经验，是我"知不足而后进"的良好契机。

同时，竞赛不仅是个人的挑战，也是团队的考验。与队友们共同探讨、实验、总结的过程，不仅让我收获了知识，更让我感受到了友谊的温暖。团队的力量是无穷的，在共同的目标下，大家互相支持与鼓励能够帮助彼此克服许多困难。

在这条道路上，请记住，成就与挫折都是成长的一部分。无论你们现在的基础如何，重要的是保持对知识的渴望，始终保持探索的勇气。迷茫和困惑是人生常态，但正是在这样的时刻，你们会更加清楚自己真正想要的是什么。选择了物理竞赛的道路，你们已经拥有了面对困难的决心与智慧。

最后，我想告诉你们，无论成绩如何，参与这个过程的经历都是无价的。物理竞赛不仅会引领你们探索科学的奥秘，更会帮助你们获得对自我和世界更深的认知。希望你们能够珍惜这段青春时光，勇敢面对每一个挑战，在不断地探索中，找到属于自己的光芒。

祝你们在未来的竞赛中取得优异成绩，也愿你们的成长之路充满勇气与希望！

学习是一场马拉松

作　者：胡斯懿，物理竞赛国家集训队成员，本科保送至北京大学物理学院，获中国大学生物理学术竞赛（CUPT）三等奖。保研至中国科学院大学上海高等研究院直博生。

教　练：袁江涛、罗章

班主任：谢朝春

我是因初中综合成绩优异，直升到师大附中的。

那时听说过很多竞赛大佬的传闻。例如，初一就开始学竞赛，初三就已经把高中数学、物理知识都学完了。我基本没接触过竞赛，选择物理竞赛，也是抱着试一试的心态。

与以往课内或课外辅导班那种老师教导下学习不同，初三时，我有大部分时间，都是在教练的指导下，自学高中数学、物理知识。刚开始自学时，很不适应。自学的过程中，重点公式要反复推导，课后习题要认真完成，如果遇到困难无法解决，就要详细记下来，在进一步的学习之后，重新思考这些自学中无法解决的问题。

进入高一，要开始自学高数以及普物，同时，校内的综合课程也不能落下。

对我来说，最大的困难，就是养成自己的自学习惯。不同的科目有不同的自学方法：学高数时，要注意数学工具的熟练应用；学普物时，要注重具体的物理图像以及物理建模；学四大力学时，公式的推导一定不能轻视；学实验时，难点在于烦琐操作以及实验的细节。每个人的自学方法都不同，因人而异。但在不断尝试的过程中，我锻炼得可以在极短的时间内掌握新知识，同时看清楚知识结构。

要确保"综合学习"和"竞赛学习"二者并驾齐驱，无疑是困难且辛苦的，但同时也是快乐的。高一通过自学和物理组的培训，我逐渐掌握了普物。浩瀚无垠且充满奥秘的宏伟物理世界如同一幅壮丽的画卷，缓缓地在眼前铺展开来。

物理学是探索自然界基本规律和宇宙本质的科学，让我们理解万物运行的原理。学习了普物之后，仿佛世界揭开了神秘的面纱，万物都像一个个精密的仪器，一丝不苟、按部就班地运行着。扩充知识的同时，我的想象力也得到了极大提升，时不时就会有如同流星划过夜空般的灵感，仿佛是大脑中某个神秘角落突然点亮了明灯，照亮了我思考的道路，为我的创意和想象力注入无尽的活力。这些灵感有时候来源于生活中的细微观察，比如，一片落叶的舞动、一滴水珠的滑落；有时候，则是正在阅读的一本好书、正在聆听的一段音乐，心灵的触动让思维的火花四溅，让我不由自主地沉浸在对未知世界的探索中。每当这些灵感涌现时，我都像是被一股无形的力量牵引着，迫不及待地想要将它们记录下来，无论是通过文字、图画还是其他形式，我渴望能够捕捉到这些转瞬即逝的灵感，将其转化为可以长久留存的作品或思考。这种灵感迸发的瞬间，让我感受到了创造的乐趣和生命的无限可能，也激励着我在学习、工作和生活的各个领域中，不断追求创新、勇于尝试，不断探索未知世界的边界。

周围优秀的同学，也在激励着我不断进步。物理组有良好的氛围，遇到解不出的题目，大家都乐于互相讨论、互相帮助。高二后，我们逐步开始了实验的学习。在理论学习中，如果不亲自把公式推导一遍，就不会知道哪个步骤还没有完全理解。同样，在实验学习中，不自己动手做一遍实验，就不会知道有哪个操作步骤容易出错。到后期，还有同学们自己设计的实验题目，加深了我对实验步骤和理论原理的理解。

在竞赛学习中，刷题和考试是逃不掉的。初期，我会觉得刷题、考试非常枯燥无趣，但做题确实极大地加深了我对物理某些概念的理解。刷题时，也要有方法地刷。错题及时记到错题本上，但不要一股脑地把题目和解答抄上去，只需记下题的关键点和错误点即可。题目也最好根据章节或者领域进行归类。平时做题时，一定要定时，计算能力的提升只有靠平时的努力。平常的生活也要有良好的作息习惯和明确的目标。每天早上都可以给今日定一个目标，晚上的时候再进行总结。平常生活尽量规律，每日要进行运动。

在我们的人生旅途中，学习无疑是一条漫长而艰辛的道路。但请记住，无论遇到多大的困难，都不能轻言放弃。学习过程中，我们会遇到各种难题和挫折，这是无法避免的。但正是这些困难，塑造了我们坚韧不拔的意志。每一次跌倒，都是一次重新站起的机会；每一次失败，都是一次成功的铺垫。我们要有坚持不懈的精神，相信自己能够战胜一切困难。或许有时候，会感到疲惫和迷茫，甚至怀疑自己的能力。但请记住，只有坚持下去，才能看到胜利的曙光。面对困难时，不要轻易退缩，要勇敢面对，积极寻求解决之道。或与同学们一起讨论，或向老师请教，或自己查阅资料，这些都是克服困难的有效方法。同学们，学习是一场马拉松，而不是短跑。要保持耐心和毅力，一步一步地向前迈进。相信自己的潜力，相信未来的可能性。只要我们坚持不懈，就一定能够取得更大的进步，实现自己的梦想。

▶▶〉 寄语学弟学妹：

对我来说，三年的竞赛生活重要的并不是提前学到了多少专业知识，而是培养了我的学习能力，让我养成了良好的学习习惯，也让我知道了自己的极限在什么地方。人生并不是三年的高中生活和一场考试能够决定的，人生是一场马拉松，需要我们不断地努力不断地学习。所以，希望大家不论是在学习还是备考时，都不要有太大压力，能够以平常心对待考试。

"生活以痛吻我，我却报之以歌。"在学习的途中必然是饱经磨难的，未来的人生之路也会有些许坎坷与不平，希望学弟学妹们能够保持积极乐观的心态。

中学以及大学的学习，都只是人生的一小段。往后生活中的难题也许不像竞赛题一样有标准答案，甚至根本没有答案，希望学弟学妹们找到自己学习和生活的意义，了解到自己的兴趣到底在何方。兴趣就像一颗启明星，在迷茫的未来给我们希望，指点方向。

最后，就以《基督山伯爵》中的话作为结尾吧，"永远都要切记，在上帝揭露人的未来以前，人类的一切智慧都包含在四个字里面，'等待'和'希望'"。

听教练的话，才能攀得高、行得远

作　者：曾弘俶，获得第 40 届全国中学生物理竞赛
　　　　金牌，入选国家集训队。此外还曾荣获第
　　　　38 届全国中学生物理竞赛复赛省级二等奖，
　　　　第 39 届全国中学生物理竞赛复赛省级一等
　　　　奖。本科保送至北京大学。

教　练：沈睿哲、彭知文
班主任：杨　茜

　　我于初三的寒假就到湖南师范大学附属中学学习物理竞赛了。

　　在第 38 届全国中学生物理竞赛预赛中，我脱颖而出，继续参加复赛，但因水平和状态的差距，只取得了省级二等奖。

　　高一时，我一边学习竞赛，一边学习综合，二者兼顾。进入寒假后，我依然努力学习没有松懈，尽可能提升自己的实力，争取在后续的比赛中能考出好成绩。

　　高一暑假后，就是冲刺复赛的阶段，每天坚持高强度的训练，只为让自己在第 39 届全国中学生物理竞赛复赛考场上取得好成绩，冲入省队。但由于心态不稳，发挥失常，考试结果也不尽如人意。

　　好在我没有放松和气馁，复赛结束后即刻投入到新的学习之中，为下一届——第 40 届全国中学生物理竞赛而努力。

　　但其间，在卓越计划的考试上，我因过于轻视卓越计划的题目，导致第一轮就被淘汰了。这严重地打击了我学习的积极性，也让我深刻认识到

了自己的不足。对于较简单的题，我容易轻视，也很容易错。回到学校后，我开始针对发现的问题，尽可能地做改善。同时，在高二的寒假，再接再厉，努力提升自己的实力，寄希望于下一次竞赛。

进入高二下学期，竞赛的压力与日俱增，开展综合学习的时间越来越少，最后甚至停了课，全力以赴冲刺竞赛。一整天都坐在培训室里面，做卷子、刷题，锻炼做题的能力和应试能力。中途，我也参加了外培，与来自全国各地的选手进行切磋、拓展眼界，深刻认识到了自己与他人的差距。在参加第 40 届全国中学生物理竞赛复赛之前，每天的神经都是高度绷紧的状态。

第 40 届全国中学生物理竞赛复赛考试前，我非常紧张，生怕自己考试犯低级错误不能进省队。好在考试那天发挥得还算好，稳进了省队，没有辜负老师和家长的期望。但在进入省队后，我对物理学习产生了一定懈怠，对于参加第 40 届全国中学生物理竞赛决赛也形成了一定的抗拒心理。我的教练们不停地开导我、鼓励我，让我不要有压力。听了教练的话，我又有了学习的动力，继续努力备战决赛，力争在决赛中取得一个好成绩，为校争光。

第 40 届全国中学生物理竞赛决赛在北京的人民大学附属中学举办。到北京后，我略做调整，就开始进行最后的冲刺，调整自己在考前的状态，以最好的状态应对考试。考场上，我发挥比较好，取得了让自己满意的成绩，顺利进入了国家集训队。

我的成功是多方共同努力的结果。其中，离不开教练、老师、家长的辛勤栽培与付出，也离不开学校的大力支持。

▶▷〉寄语学弟学妹：

师大附中是一所优秀的学校，在这里可以学到许多知识，对于自身发展大有裨益。师大附中也是一个优秀的平台，在竞赛方面有着得天独厚的优势。

学弟学妹们，要听教练的话，才能在竞赛这条道路上攀得更高、行得更远，要好好利用附中的平台和优势，尽可能取得好成绩，为校争光。

半路换"赛道"，差距激发了我的斗志

作　者：姬周，获得第 22 届亚洲物理奥林匹克
（APhO）金牌。2022 年，保送至清华大学计
算机科学实验班。

教　练：袁江涛、杨一鸣

班主任：吴彩霞

在高一下学期，我做出了一个大胆的决定——由信息竞赛转投物理竞赛。

那时，我对物理竞赛的了解并不多，起步时间也比同伴晚了许多。这样的转换让我压力倍增。面对早已积累了丰富经验的竞争对手，刚开始，我并没有抱太高期望。但随着学习的深入，我逐渐发现了物理背后的逻辑之美，那种能将复杂现象简化为几个基本原理的能力，令我着迷。

刚进入物理竞赛备赛阶段时，我面临着许多困难。作为"新手"的我，不仅要补齐许多基本知识，还要努力跟上团队的节奏。在模拟测试中，我的绞尽脑汁和其他人的轻松从容作答形成了鲜明对比。然而，正是这种差距反而激发了我的斗志。我不再追求一时的成绩，而是将兴趣与好奇心作为驱动力，开始自主学习，向经验丰富的队友请教问题。在这段时间里，我逐渐感受到了物理竞赛带来的挑战和乐趣，也逐步提升了自己的能力。

尽管开始较晚，但我在高二的竞赛备赛中全力以赴，经历了一场场模拟考试和反复的知识训练。每一次失误都是一次宝贵的教训，每一次突破都带来了新的动力。即便如此，内心的不确定感却依然挥之不去。失利的

阴影时常困扰着我：我会不会在正式比赛时重蹈覆辙？如今的努力是否会收获回报？这种担忧在高二的全程备赛中尤为强烈，焦虑的心态甚至一度让我无法专心学习。那段时间，我常常反复思考着"如果"：如果考试失利怎么办？如果未来没有结果呢？在压力的驱使下，我感到心力交瘁，学习成绩也出现了波动。

幸运的是，低谷终会过去。在焦虑与磨炼中，我逐渐学会了如何面对不确定性，如何在压力下保持冷静。我明白了，与其纠结于无法掌控的结果，不如专注于当下，脚踏实地向前迈进。

在这段艰难的历程中，同伴们的支持尤为重要。他们的陪伴让我在情绪低落时找到慰藉，他们的鼓励让我重新振作。记忆中挥之不去的，是那只轻抚肩膀的手，是那声提醒我不要被臆想困住的警醒。当我与他们一同备赛、交流、讨论时，思维的碰撞让我获益匪浅。我不仅从他们的独特见解中获得了新思路，还在团队合作中感受到了共同进步的力量。正是这些与战友们共同奋斗的时刻，构成了我物理竞赛道路上的闪光回忆。

最终，我成功进入了省队，并一路走到了物理竞赛的更高舞台，进入集训队后，我的物理视野得到了极大拓宽。集训队的学习不仅让我接触到更高难度的竞赛题目和更广泛的物理知识，还让我有机会与来自全国各地的顶尖选手切磋交流。这段经历让我深刻体会到，物理竞赛不仅仅是解题的较量，更是对理论体系的全面掌握和对物理世界本质的深入思考。在这个更高的平台上，我感受到了强烈的竞争压力，同时也看到了更广阔的可能性。

随着训练的深入，我接触到许多之前从未涉及的物理领域，如，量子力学、热力学、流体力学等复杂的理论框架。每一个新的知识点，都像打开了一扇新的大门，带我领略到更加丰富和深邃的物理世界。同时，我意识到，与省赛相比，国家队的选拔不仅考验竞赛能力，更要求全面的知识储备与敏锐的物理直觉。在这个过程中，我不再局限于应对考试，而是学会了从更高的维度思考物理问题，理解其中的深层次逻辑与美感。

国家队的选拔让我走出了以往的小圈子，接触到了来自全国甚至全球的物理精英。我学会了从他们的角度审视问题，也看到了自己在国际舞台上有进一步提升的空间。这种高水平的碰撞与合作，使我对物理学的理解更加立体和深刻，也让我愈发感受到站在物理前沿的挑战与魅力。

这一路的起伏与波折让我愈发成熟、坚韧。我感激教练的教导，感激一路陪伴我的队友们，感激那些在关键时刻给予我力量的人。物理竞赛不仅带给我科学思维的乐趣，更锻炼了我面对挫折、超越自我的勇气。那些难忘的时刻将永远镌刻在我的记忆中，而这些经历所带来的智慧与力量，将继续陪伴我走向未来。

▶》寄语学弟学妹：

当你们站在竞赛的起点，怀揣着好奇与热情，迎接未知的挑战时，我想告诉你们，竞赛的旅途是一场充满波折、艰辛但无比精彩的自我探索。无论你们是初涉此路，还是已身处其中，重要的是能够保持初心，勇敢迈出每一步，不被一时的成败所左右。

竞赛的意义远不只是奖牌与成绩，它更像是一座桥梁，带你通往更加广阔的知识世界。你会经历无数次的思维碰撞，解决问题的过程就像解开一个个谜题，或许伴随着挫折，但当你攻克难题时，那种成就感是难以言喻的。这不仅是一场知识的积累，更是一种心智的磨炼，你将学会如何冷静面对压力，如何从失败中总结经验，如何在困境中找到前行的动力。

行路中，请珍惜与你并肩作战的队友们。他们不仅是你竞赛路上的伙伴，更是你人生中不可多得的朋友。你们一起为共同的目标努力，一起面对挑战，在彼此的支持与鼓励下走过艰难时刻。正是这种团结与合作，让我们从竞争中找到温暖，从挫折中汲取力量。

或许有一天你会发现，竞赛带来的不仅是知识的增长，还有一份更为珍贵的心境：对科学的尊重、对困难的无畏、对内心的坦诚。无论未来选择怎样的道路，竞赛的经历都将是人生中不可或缺的宝贵财富。

愿你们在这段旅程中，既能享受思维的挑战，也能领略科学的美好；既能克服前行的阻碍，也能收获成长的力量。相信自己、保持好奇、勇敢前行，无论结果如何，这段经历都会让你们更加坚定、更加成熟。

在繁花和荆棘中穿行，在感动与苦痛中成长

作　者：梁傲钦，高一获得全国中学生物理竞赛湖南
　　　　省一等奖。高二获得全国中学生物理竞赛湖
　　　　南省一等奖以及全国二等奖。高三通过物理
　　　　卓越计划保送北京大学。

教　练：李毛川
班主任：刘　婧

想当年，我选择物理竞赛的初衷，是源于内心深处那股极其渴望证明自己实力的强烈愿望。那是一个充满激情与梦想的时代，我怀揣着对物理的热爱，义无反顾地踏上了竞赛之路。那一年，我首战告捷，凭借着自己的努力和智慧，拿到了省赛一等奖，那一刻，喜悦与自豪溢满心间。

竞赛生活虽苦虽累，错失了很多美好的闲暇时光，但我依然怀念那些日子。每个周六，夕阳下的附中校园，成了我心灵的港湾。我在那里徘徊，思考着物理难题，也在那里找到了内心的宁静。桃子湖边的散步，更是让我原本孤独的竞赛回忆，多了一抹浪漫的奋斗底色。那段时光，单调而充实，使我养成了独立思考的习惯，也让我学会了与孤独为友，沉浸在物理的世界中，乐此不疲。

临近复赛，我的理论成绩并不理想，这让我倍感压力。然而，我并没有放弃，而是选择了一个星期的疯狂实验备战。那段时间，惊心动魄，但最终我还是拿到了省队的门票。那一刻，我深刻理解到，"没有什么成功是注定的，只有努力的人才会是赢家"。这句话成为了我人生的信条，激励着我不断前行。

备战高考的日子，生活变得更加艰苦。但在这段日子里，同学之间朴

素的感情成了我最宝贵的财富。我们相互鼓励，共同进步，留下了许多难忘的回忆。岁月的延展，沉淀了生活的琐碎，留下的是梦一般的童话。如今回忆起高中生活，留存在记忆里的并非物理题和繁杂的知识，而是桃子湖畔的夕阳，是周六放假后在培训室的棋牌大战，是物理组的集体团建活动，是有趣的语文课堂和温暖的同学情谊⋯⋯

回望高中三年，我在一路繁花与荆棘中、在感动与苦痛交织中慢慢地成长着。也许这一路并不完美，但我却深刻体会到了竞赛历程中的五味杂陈。每一次挑战，每一次突破，都让我更加坚定地相信：理想的实现，从来就不存在"理所应当"，都需要付诸优秀的行为和表现。而这种认知，也鞭策着我一路"向上而行"。

如今，我已经离开了那段充满激情的竞赛时光，但那段经历却成了我人生中最宝贵的财富。它教会了我如何面对困难，如何坚持梦想，如何珍惜友谊。在未来的日子里，我将带着这份信念，继续前行，追求更高的目标，实现更大的梦想。而那些美好的回忆，将永远镶嵌在我心灵的最深处，成为我前行的动力。

▶》寄语学弟学妹：

热爱生活，宠辱不惊，踏实地享受高中生活。

直面失败，我反倒更加坚强

作　者： 易万年，获得第 38 届、第 39 届全国中
学生物理竞赛省一等奖，第 39 届全国
中学生物理竞赛全国二等奖（银牌），
第 17 届泛珠三角中华名校邀请赛一等
奖。本科保送至清华大学物理专业。

教　练： 李毛川

班主任： 刘　婧、王春梅、张光新

　　回想起那段参加全国中学生物理竞赛的日子，我的心中充满了感慨。
那是一段充满挑战、汗水、泪水，但最终收获荣誉和成长的美好时光。

　　我的物理竞赛之路始于对物理世界的好奇。进入中学后，我有幸遇到
了一位优秀的物理老师——李毛川，他不仅传授学生知识，更重要的是，
还激发着学生对物理学科的热爱。在他的引导下，我开始了物理竞赛的
征程。

　　物理竞赛的道路并不平坦。它要求我们不仅要掌握大量的理论知识，
还要能够灵活运用这些知识去解决实际问题。我每天除了完成学校的正常
课程外，还要额外花几个小时去学习物理竞赛的内容。那些复杂的公式、
抽象的概念，常常让我感到头疼。但每当我解开一道难题，那种成就感和
喜悦感就会让我忘记所有的疲惫。

　　记得有一次，我在参加一场重要的物理竞赛前，遇到了一道特别难的
题。我尝试了各种方法，始终无法得到正确的答案。那几天，我几乎把所

有的空闲时间都用来思考那个问题了，甚至在梦中都在计算。就在我快要放弃的时候，我突然想到了一个新的解题思路，最终成功解决了问题。那一刻，我深刻体会到了坚持的意义。

物理竞赛不仅仅是一个人的战斗，更是团队的合作。在备赛过程中，我和我的队友们一起讨论问题，分享思路、互相鼓励。我们之间的友谊和合作，让我感受到了团队的力量。在团队中，我学会了倾听、沟通和协作，这些技能对我未来的学习和生活都有着重要的影响。

在物理竞赛的道路上，我也经历过失败。有一次，我在比赛中因为一个小失误而与金牌失之交臂。那一次的失败让我非常沮丧，但我并没有放弃。我反思了自己的失误，分析了失败的原因，并从中吸取了教训。失败并没有打败我，反而让我变得更加坚强。

经过无数次的挑战和努力，我终于在全国中学生物理竞赛中获得了银牌。那一刻，所有的辛苦和汗水都化为了喜悦和自豪。我感谢我的老师、我的队友，还有一直支持我的家人。这枚银牌不仅仅是对我的努力的肯定，更是对我未来的一种激励。

物理竞赛不仅仅是一场智力的较量，在较量中，心灵也会获得成长。在竞赛的过程中，我学会了如何面对挑战，如何克服困难，如何与他人合作。这些经历让我变得更加成熟和自信。我相信，这些经历和收获将伴随我一生，成为我宝贵的财富。

回首过去，我感慨万千；展望未来，我充满期待。物理竞赛虽然只是我人生道路上的一个阶段，但它教会了我许多宝贵的东西。我希望未来的自己能够继续保持对知识的渴望、对挑战的勇气、对梦想的追求。同时，我也希望能够将这份热爱和坚持传递给更多的学弟学妹，让他们也能够在知识的海洋中遨游，实现自己的梦想。

▶〉〉 寄语学弟学妹：

第一，要保持好奇心。好奇心是探索物理世界的钥匙。永远不要停止对周围世界的好奇，不要害怕提问。每一个"为什么"都是通往新知识的大门。保持好奇心，就会发现物理世界的奇妙和广阔。

第二，要做到坚持不懈。物理竞赛的道路充满了挑战，可能会遇到难以理解的概念，或者解不开的难题。但请记住，坚持不懈是成功的关键。每一次失败都是向成功迈进的一步。不要因为一时的困难而放弃，坚持下去，会看到不一样的风景。

第三，要学会享受过程。虽然竞赛的结果很重要，但更重要的是享受学习和探索的过程。在这个过程中，会学到很多知识，遇到很多有趣的人，经历很多难忘的事。这些经历，都将成为人生中的宝贵财富。

第四，要学会合作。物理竞赛不仅是个人智慧的展示，更是团队合作的舞台，学会与他人合作，分享自己的想法，倾听他人的意见。团队的力量是无穷的，可以帮助你克服更大的挑战。

第五，要保持谦逊。无论取得了多好的成绩，都请保持谦逊。学无止境，总有更多的知识待你去学习。保持谦逊，也将更容易接受新知识，更快速地成长。同时，也要理解老师，不要顶撞。

第六，要勇于追梦。要勇于追求内心的梦想。不要因为别人的怀疑或者困难而放弃。相信自己，勇敢追逐，会达到意想不到的高度。

物理竞赛是一次挑战，也是一次成长的机会。要珍惜机会，不断学习、不断进步。记住，每一次的努力都不会白费，它们将铺就你们通往成功的阶梯。

祝愿学弟学妹们在未来的物理竞赛中取得优异成绩，希望你们在人生的旅途中，能够勇攀高峰，实现自己的梦想。

加油，未来的物理之星！

没有失落后的坚强，怎有圆梦时的快意

作　者：葛添煜，获得第 38 届全国中学生物理竞赛
　　　　湖南省二等奖，第 39 届全国中学生物理竞
　　　　赛湖南省一等奖，第 40 届全国中学生物理
　　　　竞赛银牌。入选清华大学攀登计划。

教　练：彭知文、沈睿哲
班主任：杨　茜、王春梅

早上慌忙爬起床，忙乱地环顾四周，才恍然——已经高考结束好几天了。

我，一个来自湘西地区的乡下娃，三年前，又怎能想到今天也能考上清华大学呢？

刚刚过去的一切，犹如一场梦，倏忽而过。

（一）

这场梦，始于初三那年。

初中的最后一个学期，我来到了长沙。走进附中大门的刹那，不仅被美丽、魅力兼具的校园所震撼，也顿感自己人生的大门被打开了。

在来自四面八方的建议中，我抛开劝阻声，坚定地选择了物理竞赛。听说物理组高手云集，竞争激烈，但这并没有让我动摇。事实证明，这也许是我做过的最正确的选择之一。

"高手很多，我难道就不能算一个吗？"我默默地为自己鼓了把劲。不

仅如此，懵懂的孩子心中升起了第一个铿锵的信念："我要证明，乡下的孩子不比城里的差，我要为湘西土家族苗族自治州争气！"

现在想来，这也许就是初生牛犊不怕虎吧。

（二）

高一的活动很丰富。尽管是竞赛生，也不得不惊叹附中校园活动的丰富多彩。那时尚未停课，大家还都在一个大班。

心理剧拿到一等奖，现在想来也很自然，因为它实在不只是完美。短时间内从互不相识到完美配合，从零开始的剧本创作和排演，对同学之间关系的总结与深刻反思……每一项工作都是艰巨的，但我们克服了困难，迎接了挑战。这也成为我们认识彼此的契机，将我们紧紧联系在一起。

多好的时光！

军训、学农、春游、心理剧、排球赛、足球赛、樟韵大舞台……在高一有限的时间里，浓缩了属于高中正常班级生活的回忆。

直到现在，一切还都历历在目，欢声笑语如在昨日。恰似：

细雨绵绵连日长，寒窗埋首灯油黄。

推杯畅谈揽云月，当时只道是寻常。

（三）

搞竞赛看起来很难，实际上也的确很不简单。这不是病句。

竞赛过程中，身体上的累是有目共睹的，但心灵上的累、头脑上的苦，却只有战友和前辈们最清楚。

"竞赛生的努力，能看到的只有一小部分，因为大部分时间你都看不到他们。"这句话是真的。没有什么肉眼可见的假期，确实是竞赛生的一大鲜明日常，但我们依然乐在其中，且也苟同"长假并不是我们的必需品"。我们追求时间，更追求效率，适度的休息足够让我们保持充沛的精神与头脑的活力。忙碌时专心忙碌，休息时高质量地休息——一周的忙碌，在周日早晨的暖阳下消散，崭新的一周随即开始，我们又精神满满地迎接新的每一天。这才是竞赛生的节奏。

平常还是很累的。考试、做题，考试、做题，新的、旧的，难的、易的，一柜柜书山题海，想想就不是什么可乐的事。但作为一名竞赛生，基本的素质就是从一堆公式中寻到自己的乐趣——事实上我们也做到了，方法包括但不限于以下流程：

发现书里的错误→和同学分享，一起傻乐→仔细计算后发现自己算错了→分享给同学或被同学分享，一起傻乐。

"当你成为知识的一部分时，你会为自己的每一个突破而感到欢愉。"不是名言，是我说的。

（四）

组里的气氛很活跃，就像家一样，时常一起傻乐。其中的话题就包括：能在这样高强度的氛围中生长得这样健康，是不是太难能可贵了？

值得一提的是，沈教练在组里的地位是非常有趣的。有时是大哥，有时是战友，有时又和家长一般——搞笑中不失严肃，鼓励中饱含期望。

例如，在 2023 年 1 月那个高二的寒假，沈 sir（沈教练，我们通常这样称呼他）在群里发了几张看似竞赛生日常的图片，并艾特飞奔于回家路上的我们："2011 年，为师的高一寒假，我记得当时随身带一本高数，出去拜年都带着。加油啊小伙伴！"

看到沈 sir 的图文，大家都忍住没有笑出声，但我们都还为沈 sir 的新年鼓励而感动。效果很好，大家都开始打卡交作业，即便是新年也没有落下。

主教练彭老师，我们更多时候称他为"大师"，一种不同于沈 sir 的风格。彭大师的气场里写满了沉稳老练和大局在握的冷静。平日里深藏不露，却又能够对一切运筹帷幄。

彭大师亲自出面的次数相对少一点，但关键时候从未缺席：分析形势、把握方向、规划进度等，一个月一次的月总结，阶段性的谈话分析。风浪之下，我们心里踏实且安稳——有"大师"幕后掌舵。

"我们的时间相当紧张啊！"这是时常从大师口中传出的叮嘱。当时我们也怀疑过——怎么就那么"百听不厌"呢?

(五)

许久没有回班,杨老师时常来组里探望我们,捎着小零食,像探望孩子的母亲。

一个初夏的夜晚,我们跟着探班的杨老师溜出学校,到桃子湖散步——这是许久没有过的静谧,甘甜如露般美好的夜晚,蝉鸣此起、蛙声彼伏,响亮而不刺耳,在澄澈的夜里流淌如泉水叮咚……那场景是诗意的。想起了苏轼与张怀民,忽然领悟了什么似的,"何夜无月?",但少闲人罢了……在忙碌的一个个日夜里,我们什么时候闲下来过呢?

寻三五好友,以明月为灯,听蝉鸣为曲,畅谈过往与将来。带我们来到这内心的静谧之地,留一方闲暇给我们自己,也许是杨老师从一位母亲的角度,以语文教师的风格与方式,对我们的独特的关心与呵护。

还有无数个日日夜夜,我们来不及好奇,为我们操碎了心的老师们,又在操劳着什么?

那些年,我们的确都在认真地拼命前行,就是为了下一次的相视一笑、了无遗憾。竞赛归来,全班人马再聚首。大家二话不说、奋起直追的默契状态,让其他班看了无不心生羡慕。

所以我们常说,大一班,更像一个家。

(六)

竞赛是一场持久战。意思就是,即便考完了决赛,也不代表战斗结束。相反,只是试炼的一环。

你永远不知道,后面有什么惊喜在等着你。

我的决赛考得很烂,犯了很多奇怪的错误,整个人都很崩溃。有一种宿命的感觉——梦该醒了,梦里的一切处在崩溃的边缘,而我对此做不了什么,已经考完了。

好在,只要我自己不放弃自己,那么世界就不会放弃我。

来不及为自己的失误惋惜，面对即将到来的"攀登计划"，我铆足了力气。事实证明，马上振作起来，是我做出的又一个无比正确的决定，而且，世界果然没有放弃我。之前学的四大力学知识起到了关键性作用，又一轮恶补之后，我一举拿下了"攀登计划"的机会。

努力了就一定有收获，这才是宿命的基本逻辑——等价交换。正因意识到了这一点，我才笑到了最后。

（七）

回看来时路，汗流浸湿身；抬首看前路，青史记前人。

当我也成了"前人"，过程中所经历的种种不容易，倒是变得轻描淡写了许多。毕竟，许多艰辛都是只有亲身体验过才能知道的。

高中的三年，发生了太多太多事，几番起起落落，几番死而复生。遥想当年，失意时，我对着我们湘西地区常见的芭茅草，作了一首《咏芭茅》：

秋收未尽百丛生，千层面皮万缕根。

灰黄衰色难掩盛，花白须发扬纷纷。

茎似芦苇少曲折，叶如柳刃长几分。

但使野火焚遍野，是看来年谁迎春。

考完清华大学攀登计划后，志得意满的我，又发了一条 QQ 说说：

《西江月·癸卯年末记事》

少年几时意气，赤壁难遇东风。曾经人满堕落巷，阑珊顾影重。

庭前三两梅树，岗上无数青松。昨日大雪曲折处，残枝乱点红。

笔触间，我记录着我失落后的坚强，以及圆梦时的快意。做一个好梦，不一定梦里事事顺遂。但梦醒之后，再看往昔，还是很值得的。

每一次困难，都是成长的垫脚石

作　者：刘健宸，2022 年、2023 年分别荣获第 39 届和第 40 届全国中学生物理竞赛湖南省赛区一等奖。2023 年荣获第 40 届全国中学生物理竞赛决赛一等奖。本科就读于清华大学物理专业。

教　练：彭知文、沈睿哲
班主任：杨　茜

　　附中三年，许多的人、许多的事，给我温暖、让我感动。附中的沃土哺育着我、滋养着我，让我一步一步走近自己的梦想。

　　初见附中，是在初一。当时我正就读于师大附中博才实验中学天顶校区，有幸入选师大附中举办的科学营。被附中录取时的激动与欣喜至今记忆犹新。彼时，尚稚嫩的我对附中充满了向往与崇拜。踏足附中校园、漫步于绿树掩映的林荫道、在惟一楼顶远眺苍苍麓山和泱泱湘水，都能让我兴奋不已。

　　高一时，我选择了物理竞赛组，被分在了一班，与数竞、物竞、化竞、生竞、信竞一众巨佬同窗学习。开学不久，我们班就有几位同学收到了清华大学丘成桐班的录取通知，还有人获得了数学竞赛省一等奖。这让我对未来充满了无限的憧憬。

　　但成绩的取得，远没有想象中容易。挑战一个接一个，如何平衡竞赛与综合科目，如何规划竞赛学习，如何弄懂那些高深复杂的物理知识……

一系列问题，让我陷入了窘迫、迷茫，甚至焦虑。幸运的是，我遇到了三位教练：彭知文老师、沈睿哲老师和袁江涛老师。

彭老师不仅帮我打好物理基础、做好学习规划，而且给我提供了精神的支持与动力。他似乎总能知道我的问题出在哪里，及时为我诊断、分析，给我安慰和鼓励，让我瞬间"满血复活"，又有了"收拾山河再出发"的勇气。袁老师以他深厚的数学知识，教会我解题方法和学习技巧，为我奠定了物理竞赛的基石。沈老师严格管理竞赛组纪律，创造了良好的学习环境，培养了我的团队合作精神。班主任杨茜老师则像母亲般给予我细致入微的关怀。在那些艰难跋涉的日子里，老师们的教导、关怀与帮助，犹如暗夜中那盏指路的灯，给了我温暖和希望。

"山重水复疑无路，柳暗花明又一村。"一年后，我参加了第39届全国中学生物理竞赛，获得了省级赛区一等奖。这给了我莫大的鼓舞，我决心在竞赛之路上继续攀登。从《物理学难题集萃》《物理奥赛题选》到大学普物教程、朗道物理甚至费曼物理，我和一同奋斗的"战友"同学互相帮助、讨论、学习，一步步迈向更高的台阶。为了开阔眼界并取得更大进步，我积极参加北京大学的优秀中学生物理探究与拓展活动、清华大学的大中衔接活动，以及物理竞赛"金牌联盟"组委会举办的夏令营活动等，在历次活动中均表现突出，多次被评为"优秀营员"。2023年的寒假，我还参加了北京大学"卓越计划"的选拔，虽然未能入选，但也收获颇丰，同时也增强了我的信心。2023年秋季的第40届全国中学生物理竞赛是我终生难忘的"大战"。在复赛中，我再次斩获省级一等奖，并取得第2名的好成绩。北京的决赛，历经坎坷，但也摘得金牌。

站在决赛领奖台上的那一刻，我感慨万千，曾经的点点滴滴都已凝成宝贵的回忆：图书馆里的无问西东、埋头苦读；竞赛教室里的不分日夜、求知若渴；攀登杯前的雄心壮志、豪迈出征……一幕幕，一帧帧，曾经奋斗的时光、曾经激荡的梦想让人刻骨铭心！

回首来路，我满怀感恩。金牌之路是辉煌的，更是艰难、崎岖的。在攀登的路上，学校、老师、家人给了我莫大的支持、无限的关爱、无数的帮助。因为这些，我才能坚定地走到最后，顺利完成竞赛之旅。人们都说附中是"金牌摇篮"。我想，从附中走出来的，不仅仅是求知若渴的"金牌学生"，还有学校一以贯之的以人为本的教育理念，老师团队强大的凝聚力和细水长流、润物无声的育人之道，以及不忘初心、攀登不止的进取精神。附中乃是积聚力量、积攒勇气、锤炼意志、汲取养分之地，所有的历练都将成为我人生路上的宝贵财富！

▶〉〉寄语学弟学妹：

时光荏苒，转眼间，我已走过那段激情燃烧的高中岁月，步入新的人生阶段。回首往昔，物理竞赛的日子仿佛就在昨日，那些挑战与拼搏、泪水与欢笑，都成为我人生中不可磨灭的印记。

物理，是一门探索自然奥秘的学科，它用精确的数学语言和深邃的哲学思考，诠释着宇宙的奥秘与生命的奇迹。物理竞赛，则是一场智慧与勇气的较量，是对我们知识、能力和意志的全方位考验。

竞赛之路并非坦途，它充满了艰辛与挑战。但请记住，挑战与机遇并存，每一次的困难都是我们成长的垫脚石。面对难题时，不要气馁，要勇敢地去尝试、去探索、去创新。因为，正是这些看似不可能的挑战，让我们学会了坚持与奋斗，让我们在挫折中更加坚韧不拔。

同时，我也希望学弟、学妹能珍惜这段宝贵的时光。高中生活短暂而美好，承载着我们青春的梦想与追求。在备战竞赛的过程中，不仅要注重知识的积累与技能的提升，更要关注自己的身心健康和全面发展。保持一颗平常心，用乐观的态度去面对生活中的每一个挑战和机遇。

最后，我想对学弟、学妹说：勇敢地去追求你们的梦想吧！竞赛只是你们人生道路上的一段旅程，但它所培养出的思维能力、创新精神和团队协作精神将伴随你们一生。无论未来你们走向何方、从事何种职业，这些宝贵的品质都将成为你们最坚实的力量。愿你们在竞赛的舞台上绽放光彩、实现梦想！愿你们在未来的日子里砥砺前行、成就辉煌！

题目做多了，才能把漏洞一个个补上

作　者: 张宇成，高一获得全国中学生物理竞赛省二等奖，高二获得全国中学生物理竞赛省一等奖，高三进入湖南省省队，第 40 届全国中学生物理竞赛中荣获金牌，入选清华大学攀登计划。

教　练: 彭知文、沈睿哲

班主任: 杨　茜、王春梅

　　初次接触竞赛是在初中。当时，我选的科目还不是物理，而是数学。当时，我遇到了数学老师——杨章远老师，他带我走上了竞赛的道路。但那个时候，对是否要坚持走竞赛这条路，我并没有太多的主观意见。

　　到了初三，我入选了附中的科学营，每个周末都要到附中参加培训。科学营的目的，就是让大家提前学完一部分高中课程，可以在高中的时候，分出精力学习竞赛科目。

　　进了物理组我才发现，世界上其实没有任何一件事情是简单的。当初，我的成绩的确好了一段时间，甚至以为自己会在物理组"叱咤风云"，但那纯粹是因为我学得早。

　　从数学竞赛转到物理竞赛后，有很长一段时间，我认为自己是非常不适合物理这门学科的。因为，物理竞赛和数学竞赛最大的不同在于，数学竞赛的计算相对较少，物理学科最基本的就在于算功，尤其是一开始，题目能否做出来，很大程度取决于计算能力。然而，作为刚从数学组出来的我，很多时候的逻辑都是，只要证明他可算，或者知道他存在就可以了，至于"算出来"这个环节，可以交给机器去做。但物理讲究的就是如何更巧妙、更简洁地把它算出来。所以，我当时做题存在的一个很大误区，就是看到一个题，清楚思路是什么、明白自己会做了，但就是不去把它算出来。虽然现在回想起来十分后悔，但当初，的确还为这种"节约时间可以多做题"的想法沾沾自喜。

我记得我最开始做的竞赛书是"程稼夫""小绿皮"，还有《更高更妙的物理》。《更高更妙的物理》我还做了两遍。现在回想起来，其实都是重复工作。这三本书都是关于高中物理的，而物理竞赛都是立足于大学普通物理，决赛更加深入了四大力学。所以《更高更妙的物理》完全可以不用做，"程稼夫"和"小绿皮"可以任选一本。到了高一高二的时候，学习《普通物理》，我也走了一些弯路。当时认为，看书和做题就要分开，看书的时候看书，做题的时候做题。我觉得普通物理书上附带的习题太多了，都做的话会浪费时间。所以，我就会挑一些题目做，甚至是不做。但是现在看来，这其实又是在"自作聪明"。每学一项新知识，最好的巩固方法，就是马上做对应的题目，可惜这个经验直到很久之后我才领悟。在此之前，我的普通物理一直都处于"夹生饭"的状态，一些稍微要辨析概念的题目，就做不出来。那段时间，我的物理水平也整体处于"不升反降"的状态。倍加煎熬的"瓶颈期"，让我对物理一度产生了放弃的想法。

经过反思，我决定，还是踏踏实实地做题目，题目做多了，才能把漏洞一个个补上。一开始，是做《物理学难题集萃》上的题，核心是以普通物理为主。到高二临近省赛时，开始做复赛题，到高三临近比赛时，开始做决赛题，然后是做大量的机构题。

那年七月中旬，我随大部队参加了一个培训机构办的"量子营"。那个培训机构办得很大，基本上全国竞赛较厉害的省份的选手，都会来参加"量子营"。记得在"量子营"参加的几场考试，真让我大开眼界。一套320分的卷子，我们组内一般也就是100分出头，好一点的150分，特别好的200分。但营里面的高手是真的太厉害了，那种难度的卷子，居然有人能考出 270 分。

九月份的时候考省赛，十月份的时候考决赛。进省队是意料之中的，没进国家集训队也不算意外。其实我离国家集训队的"门槛"，只差了 20 分，半个题目。在决赛时，最后的 15 分钟，我盯着一道题目几乎没写出一个字。后来发现那题其实非常简单，大概是因为自己机构题做太多了，把题目想得太偏、太复杂。

考完后，我回去搞综合，在一月份的时候入选了清华的攀登计划。也算是不枉自己在竞赛学习路上的拼搏和努力。

现在回想起来，我依然非常感激竞赛。不仅仅是因为竞赛让我进入了一个全国顶尖的学校，更因为竞赛培养了我的品格。竞赛让我拥有了自学能力、抗压能力、做计划的习惯，让我有了自己的主张，并且收获了和我一起并肩奋斗的同学和老师的情谊。回想起这些，我也更加感受到了老师的付出，不论是竞赛时候为我们选择试卷和题目的沈教练、彭教练、杨教练，还是从竞赛回来，陪着我们奋战高考的杨老师和王老师，我只想真心说一声：谢谢！

高考结束，班里大部分同学都进入了自己心仪的大学。回望过去，唯有感激。感激曾经奋斗的自己，感激支持我们、陪我们奋斗的老师和教练。

▶》寄语学弟学妹：

走上竞赛之路，成、败都不值得骄傲或者气馁。竞赛这条路不容易，但收获也很丰厚。竞赛，是一个修炼的过程，得到的不仅是学识，还有品性。无论结果是成功还是失败，我都相信，那些踮脚向上的少年们，最终都得到了自己想要的一切。

第三篇　化学

朝向更强对手的背影，奋起直追

作　者：骆宏鹏，获得第27届国际化学奥林匹克竞赛（IChO）金牌。本科进入北京大学化学专业学习。北京大学硕士、博士研究生。目前在医起（广西）医药科技有限公司担任副总经理。工作期间主持了全球首个国际多中心中药抗肿瘤新药YIV-906在中国的临床申请。曾荣获教育部"自然科学奖二等奖"，获评江苏省"优秀科技工作者"、泰州市"创新创业人才"。共申请专利14项。

教　练：陈云莎

班主任：蔡卫红

很难相信，在成为一个"成功者"之前，我曾是一个十足的"失败者"。

我从小学三年级开始涉足数学竞赛，也曾经在地方上叱咤风云、独孤求败。进入初中后，虽然开始涉足物理、化学，也在初中竞赛中分别获得了这两个学科的省级竞赛二等奖，但是让我有资格参加在附中举办的理科夏令营的，依旧是省赛的数学二等奖。那时的我是极爱数学的，也在夏令营的数学科目测试中得了160多的高分，因此第一志愿毫不犹豫选择了数学班。第二志愿，出于对附中的好感，以及99%不会用到第二志愿的自信，我填报了设在附中的化学班，其实我自身化学基础极差。

意外，还是发生了——我被通知录取到了化学班！天知道我那时的化学基础有多差——我来自一个小地方的子弟学校，初中化学课讲完元素符号以后，全班就只有我一个人能听懂老师在讲什么；学校的教具不全，差不多一半的课堂演示实验没法演示。

一开学，我就冲到了心心念念的数学班了解情况，结果被打击得体无完肤。数学班25位同学里，一多半同学数学测试得了满分200分！也就是说，160分是我能力的上限，可200分只是人家试卷的上限。而让曾在云端的我跌落深渊的，却不止于此：我中考成绩是县里的第一名，680分。结果开学在班里一问，只有寥寥三五人总分在700以下，更不可思议的是，当年附中普通班的录取分数线就是680分！

越是优秀的人，越是容易遇到这种情况：每上升到一个新的台阶，看到的，不是仰望你的众生，而是更强对手的背影。一如我后来进入北大学习，周围的人祝福的有之、羡慕的有之、嫉妒的有之，只有我自己心静如水。因为，校园里目之所及皆是北大学子，岂敢有一丝优越感？

回想当年，良好的心态（既非骄傲自大，也非妄自菲薄）可以说是我成功的基础——知不足，然后能自反也，知困，然后能自强也。与同学们一开学就抢攻大学化学课程不同，认清自身状况的我跟着老师的教学进度深挖高中化学知识点，力求把每一步走扎实。正所谓"雄关漫道真如铁，而今迈步从头越"。渐渐地，在日常测试中，我开始与大家拉开差距（也要感谢陈老师当年出的题足够"变态"），当其他人意识到基础没有打牢，回过头来再学习高中化学的时候，我的学习进度已经远远地走在了前面。

强者的诞生需要合适的土壤。中考成绩虽然平庸，但在我所成长的天空里，那已经领先第二名120分，领先第三名240分。到了附中实验班就不一样了。周围都是来自全省各地的优秀学子，个个不仅颇具天分，而且都很自律。更加难能可贵的是，即便我们也都是省赛的竞争对手，但同学间并没有尔虞我诈。成绩落后的我，除了奋起直追，也没有别的路可走。好在我是开朗的性格、开放的心态，同学们都喜欢和我探讨课外习题集中遇到的难题、好题，以至于我是班里习题集做得最少（仅仅完整做过一本）、见得却最多的一个。就像一位同学在回忆时所言，"人生路上，能和这样一群同学共同度过那样一段岁月，已是生命中不敢想象的奢望"。

高中教会我的另一件事是取舍，有舍才有得。高一的时候，或许是因为对化学还不够真爱，我延续着初中时对物理竞赛的兴趣，平时的成绩在年级里能排第二，仅次于后来拿了物理金牌的倪彬（数学竞赛班的）。有一天，老师找我谈话，问我是要均衡两项，拿两个省一等奖，还是集中精力拼一块金牌。我脑海里先是闪过了物理比我好，数学也比我好的倪彬的形象，然后毫不犹豫地选择了"全力拼化学"。

高中还有一件事对我影响比较大。那是一天下午，最后一节体育课结束后，作为班里第一个完成撑跳越过 2 米长凳的"运动健将"，为了鼓励不敢跳鞍马的女同学，我脱口而出要"挑战不用手撑飞跃那条 2 米长凳"。女生们以不可思议的眼光看着我，我自己也被这一大胆的想法惊呆了。在几次挑战失败后，我开始思考是什么阻止了我的脚步。答案是我自己。是我害怕挑战失败后砸在长凳上的痛苦，害怕由此带来的"社死"窘境。于是，我果断站上长凳，以自由落体的形式，先提前"享受"了一下失败的痛苦，在心无波澜后，开始起跳、飞跃，一次成功！那天过后，我在学习和工作中变得无所畏惧，对自己充满了信心，敢于去挑战未知的领域和各种"不可能"——我拿到物理化学专业博士学位以后，一转身又从头学起有机化学实验，并转而从事化学药物合成工艺研究，甚至后来又转而负责组织开展中药临床研究工作。人生充满各种挑战，真正能够阻碍你成功的，唯有你自己。

最后，以那句进入附中校园后印象最深的话作结尾：今日你以附中为荣，明日附中以你为荣。

▶▶▶ 寄语学弟学妹：

高中阶段是人生中最重要的三年，是一个人思维最为活跃、精力最为旺盛、目标最为明确，而且无牵无挂、无所畏惧、勇于挑战的阶段，也是充满着激情与梦想的阶段。同时，高中的学习生活环境，也相对友好、单纯和公平。

如果在这样的人生黄金阶段，都不去奋斗，不去为了追逐自己的梦想而努力攀登，还敢寄希望于十年、二十年后的自己吗？

人们常说，勤能补拙是良才，一分辛苦一分才。但也要注意两点：其一，不是只有你在努力，其他人也在努力，甚至比你更加努力；其二，要认识到，世界上的确存在某些天才，优秀得让对手绝望。所以，在努力奋斗、攀登、超越的路上，千万注意，不要被更加优秀的人把自己的心态搞崩溃。要明白，我们今天努力超越的，是昨天那个平庸的自己；我们付出的每一滴汗水，都在打造一个更加优秀的自己。同样，高中三年也仅仅是人生中的一段时间而已，高中三年的不如意，不代表整个人生的前景黯淡。我身边就有同事从中专生起步，靠着自己不懈的努力，一步步提高，最后获得名校博士学位，甚至还争取到了出国留学的机会。

屈原说，"路漫漫其修远兮，吾将上下而求索"。谨以此句与诸君共勉！

不畏终点遥远、过程艰难，专注脚下每一步

作　者：吕华，获得 2002 年国际化学奥林匹克竞赛（IChO）金牌。现为北京大学化学与分子工程学院博雅特聘教授，美国化学会期刊《生物大分子》副主编，第三届中国化学会青年化学工作者委员会副主任，中国化学会高分子学科委员会委员。曾获国家自然科学基金杰出青年基金（2021）和优秀青年基金（2017），美国化学会 PMSE Young Investigator 奖（2021），中国化学会青年化学奖（2017）和高分子青年学者奖（2019），药明康德生命化学研究奖学者奖（2022），第十届中国化学会－英国皇家化学会青年化学奖（2023）。

教　练：苏建祥
班主任：苏建祥

一眨眼，高中和竞赛生活已经与我阔别 20 多年了。当年我在附中学习的时候，现在上附中的同学们甚至都还没有出生，细细一想，不由慨叹白驹过隙，时光荏苒。

青春是人一生中最宝贵和最值得留恋的时光，我有幸在附中挥洒汗水和泪水，没有辜负宝贵的青春时光。从附中这个全国顶尖的平台走向更大的舞台、更宽广的世界，是我一生之幸。也希望在读的师弟师妹们充分把握和利用好附中优渥的平台资源，成就明天更好的自己。

1999 年，16 岁的我离开家乡常宁，通过全省理科实验班的招生机会，

考入了湖南师大附中，独自一人来到长沙读高中。我的入学成绩并不好，两个理科班共 80 个人，我排名垫底。那时的我甚至不知道什么是学科竞赛，更不知道，理科班的主要目标就是在国际奥林匹克学科竞赛中争金夺银。

对我而言，在附中的第一周，无异于新世界的大门向我敞开，什么都是新鲜未知的。但与之相伴而来的，还有巨大的压力。面对周围极为聪明和优秀的同龄人，我第一次有了深深的自卑感。但幸好我不是一个轻易屈服的人，不谦虚地说，我甚至是一个很专注且挺有韧性的人。我很快就正视了成绩落后、底子薄弱的事实，同时，也坚定了奋起直追的信念和勇气。

高中的三年，我付出了极大的努力去学习。每天都挑灯夜读，寝室熄灯了就去厕所看书；几乎没有什么周末，寒暑假也是短短的几天。我的学习方式是以自学为主，但也非常虚心地向周围的同学和老师请教；广泛地阅读学科竞赛考题之外的相关书籍，甚至是经典著作。在竞赛期间，我有意识地锻炼自己的动手能力，甚至不回寝室睡觉，和徐海超、资伟伟两位同学一起熬夜通宵做实验。现在，我们三人也都各自成为国内顶尖高校化学专业的教授。能在教书育人的同时，继续攀登更高的科学高峰，这都得益于当年参加化学竞赛所打下的基础以及激发的热爱。

一个学生的成长除了自身的努力，更离不开学校平台的支撑和老师们的精心栽培。2022 年回母校参加毕业典礼，我有幸上台发言。当时我就发表了"莫把平台当实力"的感言，希望广大的附中学子像我一样珍惜利用好附中的平台，对母校时刻抱有感恩之心。对我而言，附中的平台就像一片肥沃的土壤，让我这颗小小的种子在其中生根发芽；而附中的老师们，就像园丁，根据每一颗种子的品种、特点，给予我们阳光和灌溉，帮助我们朝着正确的方向、按照合理的节奏变成一棵棵挺拔的大树。好的老师不仅自身业务能力出众，更重要的是懂得因材施教且有教无类，而这是需要花费大量心力的。

在附中的三年，来自老师们的关怀和爱护无时无刻不在。我尤其要感谢我的班主任兼化学教练苏建祥老师。他不仅悉心指导、督促和鞭策我们的学习，还细致地关心我们的生活情况、心理状态，经常和我们一对一谈心，为我们排忧解难。

有一次中秋节，也是国庆节假期，长沙的同学们都回家过节了，校园里只有零星的几个来自外地的住校生。因为假期学校的澡堂不开放，苏老师特意安排我们几个外地学生去他的公寓洗澡，和他的家人一起过中秋节，让我们感受到家的温暖。苏老师特别善于观察学生细微的心理波动和变化，然后不动声色地加以引导和化解。

2001 年，在化学竞赛全国初试前，我压力很大，有些失眠和焦虑，苏老师知道后说："睡不着，说明你身体并不累，不要刻意去想要睡着，更不用担心第二天考试会精力不济。"听了他的话以后，我没有了"一定要赶紧睡着"的心理暗示和焦虑，反而睡得非常踏实，并且在第二天的考试中超常发挥。

我的语文老师蔡卫红老师也是一位特别善于鼓励学生的老师。18 岁的生日，我写了篇周记，是关于成年的话题，憧憬了成年后的理想。文章写得并不好，但是蔡老师仍然对我的文章大加赞赏，并以"朴实真挚、言之有物"作为评语，而这几句评语也不知不觉成了我日后写文章、评判文章的一个小标准。

也许，我提的这些例子都是些普普通通的小事儿，但正是这些点点滴滴的小事，汇聚成了温暖我心灵的涓涓细流，滋养着我的健康成长。2023 年，我们班集体返校，见到了当年的任课老师们。即使毕业后阔别 20 年，仍然倍感亲切。老师们的音容笑貌让我们恍惚想起了当年的附中求学生涯。在此，我也借此机会向各位老师致以诚挚的问候和祝福！

经过附中三年的培养，我在 2002 年幸运地获得了国际化学奥林匹克竞赛的金牌，也获得了免试进入梦想中的北京大学化学院学习的机会。这三年的学习生活，在外人看来肯定是辛苦的。但无论是当时的我，还是现在回过头去看这段时光的我，都不觉得苦，因为我只是在专注地做自己觉得重要的事情。

是的，"专注"是我想提炼和分享给同学们的关键词。无论是高中学习，还是大学学习，或者是未来的工作，专注都是成功的基础。后来，我将这种专注和毅力迁移到了生活的其他方面，比如马拉松。我是一个长跑爱好者，迄今参加了十余次半程或全程马拉松，目前全马的最好成绩是 3 小时 27 分，在业余中也算不差。对我而言，学习、工作或者马拉松都是一样的，都非常需要专注和毅力，不畏惧终点的遥远，不去多想过程的艰难，只需要专注脚下的每一步。在马拉松圈里，有一句很有名的话，"Pain is inevitable, suffering is optional"。在这里 pain 指的是身体的（physical）、客观的疲劳和病痛，而"suffering"更多是心理（psychological）和主观层面的。这句话有两种中文的翻译，一种是"痛楚难以避免，而磨难可以选择"（林少华译），另一种翻译是"痛是难免的，苦却是甘愿的"（赖明珠译）。两种翻译都很好，但我个人更喜欢第二种。对于这种偏好，通俗一点我们可以用中国的古话"宝剑锋从磨砺出，梅花香自苦寒来"理解。而对我来说，专注地做一件自己喜欢的事情——无论是学习，还是工作，还是马拉松——根本就是全世界最大的幸福，何来苦之说？即使有，也只是身体上的"pain"，并且是我自己甘愿付出的。

▶》》寄语学弟学妹：

学科竞赛是展现个人天赋、学习能力、进取心的绝好机会和舞台，如果能在这个过程中充分享受学习的乐趣、知识的滋养和竞争的磨炼，那么你就不虚此行了。成绩不管好坏，不过是这段旅程微不足道的注脚和插曲，是水到渠成、自然而然的收获。希望大家少一些功利心，全力以赴和努力拼搏过的青春没有失败，迎接你们的将是蜕变和涅槃。

我在学科竞赛的过程中对科学研究产生了兴趣，并最终走上了大学教师的岗位，从事教学和科研工作。我也衷心祝愿有更多的附中校友们投身科研工作，探索知识的边界、自然的奥秘和未知的世界，用科技的力量为国家作贡献，为人类谋福祉。但我们必须清醒地认识到，学科竞赛和科学研究是不同的。学科竞赛考验一个人吸收掌握现有知识的速度和能力，而科学研究是生产新知识的实践过程，是对一个人创造力、逻辑批判性思维、思维缜密性、知识广博程度、执行力、坚韧性的全方位考验。同学们，当你也像我一样，在攀登的途中感受到了快乐和收获，萌发了科学研究的念头，但又不知道该如何去开展的时候，不妨去读一读伟大的化学家鲍林的传记，你会有茅塞顿开、豁然开朗的感受。

直面弱点，跨越属于自己的挑战

作　者：卿炯程，获得化学竞赛省赛一等奖。本科
被北京大学录取，2021 年获得北京大学化
学与分子工程学院直博生推免资格，目前
在北京大学高分子物理与化学专业开展相
关课题研究。

教　练：蔡忠华
班主任：蔡忠华

我与化学竞赛之间的缘分，好像本就是一场"天注定"的必然。

我的父母都是高中化学老师，所以我的化学启蒙较早，自小就家常便
饭一样地接触到酒精灯、滴管、烧杯以及烧瓶等实验用具，对这些新奇玩
意也颇感兴趣。初三时，我正式接触到了化学这门学科，也改变了我对自
然科学的看法与理解，鼓励我从本质去看待事物，去发现那些并不浮于表
面的存在。随后，我获得了附中的直升资格，在直升培训班上初步接触了
高中化学，也从此激起了对化学竞赛的兴趣。

成为一个化学竞赛生的第一步，便是熟练掌握高中化学涉及的所有知
识。在初升高的那个暑假，我一头"扎"进了极为枯燥的针对性培训，精
读高中化学的所有必修以及选修教材，并且通过反复刷题，进一步巩固高
中化学知识，以便于在入学前能轻松应对化学课程。

入学后，我与150多名同学共同学习化学竞赛知识，重点虽仍放在高中
化学知识上，但基于此前的学习，我可以先一步开展大学阶段的化学知识

学习，也就是化学竞赛相关内容的学习。那段时间的学习，着实让我的思维达到了一个新的层次。我发现，高中化学与大学化学，在内容原理上存在冲突，或者说，高中化学的大部分内容，因经过简化处理以致存在些许"不合理性"。

没想到的是，这些"不合理性"却成就了我的辩证性思维。我是爱钻牛角尖且性子耿直的性格，常因无法转换立场思考问题，与同学、老师据理力争。同样，对于那些"不合理性"，在父母和老师的帮助下，我从无法接受，慢慢到强迫自己接受，最后逐渐适应在不同情况下转换思考角度，学会了辩证性思考，这对于后续所有学科的学习、问题的解决，都极具建设性意义。

高一下学期，经过多轮选拔后，参与竞赛的选手从最初的150多个锐减到了30多个。那段时间里，虽然我已经提前学习了一部分内容，但培训内容的改变，让我没能快速适应新的学习节奏，导致成绩日渐落后。还沉浸在以前的光环中的我，一时间，因为不能接受成绩倒数的事实，心态发生了很大转变，不停地怀疑自己：是否真的适合参加竞赛，是否还有必要继续前进……有很长一段时间，我都无法振作、心绪繁杂。

成绩的起伏，也让我反思背后的原因：缺少系统性训练，一味追求知识的广度而忽略深度，导致知识掌握并不扎实，无法在关键时候灵活地串联运用；考试临场反应经验不足、心态欠佳，遇到障碍容易进入焦虑的死循环，严重影响解题时的思维质量。

要解决这些问题，首先，需要正视每一次暴露出来的系统性能力缺失问题，总结订正共性问题，并引以为戒；其次，针对应考中出现的问题，需要重视平时的每一场练习，尽量把每一次做题、训练都当作考试来对待。那就需要做到：选择适当的部分进行思路攻关，不轻易借助外部力量辅助解题，另外还需要学会暂时性舍弃无法快速攻关的题目，善于权衡与判断整体的做题节奏。与此同时，用过硬的实力和得当的方法控制好心态。

在化学竞赛组，高二时期的有机化学，是我遇到的困难之一。从高中化学内容开始，我便对有机化学中丰富多样的结构式以及反应过程颇感兴趣。但实际学习后我发现，我的思考逻辑不能与之匹配，即便是一些简单的章节，我也不能取得很好的成绩。这种情况下，我认识到需要对以往的学习策略进行调整。有机化学是需要积累的学科，即多看、多写、多总结。一个反应在不同条件下，对于不同的底物，很可能会有完全不一样的反应结果，只有平时多积累、多总结理解，才能在面对更多的变式时，涌现更多的解决思路。

化学竞赛培训期间，我最乐在其中的环节是实验培训。除了获得产物时的喜悦外，探索多元组合的实验过程也让我着迷。尤其是自己提出的实验步骤改进方法，不仅能得到同学和老师的认可，并且还有望帮助更多的学弟学妹，这让我感到自豪与满足。想必，在理论知识学习过程中，这点也是共通的。解题是一个探索的过程，正确的结果和多样化的解题思路，都是自己一路走来留下的足迹。

高二全面停课后，我进入全面冲刺阶段。无路可退的情况下，只能放手一搏。当然，过程中必然会心生焦虑，而此时冷静沉着的心境尤为重要。与其焦虑到什么也不干，不如多做一道题、多看一页书。除此之外，巨大压力之下，支撑我的还有弥足珍贵的同窗情谊。平时的说说笑笑与交流分享，暂时失利后的耐心倾听，都让我感到无比的踏实与安慰，有勇气直面现实，脚踏实地应对一轮又一轮挑战。

后来，我虽以一步之遥与省队失之交臂，但我从未怀疑过那段时间积累的经验与阅历。三载时光，如同一场洗礼匆匆而过，让我的内心更加坚定与成熟。我很感谢蔡老师的引导、同窗的相伴、父母的支持以及一路上遇到的所有的老师和同学们。那些学习经历，已在我的记忆中留下永不磨灭的痕迹，也将在我的人生道路上发光发亮，引领我前行。

▶▶▶ 寄语学弟学妹：

首先，刚开始的选择与觉悟尤为重要。是选择自己认为适合的竞赛方向，还是自己感兴趣的竞赛方向，其中的利弊权衡需要自己认真对待，可以去向老师、同学以及父母寻求建议。

　　慎重做出选择后，心态的转变便是下一个关键步骤，需要耐得住重复枯燥的培训内容，扛得住接踵而至的考试压力，及时调整不同情况下的学习节奏，以及维持良好的人际关系，这些都是竞赛路上需要面对的功课。不一定要和其他人相同，直面自己的弱点，跨越属于自己的挑战，便是这一路以来最关键的目标。

　　高中三年时光，所有事物都在快速发展，难免会遇到纸面之外的挑战。这些小插曲与挑战可能会让你难过、焦虑或者自我怀疑，但是妥善解决后，便可获得影响深远的关键力量。

　　请相信，所有经历，无一例外都是成长的养料。最重要的一点，成绩分数固然重要，但这之上的东西——拼搏的勇气、不屈的信念和永恒的友谊，才是漫漫人生路上永远的指明灯。

无论遇到什么困难，都要保持自信

作　者：苏文霖，化学国家集训队成员。本科被北京大学化学专业录取。研究生期间前往美国华盛顿大学修读金融工程，取得硕士学位。目前在北京一家私募量化机构担任量化策略研究员。

教　练：蔡忠华
班主任：彭知文

　　进入高中后，我开始深入了解"高考"与"学科竞赛"这两条赛道的不同之处。出于对竞赛的热爱，我没怎么纠结就选择了参加竞赛。所以，难题就是选择什么学科。

　　最初，我确实是在数学和化学之间犹豫不决。就我个人而言，当时对数学更感兴趣，直到遇见蔡忠华老师。在蔡老师的多次沟通和指导下，我逐渐感受到了化学的有趣之处。在毫无方向的时候，蔡老师的人格魅力和悉心引导，让我最终坚定地选择了化学作为我的竞赛方向，开始参加化学竞赛培训。

　　在高一一整年的学习过程中，我的成绩都不算拔尖。我们化学组当时大概十几人，几十次考试，我从来没有得过第一名。这种状态一直持续到高二参加化学全国初赛。

　　那一次，我取得全组第一、全省前三的好成绩。这给我带来了莫大的信心，对自己的学习方法等都有了自信。在这之后，我就一直持续稳定地保持着优异的成绩。

　　从我亲身经历来看，信心确实是在竞赛中必不可少的素质。这说起来可能老生常谈。但在竞赛学习中，保持信心，对成绩提升和保持稳定都十分有帮助。

在高中课余时间，我最喜欢的活动就是打羽毛球。现在回想起来，羽毛球不仅增加了我课余活动的丰富度，而且有助于我保持良好的身体状态。对于高中辛苦的学习氛围而言，身体是革命的本钱这句话，是一句无须再验证的真理。

在高中竞赛生活中，我遇到过很多困难。遇到困难时，除了依靠自己动脑多思考外，还会求助于学长和老师，向他们倾诉自己的苦恼，并听取他们的建议。其实，不仅是在高中阶段，在以后的大学生活，乃至进入工作阶段之后，在遇到困惑且自己短时间内无法解决的时候，都会选择向他人寻求帮助。这种求助，即使不能获得合适的解题方法，但至少可以处理和消解一些负面情绪，让自己能更快回归平和积极的心理状态。这种习惯，我一直保持到了现在。

▶》寄语学弟学妹：

在这个充满挑战和机遇的时代，你们正站在人生的一个重要转折点上，准备攀登未来的高峰。我希望我的心得能为你们在攀登的过程中提供一些帮助和力量。

首先，学习是攀登的阶梯。请珍惜现有的学习的机会，无论是在课堂上，还是在生活中，都要保持信心，探索未知，不断充实自己。信心是一个人前进的重要动力，所以不管遇到什么困难都要积极保持自信。

其次，健康是攀登的基石。不要忘记锻炼身体、保持活力。无论是跑步、游泳，还是打球，找到一项你们喜欢的运动，并坚持下去。一个强健的体魄是你们攀登高峰的坚实基础。

再次，心态是攀登的罗盘。在攀登的过程中，你们可能会遇到挫折和困难。希望你们能保持积极乐观的心态，一直相信自己。在失意和困惑的时候要记住，攀登不是孤独的旅程，一路都有老师、同学、学长学姐们的陪伴和支持。要大胆寻求帮助，不要害羞，也不要害怕，更不要吝啬给予他人帮助。

愿你们在攀登的路上，不断学习、不断进步、不断超越自我。愿你们以梦为马，不负韶华，勇攀高峰，成就非凡！

再难，也要破釜沉舟拼一下

作　者：戴昱民，获得第 48 届国际化学奥林匹克竞赛金牌。本科被北京大学录取。现于美国普渡大学攻读博士研究生。

教　练：李海汾

班主任：尹一兵、吴彩霞

　　我与化学竞赛的缘分，是在初中时，化学老师给我"开小灶"开始萌芽的。到了附中，属于兴趣的真正长成期。不同的是，高中三年的化学竞赛学习，更加培养了我的解题思维能力。

　　化学本身就极具独特性，尤其是与理论相配合的实验培训。竞赛学习期间，我经常一整个下午的时间泡在实验室里，体会到重重操作之后的各种过山车一样的内心体验：或是得到全组最高产率产物的喜悦，或是产率和纯度总有一样不协调的疑惑，或是什么都没有做出来的懊恼……化学竞赛的实验，有些像命题作文，实验步骤乃至预期的结论都明明白白摆在了台面上，这个过程，与科研期间进行的独立实验，都有着很多共同之处。

　　学习过程中，如何保持对竞赛的热情，是一道难题。如果能够一直在组内测试中名列前茅，那就是最直观的兴奋剂了，能激励着选手不断地"更进一步"。但谁都不能一直保持"高位行走"。如果不太幸运，没有得到"成绩"这一最直观的外界正向反馈的话，就需要自己给自己开拓一条正向反馈渠道。比如，我会选择去做"胡波题"——一套难度比较高、知识点考察很偏的竞赛参考试题。在做这套题的时候，我可以与自己形成纵向对比，提升满足感。或者，选择去做我最不擅长的有机机理分析，在惊叹正确分析思路设计的精巧之余，获得了解新知识点的兴奋感。

在竞赛过程中，"挫折"是一个避不开的存在，自我调节能力的培养，就成了竞赛这件事的附加值。其实，无论是命题已知、答案唯一的竞赛，还是命题未知、答案开放的科研工作，"挫折"只会越来越多，而我们通过竞赛所磨炼出来的自我调节能力，真的会让人受益终身。

回到竞赛道路。有句话说，"行百里者半九十"，我那最后的"十里"，也算是痛并快乐着。高三阶段的国际赛，我在笔试的前一天因为食物中毒住院了。不幸中的万幸是，被允许与其他寥寥数位"病友"通过单独监考完成考试。考试过程中，我的体温、思维状态都没有完全恢复正常。但我内心并没有"放弃"二字。与其说因病"破罐子破摔"，不如说抱定了"破釜沉舟"拼一下的态度，心理压力不仅释放了不少，而且要好过实验考试的状态。最后，我获得了第48届国际化学奥林匹克竞赛金牌。

走完了高中的竞赛路，走过了本科物理化学专业的洗礼，如今，我在材料工程系开启了"新的征程"。很难说，高中竞赛学到的知识点，究竟会有多少被应用在而今的科研项目里。但毋庸置疑的是，高中竞赛的收获，不仅仅是升入大学的那条"捷径"，还有一直随我前行至今的思维和方法。

▶》寄语学弟学妹：

加油吧，同学！

不论我们选择竞赛还是高考，不论我们选择的动机是出于兴趣还是功利，我们都做出了自己的选择。现在的时光总是充满欢乐，甜美的果实永远在前方等待采摘；现在的日子或许让人痛苦，但茂盛的荆棘只会随时间越发壮大。

千万不要被对未来的期待或者恐惧束缚。每一位踏上征程的旅客，都会或主动，或被动地听取先行者的经验。一旦明确了这些经验是否对自己有益的时候，自己也就成了那个先行者。我就是这样，相信我们都不会例外。

所以，用自己的方法，沿着自己选定的方向前进吧，让多年后的自己笑着回头说一句："这就很好！"

不到最后一刻，绝不放弃

作　者: 许思哲，获得2015年第29届全国化学奥林匹克
　　　　竞赛决赛金牌，入选国家集训队。本科进入北
　　　　京大学化学专业学习。现为北京大学博士研
　　　　究生。

教　练: 李海汾
班主任: 吴彩霞

　　时光荏苒，岁月如梭。高中三年的竞赛时光，如弹指一挥间。尽管离开母校已有八年之久，但往日的回忆，却常常萦绕在心间。

　　附中是我梦开始的地方。高一那年，怀揣着对化学的兴趣和对未来的憧憬，我加入了附中化学竞赛组。初到化学竞赛组的新奇和从未接触过的知识填满了我的心灵，尽管学习和生活都非常紧张，但却有一种别样的充实。

　　高中的化学竞赛，与初中所接触的粗浅的化学反应截然不同。从了解表面的反应现象，到理解现象背后的逻辑和机理，这种由浅入深，层层递进的学习，让我逐步触摸到了化学，乃至科学研究的本质。

　　相对于其他竞赛学科来说，化学竞赛最独特的地方，就在于它是一门以实验为基础的学科。因此，除去学习书本上的内容和做题之外，我们有很大一部分时间，都要在实验室里度过。化学竞赛相较于其他学科，更具有趣味性。从一开始兴奋于化学反应的颜色变化，到后来对高产率、高纯度的期待，再到最后通过理解反应的机理、成功改进反应路线获得满足感

等，都是实验带给人的积极体验。

除了系统的竞赛学习之外，趣味实验也是竞赛中十分重要的一部分。实验过程中，好奇心被满足的那一瞬间的开心，成为我们化学生学习的一剂调味料，调节着我们略显枯燥的学习生活。

其实，化学竞赛学习的路，是孤独的。化学竞赛学习，包括以后的科研，大部分时间都是自学的，是真正的"师傅领进门，修行在个人"。对于"老师"这个词，我的理解是，各种书本以及习题，是日常学习、实验过程中的"老师"；学校的教练老师，更多的作用，是指点迷津。还有一种课堂外学习的方法，是与同学进行讨论。同学之间互相交流错题、互相抽查知识点，学到知识的同时，还能增进友谊。

竞赛听上去是一件非常辛苦的事，但总的来说，在附中参加化学竞赛学习的生活，还是相对劳逸结合的。当年，化学竞赛组最具有特色的风景，就是教室后方的乒乓球桌。课间休息时，后方时常传来乒乒乓乓的声音。另外，每周三晚上，我们课题组都会组织大家去体育场打羽毛球。学习与运动的结合，让我们在锻炼了大脑的同时，也收获了健康。

竞赛的道路上，总少不了挫折。每当实验做不出来，或者被难题困住的时候，我也曾经想过放弃，但最后还是坚持下来了。我最后能进入国家集训队，除了本身的实力外，也有部分运气。高考是千万人过独木桥，竞赛又何尝不是？提高自身的实力固然重要，但也一定要有"不到最后一刻绝不放弃"的韧性。有时候，考试时的灵光一闪，就能让一个人成功逆袭。

上大学之后发现，大学化学课程学习的内容，都是竞赛中学习过的，或许有的知识点更加细致深入，但归根结底，学习的方法和大体的内容，都是非常类似的。可见，高中竞赛时养成的思维习惯和学习方法，持续影响、助益着我，直至现在。

▶〉〉寄语学弟学妹：

道阻且长，行之将至。不管选择的是竞赛还是高考，一路走下来，都不容易。身在"过程"之中，看不到的未来，常常会折磨内心、挫去锐气。尽管如此，还是希望大家能够在精疲力竭之时，抱着无愧于心的信念再坚持一下，或许就能成为改变命运的节点。不要花时间去后悔昨日，唯一能做的就是向前；不要将希望寄托在好运的眷顾上，要通过努力将未来掌握在自己手中。我相信，每个人终将迎来属于自己的灿烂未来，新的世界即将在眼前展开，加油！

学会在有限条件下追求"最优解"

作　者：陈一乐，获得第 49 届国际化学奥林匹克竞赛（IChO）银牌。本科被北京大学录取，荣获学校二等奖学金。现于美国密歇根大学攻读博士研究生，主要研究方向为运筹优化算法。

教　练：李立文

班主任：朱昌明

　　选择投身化学竞赛，缘于化学组教练李立文老师与我在理念上的高度契合——给予我最大限度自主安排的权利，可以按照自己的节奏探寻知识。

　　按照自己的节奏自主安排。正是在这样的学习过程中，我学会了如何将长期目标拆解成可执行的步骤，如何在权衡自身能力的高低后，果断地将时间投入到最有意义的事物上，而非盲目遵循既定的轨迹，按部就班地前行。直至今日，我仍笃信这种抉择能力对一个人成长的重要性。因为在成年之后，我们所面临的世界更为复杂纷繁，许多问题既无标准答案，也难以彻底解决，唯有在有限条件下追求"最优解"。因此，具备独立分析问题、审时度势、权衡利弊的能力，便显得尤为重要。

　　虽然如今已久未涉足化学领域，昔日学到的知识与构筑的体系也在脑海中逐渐褪色，但竞赛过程中对自我的探索，却给我留下了不可磨灭的烙印。

　　坦率地说，在化学竞赛学习过程中，我那热衷总结归纳、追本溯源的性格，让我在化学竞赛的学习中得以事半功倍。

在理论学习的道路上，我几乎畅通无阻。那时的我，如饥似渴地阅读了众多有机化学、结构化学和物理化学的教材，逐渐建立起一套独特的认知体系。接着，我将后续所学知识一一纳入这个体系，如同精密的齿轮运转一般，不断自我验证和推演，试图预测一道又一道难题的答案，反复试错、不断调整。终于，我能够自信地说，我不再只是一个机械解题者，而是站在了更高的思维据点，洞察出题者的思路和意图，犹如拨云见日。

天道酬勤，但亦公允。在实验学习中，我不再一帆风顺。或许是因为我的大脑总在想着一些事情、做一些思考，在等待化学反应的漫长过程中常常分神，也因此，我的实验速度一直很慢，比赛中也屡次因超时被扣分。每每反思，我都认为自己或许并不擅长这种需要耐心且精准细致的任务。相比之下，我更适合从事抽象思维与复杂计算。也正是从那时起，我开始认真思考"大学是否继续学习化学"的问题。经过与不同专业的前辈交流探讨，通过在元培尝试不同专业方向的课程，以及后来在工作实践中亲历不同行业后，我才最终找到了适合自己的终身职业方向。

非常感谢化学组教练、老师给予我的最大限度的自主权，让我能够在大大小小的抉择中不断"认清自我、接纳自我，找到最适合自己的路"。这让我在日后面对人生的种种机遇与挑战时，始终具备为自己作出决断、掌舵人生航向的勇气和能力。

▶▶ 寄语学弟学妹：

想必，每位同学都读过"小马过河"的故事。每个人所面对的困境迥异，能力各不相同，因此采取的应对之策也必然千差万别。纵使像我这样在学习上看似一路顺遂的人，也曾在成长中遇到诸多无法回避的挑战。

前行者的经验固然珍贵，但更为重要的是在竞赛学习中建立起对自我的认知与信任。对于世间绝大多数没有标准答案的问题，我们所能给出的回应，无不受限于自身的认知水平和经历。因此，每个人都应勇于探索，开辟属于自己的道路，找到自己的答案。

为学好元素化学，我把厚实的书抄了数遍

作　者：邓翀，国家集训队成员。本科被北京大学材料化学专业录取。博士毕业于北京大学化学与分子工程学院。目前在万华化学担任研发工程师。

教　练：蔡忠华

班主任：彭知文

　　我对化学的兴趣始于初中杨佳老师幽默风趣的课堂。后来在师大附中遇见了我的恩师蔡忠华老师，把我领进了化学竞赛的新天地。

　　在蔡忠华老师和同学们的支持下，我一直担任化学竞赛组的组长。蔡忠华老师对于竞赛的热情，对我产生了深刻影响。在他的言传身教下，我们竞赛组全体成员都以非常高的标准要求自己，同时也培养了非常强烈的团队精神。我们组最终的成绩是六个北大、两个清华、一个国科大。

　　关于竞赛，我主要有以下几方面的体会：

　　一、竞赛没有捷径，要肯下笨功夫。记得当年为了学好元素化学，我把有关的教材、厚实的参考书籍抄写了数遍，每一遍都是对上一遍笔记的精选。在全国初赛前期，我用于复习元素化学部分的资料已经浓缩成了一本很薄的小册子，只需要很短的时间就能将重点重温一遍。

　　二、主动学习，高效管理时间，态度决定一切。不能把教练的统一要求或安排当成自己唯一的目标，而是要主动追寻更快、更高质量的学习和成长。这就需要做好时间管理，不仅要有阶段规划，还需要有具体到每周、

每日的事宜安排，这样能确保自己每天干劲十足、有的放矢。

三、科学用脑，劳逸结合。竞赛少不了漫长、枯燥的自习时间，长时间用脑会造成效率下降而不自知，适量地引入休闲活动非常重要。我们组有多种多样的放松方式，在自习的间歇打乒乓球、唱歌等。对于我个人而言，我是一个文学爱好者，经常在换脑的时间阅读一些文言文作品，让自己短暂地抽离理性思考的环境，起到有效的放松效果。

四、真诚待人，团队氛围十分重要。相互学习、帮助，取长补短，能够大幅提升整个团队以及个人的战斗力，也会收获人生的挚友。

五、传承的价值不可估量。我们竞赛组的成长得益于学校、教研组，尤其是前几届竞赛生和教练的大力支持。在保送之后，我们也以自己的方式努力地做好知识、经验传承的工作。比如，汇总试卷资源、整合书籍资料，甚至整理自己编写的模拟题等，为后几届学生提供一些帮助。我认为，传承是附中竞赛最宝贵的特质之一，期待学有余力的竞赛生能够在合适的时候帮教练一起做好传承工作。竞赛是在不断发展的，相邻年级竞赛生的经验最有参考价值，也最被重视。

▶〉〉寄语学弟学妹：

珍惜现在的时光，如饥似渴地学习吧。要知道，能为了一个明确的目标去努力奋斗，是一件幸福的事情。另外，请不要忘记，学习是伴随终身的事情。

正所谓"授人以鱼不如授人以渔"，竞赛最重要的启示，就是教会大家自主学习的态度与方式。

期待每个人都能在竞赛的旅程中有一份专属的收获，不虚此行！

化竞，一个反复跌倒再爬起的奋斗故事

作　者：刘照清，获得 2017 年第 31 届全国化学奥林匹克竞赛初赛一等奖。本科进入华东理工大学学习。现于北京大学化学与分子工程学院攻读博士学位，研究方向为机器学习辅助的复杂多相催化体系模拟工作流开发与应用。

教　练：蔡忠华

班主任：蔡忠华

　　高中毕业至今，我手机里始终收藏着曾经的化学竞赛学长、如今的北大教授吕华老师的一句名言："参加化学竞赛，不是为了拿金牌，也不是为了拿敲开北大大门的敲门砖，而是确定化学是你愿意为之努力一辈子的事业，是你人生大门的敲门砖。"

　　每每回味这句话，回忆起高中三年的化学竞赛经历，都不免感慨当时那个青涩、冲动、功利心强，却又满腔热血、敢闯敢拼的自己。感恩附中各位老师的培养和包容，感谢当年遇到的挫折与积累。正是那段无法忘却的经历，塑造了我人格的基石，无时无刻不在提醒着我要"不忘初心"。

　　最初接触到化学竞赛，是在初三毕业的直升培训班。那时，我已拿到了直升附中和保送理科实验班的名额，初中的课业学习也已经告一段落，开始为高中学习生活做准备。那段时间，我的物理成绩比化学略好，接触物理竞赛的入门知识也比化学多。于是，在蔡忠华老师初次问我是否愿意参加化学竞赛的时候，我不假思索地回复："初三的时候物理拿过七次满分，化学只拿过三次，我觉得更擅长物理。"但我直爽的回复，却换来了蔡老师一个更为直爽的对答："哦，这不正说明化学比物理难吗？为什么不试试挑战一下自己，冲击一下更难的领域？"

一来二去的沟通后，魔幻一般，我居然对化学产生了更多兴趣，决心尝试冲击这一自己并不擅长的科目，开启了在"蔡哥"门下的化学竞赛学习生涯。

在直升培训班初步学习高中化学知识后，我感受到了化学学科的核心——物质组成、结构与变化方面的奥妙。不过，当时的我对高中化学和竞赛化学还停留在兴趣阶段，对竞赛中的竞争缺乏基本的认知，暑假期间多在旅游放松，也是在那时，我第一次走进北京大学，粗浅感受了一次"思想自由，兼容并包"的校园气息。

直到高一入学之后，我才惊觉，化学组报名人数众多，有很多同学已经走在了前面。入学后竞赛培训的几次小测，我的排名都不稳定，忽上忽下。在选拔的压力下，我下定决心，奋起直追，以百分百的热情和努力投入到蔡哥安排的学习任务之中，不断查漏补缺完善学习成果，终于完成了高中化学学习，并通过了高一上学期的选拔。

但在后续的无机化学和有机化学学习中，接触到新知的我出现了心浮气躁的情况，考核成绩时而前几，时而倒数。我也常因不稳定的表现，被蔡哥单独谈话。针对我发挥不稳定的问题，蔡哥严格要求我有针对性地进行错题整理和训练。而随后的考试结果也证明，蔡哥的指导方法是十分有效的。在那段时间的学习与沟通中，我深切感受到了蔡哥对我的关心和信任，并在蔡哥的帮助下，一次次克服浮躁和自我怀疑情绪，踏实学习，有针对性地查漏补缺。高一暑假，我在全国化学竞赛初赛中取得了不错的成绩，并在层层考验下成了2015级化学竞赛组留到最后的成员，向着高二暑假的全国化学竞赛初赛冲击。

从那时起，我的学习状态逐渐向好，自主学习能力稳步提升，眼界也在各种培训课的课堂与课后提问中逐渐开阔，开始取得一些成绩。在高二寒假的北大寒假课堂考核（如今的春季联赛）中，我取得了全国第21名的成绩。但好巧不巧的是，那年 A 签（省一即降一本）的名额刚好划在前 20 名，争取无果之后，我接受了尚可的 B 签（省队降一本）。好在当时的我并未把这事放在心上，依旧保持着学习和冲刺的节奏。

那年初赛，题型与难度相比往届都有明显跳跃，很多参加比赛的同学都难以适应，包括我在内。我在考场上努力回想历次模拟考和平时训练做题的感觉，终于坚持了下来，咬牙把自己会做的题都做完，不会做的题也尽力写上思考。考完后，我以为自己的化竞之路"到此结束"了，但经过一段时间的估分后，我进入了冲击省队实验选拔的队伍。

现在回想起来，那个已经不存在的实验选拔，某种意义上成了我人生的分水岭。那两周的时间，过得争分夺秒：早上八点开始练习第一个实验，到中午一两点钟休息；抓紧时间"吞"完家人送来的饭菜、眯一会儿午觉；紧接着进行下午三点的实验练习，直至晚上八点；快速解决完晚饭之后，对当日实验进行复盘和巩固练习。

练习过程中，我偶然得知自己理论成绩位于全省第九，加上实验练习已略有成效，于是有了一些松懈的情绪，结果导致在接下来几天的练习中频频出现问题，整个人的思维又紧张起来。就这样，我的心态在自负和自卑、轻敌与慌乱中反复切换。在省选当日，问题一股脑地暴露了出来。

当时的实验考题并不难，但我的成绩却非常不理想。我在做滴定分析的时候，先是滴定管的头掉了，不得已申请换了根新管子，接着又在滴定的时候手忙脚乱，总会盯一下滴定管的数据，以至于被监考老师认为"有作弊嫌疑"，拒绝在滴定数据上签字。这让本就心急的我更加乱了阵脚……

当天上午考完，下午蔡哥就把我找去谈话——说是谈话，更像是恨铁不成钢的"破口大骂"。我只是低着头，难以回应。几周后，成绩出来了，初赛和省选加权之后，我与省队失之交臂。

即便如此，我知道，机会还是有的——十月底的北大金秋营在等着我。于是我调整心态，和省队同学一起保持决赛级别的理论知识学习与查漏补缺。在金秋营的笔试中，我发挥出了应有实力，拿到了湖南省第二名，全国前二十名的成绩。

那时，我以为自己终于能和组里其他同学一样，可以拿到一本线录取签约了。但没想到，命运对我的考验，才刚刚开始。

几周后，我收到的通知是：由于自招改革，没进入决赛选拔的同学最多只能给到降60分优惠。就这样，我最终只拿到了降60分录取的签约单。蔡哥劝解我，"你的实力是在的，高考裸分接近北大线，是完全没问题的"。我应下了，但内心的"翻腾"却随之而来。

竞赛结果的一次次不尽如人意，让我开始怀疑学习乃至人生的意义。我止不住地去想："如果一切付出都得不到应有的回报，那么继续努力的意义在哪里？"在高三备考阶段，这样的低落情绪持续占据着我的内心，根本没有刷题冲刺的心思，放弃了持续、必要的解题思维训练。更糟糕的事情也接踵而至——那年的高考题相对基础，就是考察有限时间内的解题熟练度，而这正是我的短板。六月底出分后，我的高考分数没能达到北大降60分后的分数线。但那时的我，却不再像竞赛失利那样，会愤懑、不甘、哭泣了——内心已然麻木，曾经或激荡或翻腾的内心也已沉寂，唯留一些空洞的回响。

好在，当时放弃我的只有我自己。无论是蔡哥，还是我的家人和朋友们，都给了我大量的关心和帮助。随着阳光一点点照进阴云密布的心田，那些代表着初心和傲骨的鲜花，如星星之火般从虚无的杂草丛中钻了出来——是啊，我可是湖南师大附中化学竞赛组的一员，我也曾经对那118种元素纷繁交错的化学世界充满了兴趣，我不比那些上了清北的老战友差。我逐渐拨开迷雾、重拾自我。在家人和蔡哥的建议下，我报考了华东理工大学化学系，以一名湖南师大附中化学竞赛组学生的傲骨英姿，昂首走向了新的战场。

弹指一挥间，三年时光白驹过隙。在三年的本科学习阶段，我凭借自己过硬的化学学科素养和自主学习能力，迅速适应了大学生活，将综合成绩保持在年级第一，积极参加各种学科竞赛和科创活动，结识化学同好，并在大一暑假正式将理论计算化学确定为自己的兴趣方向，开始了科研工作。

这三年间，我并非没有过彷徨和挫折，但我的内心始终坚定——与我在化学竞赛求学期间所遇到过的那些挫折比，这些又算什么呢？我的微信背景，始终挂着达·芬奇的一句话，"你只要尝试过飞，日后走路时也会仰望天空，因为那是你曾经到过，并渴望回去的地方"。

2021 年 7 月，我第四次走进北京大学，参加化学院的保研夏令营。在化院和燕园之间那座熟悉的天桥上，高中三年的化学竞赛回忆如潮水般涌入我的大脑。那些回忆带给我的并不是虚无与自卑，而是信念与力量。我知道，我一定要成功，也一定会成功。

坐在北大化院的办公室里，回望起附中化学竞赛学习的经历，我的内心充满感慨。那是一个奋斗的故事，一个反复跌倒再爬起的故事，更是一个寻找自我对抗虚无的故事。故事仍在延续，荣耀几经传承。我想以这样一句话作为目前故事的结尾："我将一生的苦难化作墓志铭，纪念我曾拥有过它们，也纪念我超越了它们。"

▶▶ 寄语学弟学妹：

在许多人的成长经历里，都会有一段徘徊和彷徨、被虚无侵袭的人生阶段。在学科竞赛，乃至人生攀登的各个关卡上，每个人都会经历不同的挑战。其中，有来自书本之内的、问题本身的挑战，但更多挑战来自所面对的问题之外——如何正视成就与挫折，如何坚定心态与意志，如何平衡理想与现实，如何处理合作与竞争，以及如何对抗人性中的惰性，等等。

这些在竞赛道路上看似是"小插曲"的经历，才是塑造我们人格，影响人生的关键。选择竞赛，就选择了勇气、信念、决心，以及更多的挑战。无论过程中会遇到多少挫折，也无论最后的竞赛成绩如何，希望各位铭记自己进入学科竞赛领域的初心，寻找到属于自己的奋斗价值和人生意义，做出问心无愧的选择，实现自我超越。

知耻而后勇，不要内耗自己

作　者：李培基，获得第 31 届中国化学奥林匹克
（初赛）一等奖。本科进入中国科学院大学
电子信息工程专业学习。现为复旦大学博士
研究生。

教　练：蔡忠华
班主任：黄　赞、蔡忠华

　　我的化学竞赛经历十分曲折。但正所谓"守得云开见月明"，曲折的道路固然难走，走到最后便发现自己从中获得了真正的成长。

　　我最初了解到化学竞赛，是在湖南广益实验中学（现华益中学）求学期间。在八年级时，我就开始自学九年级的化学课本，也是从那时起，对原子和分子的世界产生了浓厚的兴趣。于是，在九年级正式上化学课时，我总会在课后向老师提出一些稍微深入的问题。在向胡滔老师（当时的化学老师）请教的过程中，不经意间了解到附中有化学竞赛。当时，我并没有特别留意。直到 2015 年 6 月参加直升夏令营后，才在蔡忠华老师的指导下进一步了解化学竞赛，并在 2015 年 9 月正式参加入了当年的化学竞赛组，并作为组长一直到 2017 年 9 月。

　　在我心里，选定化学竞赛这条路，一直有个极具"仪式感"的时间点，那就是 2015 年 6 月的一节化学课。当时，蔡老师提出了一个很有趣的问题："如果酒精灯被打翻了，里面的酒精马上就要流进插座里，这种情况该怎么处理？"其他同学的回答都是按照课本所说，"拿湿毛巾去盖"。我的回答却

是："应该先断插座的电,再用湿毛巾处理。"我的回答得到了蔡老师的表扬。其实,在直升夏令营期间,我的心境一直是很忐忑的。毕竟,离开了初中的舒适圈,要和集团其他学校最优秀的同学同台竞技,对自己的信心是很不足的。但蔡老师的这句表扬,就像一针强心剂,使我重拾了自信,也觉得自己在未来的三年里可以在化学学科上继续深入学习。

化学竞赛最初的时光,是轻松愉快的。最开始,我们的任务是学高中化学读本,里面的内容主要是基于高中化学教科书内容的拓展,与后期高等化学相关内容进行衔接。我的动手能力较强,喜欢搞小实验、小发明。在讲到"原电池"一章时,因为我已经通过读本,掌握了这方面知识,便在课堂上演示了将铜片和锌片插在苹果里面,然后从万用表中读出原电池电压。在课堂上当众演示,能收获台下不少羡慕、崇拜的目光。这些外部的赞美固然能提升信心,但若认识不足,也会埋下自满的种子,成为危机隐患。

在 2017 年 5 月前,我骄傲自满的情绪仍然没有任何改观。过去一年,组内进行了几次选拔,最后确定下 19 人的名单。我对自己每次选拔的成绩都不以为意,抱着及格万岁的心态准备每次考试——反正过关就达到目的了,何须花力气再去刻苦学习?初赛不考中学化学,我之后在高等化学上努力就可以。一年后,高等化学的学习阶段开启,我仍然没有端正态度,只挑自己感兴趣的物理化学、分析化学和结构化学去学习和钻研,对无机化学和有机化学仍采取放任自流的态度。极不端正的学习态度,导致了我基础的不扎实。

真正让我醒悟的时刻,是 2017 年 5 月的提前签约。看着身边的同学一个个都获得了心仪的合约,甚至有的还在纠结于签哪个学校的约。而我,却只能干坐在房间里,心里五味杂陈——愤怒、失落、不甘、悲伤一齐涌上心头。之前所有的骄傲、自大、目空一切,就像一个膨胀到极点的气球,在签约的利箭面前发出一声爆炸巨响,消失得无影无踪了。签不到约能怪谁呢?怪大学老师不给我机会?怪考试题太怪太难?怪其他同学恰好符合面试官的要求?我想,谁也怪不了,是时候真正改变自己了。

从 2017 年 5 月到 8 月，我的主题是"改变自己"——改变自己的心态、改变自己的学习方法、改变自己的生活习惯。从ⅠA 到ⅦA，从ⅠB 到ⅦB，所有的元素性质要重新掌握，一些化合物的特殊性质更要牢记。有机化学里面不同类型的反应机理、亲电亲核特性、反应规则等更是必须分门别类整理牢记。因为基础不扎实，在最初的考试中很多题目做不完、做不对，考试过程中要采用适当的策略，让每道题都有足够和连续的思考时间，保证作答的题目要拿分。更重要的是，要"逼一逼自己"，知耻而后勇。这既是为了自己的荣誉而学习，也是为了求知的快乐而学习——当真正沉下心来看每个反应方程式、每个对元素性质的解释的时候，曾经学过的所有知识都能从中得到体现。当看到某种元素具有某种性质的时候，我会先预想对这种现象的解释，然后再看作者的解释。如果我和作者的观点不谋而合，那自然是很值得高兴的；如果和作者不甚相同，就会旁征博引，对比不同的解释，得出一个最令人信服、最合理的解释。这种获得知识的方法给我带来的快感，远比考试拿到高分更持久、更高层。

很可惜，那 3 个多月的努力，还是没有换来好结果。2017 年 8 月的初赛，我因考场发挥失常，未能进入省队选拔环节，我的攀登之路也草草收场。

抛开自我怀疑的负面情绪，去复盘我这两年的竞赛历程。攀登之路，给我留下了什么？

一是态度上的转变。学习是一件痛苦但又快乐的事，必须刻苦钻研，仔细思考，否则不可能达到很高的水平。学习过程当然是痛苦的，因为要保持长时间的专注、查阅海量的资料、进行高强度的思考，这对人的心理和生理都是不小的考验。但学习又是快乐的，因为经过这些痛苦的过程，最终获得了新知。获得新知不单是掌握了一个知识点，而是在掌握这个知识点的过程中运用了储备的知识，加深了认知，引发更深层的思考。在这种意义下，学习的付出便是值得的。

二是心态上的转变。参加化学竞赛，以及在竞赛过程中遭遇的起伏，让我更明白心态平静的意义。既然已经认识到自己的不足之处，就不必太过纠结于已经发生的事，而应该去避免此类事件再发生。在之后准备高考的过程中，我也面临着巨大的压力。毕竟是两年没有认真上过其他科目的课程，重回高考赛道的时候，其他同学已经冲出起跑线，家长对我的未来考学也充满了担忧……这些压力当然是客观存在的，即便采用鸵鸟战术，也不会消失不见。只有想办法去解决，才有可能最终摆脱这些压力。于是，我又开始刷高考题，到其他班去要试卷，不厌其烦地向老师和同学请教，等等。在最后一年准备高考的过程中，我认为自己始终保持了淡定的心态，只管去摆脱困境，不去内耗自己。对于自己的目标大胆且谨慎地去追求。

两年的攀登之路，让我逐渐成长为一个善于思考、意志坚定同时又乐观开朗的人。参加竞赛所收获的绝不仅是书本上的知识，更是对个人综合素质的全方位提升。感谢附中，感谢我的教练蔡忠华老师，感谢陪我一直走到竞赛最后一刻的 18 位同学，感谢这丰富多彩、千变万化却又蕴含规律的化学世界，让我有一段独一无二的青春体验。

▶≫ 寄语学弟学妹：

"中等是人生的常态。"这是一位附中校友分享的话。

攀登之路当然不可能一帆风顺，遇到瓶颈，也是再正常不过的事。要保持一颗平常心，"不以物喜，不以己悲"，相信自己的能力、自己的毅力，用平静但坚定的力量去面对、去战胜一切挑战。

竞赛从来都不是单纯的知识比拼，而是个人综合能力，包括学习态度与方法、心理承受能力等全方位的较量。由竞赛练出的这些综合能力，在之后的学习和工作中，都将起到重要作用。

好奇心是学习的动力、快乐的源泉

作　者： 刘立昊，第33届国家集训队成员。本科被
北京大学化学与分子工程学院录取，荣获
北京大学三好学生奖学金、万华二等奖学
金、北京大学优秀毕业生等荣誉。现于北
京大学攻读博士学位，并荣获北京大学校
长奖学金。

教　练： 蔡忠华
班主任： 蔡忠华

　　在我的竞赛和学术道路上，让我一直坚持下去的动力是好奇心。强烈
的好奇心，让我从小就笃定自己会在学术道路上探索很长一段时间，甚至
会终身投入其中。所以，在高中选择竞赛科目时，我非常谨慎，认为那次
选择可能会决定我未来的职业走向。于是，我选择了完全未知的化学竞赛，
因为化学实验非常令我着迷。

　　化学竞赛初期，学的是高中化学的内容。在蔡忠华教练的指导下，我
通过教材、读本和教辅进行高效自学。由于在中小学阶段，我在好奇心的
驱使下，自主查阅资料探索过很多"为什么"，所以在自学上并没有太大障
碍。随着知识难度和深度的增加，自学过程中产生的疑问也越来越多，于
是我都记录下来，定期打电话请蔡老师帮忙解惑。由于这些问题大多都在
高中知识的体系内，是化学史上被无数人推敲过的问题，蔡老师所给出的
深入浅出的完美回答，让我的好奇心在答疑过程中得到了满足，对知识的
理解也在一次次提问、答疑和思考的过程中不断加深。

学完高中化学内容后，按化学竞赛考纲要求，我需要继续学习本科化学知识。那些知识更加抽象、晦涩，甚至有些涉及更加高级的数理方法或者较为前沿的化学研究。例如，在学习特征标表的应用时，我无法完全理解计算的方法为什么是那样，直至大学二年级学完线性代数，从头学习结构化学基础时，我才逐渐理解。在学习这些知识的过程中，我的好奇心无法立刻得到满足，即使询问数理基础扎实的老师，他们也很难用三言两语为没有基础的我解释清楚，因此我非常痛苦。幸运的是，我们竞赛组的学术氛围非常好，对于困难的问题，大家都愿意一起讨论，大家的数理基础都较为近似，在讨论的过程中，一般都会用大家能听懂的语言，虽然讨论得出的结论不一定正确、过程不一定严谨，但也许就像小学时"稚嫩的证明"一样，让我们对问题有了属于我们那个层次的理解。

在讨论的过程中，我们的学术能力也在不断得到提升——提问的能力、表达自己观点的能力，以及理解别人观点的能力，这些都是非常重要的能力。对于有些抽象的问题，如果我们一个字都听不懂，是无法进行提问的，只有有了粗浅的理解，才知道自己不明白的地方具体在哪儿。在本科课程以及大部分学术讲座中，在一个报告讲完后，一定会有提问环节。在学术界，做报告和听报告的能力，都是衡量一个人学术水平的重要指标。在许多其他工作中，能表达自己的观点，是非常重要的一项能力——我大一上普通化学小班课时，老师曾说，学懂一个知识的标准，是可以通过自己的讲述让一个完全不懂这个知识的人学会这个知识——我认为这是一个很高的标准。讨论时，阐述自己的观点不仅是在帮助他人，也是一个通过语言表述重新整理自己的思路，加深自己已有的理解，并且在他人的质疑中完善自己观点的过程。

我非常喜欢当时竞赛组每天的讨论环节和讨论氛围——在竞赛冲刺的最后几个月，每天早上9：00—12：00都会进行一场模拟考试，下午完成试卷批改后，在小组间开展试卷讲解、讨论。我每次准备试卷讲解前，都会先跟小组其他同学进行小范围的讨论，对可能存在争议的地方整理好自己的思路与观点，并对可能被提问的问题，做好预设的回答。我非常享受这种提升能力的过程。甚至在自认为全国初赛失利、偷偷趴床上哭的时候，心里想的也是，"我如果考得不好，就要离开这个有趣的讨论团体了，只能在高三'炒剩饭'，不断刷一些无趣的简单题，提高自己的熟练度……"

除了我的好奇心引领着我不断进步，在学习化学竞赛的过程中，还有一些细节对我来说非常重要。

蔡老师擅长指导我们制订学习计划，有长远的、有短期的。长远的目标是我们努力的方向；短期的计划，是将要达到的目标分解成几小段，确保执行到位。

这种制订和执行计划的能力，是非常有益的——因为，很多事情都有明确的截止时间，没有无限的时间供我们把每件事都打磨得完美无缺，所以要学会在合适的时机停止，并推进到下一步。竞赛期间，在学习元素化学时，我就遇到过类似的问题。在第一遍学习时就想把所有的东西都记住，所以在看书、记笔记时，就把各种细枝末节都记录了下来，最后导致我什么都没记住，学习进度也没跟上大部队，每次章节考试时，也都没有完成对应内容的学习。其实，对于描述性化学，第一遍学习能记住大概的脉络——例如 $KMnO_4$ 是有强氧化性的，$SnCl_2$ 是有还原性的——就足够了。一次只能记住有限的知识，在学完一整遍，逐渐构筑起整个元素化学或者有机化学的框架后，再进行重复学习，就会有新的理解，能记住更多的知识。对于许多较难的知识也是这样，刚学习结构化学时，我难以理解结构基元的定义，但搁置几天再回过头思考其定义时，突然又会有新的认识，理解也变得更深入。

竞赛过程中，我能始终坚持自己的学习节奏，不盲目从众，不因崇拜、羡慕学得最快的几个人而让自己变得慌乱。这也是一种很重要的品质，尤其是对于竞赛期间的自学过程，因为每个人都是不一样的，都有最适合自己的学习节奏。

竞赛考试作为一场考试，技巧和心态也很重要。学习过程中，学长出题的考试，题目都非常难，最后考完，100 分的卷子平均分可能只有 20 多分。这种考试，让好奇心和好胜心都很强的我异常痛苦，痛苦到出现生理反应，产生肚子疼痛的感觉——不过，这对锻炼我的考试技巧和心态，的确有着很大的作用。

记得在 2017 年第 33 届中国化学奥林匹克竞赛初赛中，试卷也是史无前例的难。一遍做下来，我有 4~5 道大题做不出，但之前积累的考试经验，让我临场非但没有产生过于强烈的生理反应，反倒是逐渐冷静下来，逼迫自己放弃继续思考一些困难的元素推断题，先完成后边的试题。

此外，考试中根据自己仅有的知识点得答案的技巧，也使我受益匪浅。有一道写产物的有机题，我虽然不太清楚反应的具体机理，但硬是通过自己强于他人的解谱能力，通过核磁共振氢谱的数据，蒙出了正确答案。

总而言之，好奇心是我在竞赛学习过程中的快乐源泉，也驱使着我不断提升自己。老师制订的长、短期计划，控制学习节奏和重复知识学习等方法，让我在学术道路上受益匪浅，考试技巧的运用也让我在竞赛考试中取得了更好的成绩。

三年的高中竞赛生活，是一场持久战，如果没有好奇心的支持，也许很多人会体会不到其中的乐趣，也就很难坚持下来；而对人生来说，这只是非常短暂的一段时光，有的人停止于初赛，有的人停止于省队选拔，有的人停止于国家集训队选拔，有的人停止于国家代表队选拔，只有寥寥几个人能最终走向世界的舞台。我认为，大部分人都会停止于中途。但这并不遗憾，因为在竞赛学习的过程中，我们收获了很多知识，收获了研究、探索、讨论的快乐，提升了自己的学术能力，这些才是最珍贵的财富，而且是高中文化课学习所不能深刻体会到的。

▶▶ 寄语学弟学妹：

对我来说，好奇心是学习的动力，也是学习的快乐。进入大学之后发现，身边的老师和同学也都充满了好奇心，总能提出许多关键而有趣的问题，推动科研的进展，甚至科学的进步。

在许多与我同级的、化学竞赛失利的同学中（至少3名），也许高考他们并未考上清华北大，但他们将竞赛学习中提升的能力运用在本科四年的学习中，最终还是通过清华北大的保研夏令营，进入清华北大攻读博士研究生，证明了"是金子总会发光的"那句箴言。

我衷心地希望，各位热爱化学的学弟学妹，也能在竞赛学习的路上收获属于自己的快乐，并提升自己的学习能力，打磨自己的品质，为终身的学习打下基础。

竞赛不是一个人的战斗，团队力量更为重要

作　者：刘翼维，获得第 31 届全国中学生化学奥林匹克竞赛决赛金牌，并进入国家集训队。本科被北京大学化学与分子工程学院录取，获北京大学优秀毕业生、三好学生、学习优秀奖等奖励。现为北京大学化学与分子工程学院博士研究生。

教　练：蔡忠华
班主任：蔡忠华

我与化学的缘分始于初中的一节化学课。那天，老师在课堂上演示了一个简单的实验：加入试剂后，溶液颜色开始变化。这令我惊叹不已。从那一刻起，我便被它深深吸引。

高一时，附中组建化学竞赛组预备队，我毫不犹豫地报了名。蔡忠华老师是一位经验丰富的化学竞赛教练，他的教学风格生动有趣，不拘泥于课本，会通过实际问题引导我们思考化学的本质。同时，蔡老师也是我们竞赛班的班主任，所以，在我们化学竞赛组，化学竞赛学习和高考科目的学习，一直被"强制要求"均衡发展。正所谓，严师出高徒，我们化学竞赛组的同学都取得了不错的高考成绩。

高一结束后的那个暑假，是化学竞赛组筛选人员的关键时间段。在高二暑假末期，就是全国化学奥林匹克竞赛初赛。对我们上一届化学竞赛学长们而言，那场比赛成绩，将是省队选拔参考成绩之一。按照惯例，我们

这些竞赛预备队员都会去体验下氛围。不同的是，我们的考试成绩，将作为选拔正式化学竞赛组成员的重要依据。

在暑假的竞赛学习中，我的考试成绩排名一直处于预备队的中间靠后位置，在初赛考试中也不例外。最后，我以勉强踩线的方式，正式进入了化学竞赛组。我非常珍惜这次机会。此外，在那个暑假，我最爱的亲人离世，也让我下定决心改变自己在思想上的怠惰，以更加饱满的热情和积极的行动，投入化学竞赛学习。

进入高二学年，我们开始更加系统地学习化学竞赛知识，无论是专业课程学习还是相关习题练习，在强度上都上升了一个层次。那段时间，蔡老师会给我们下发一个表格，用于记录我们每周的学习计划，以及每周计划的完成情况。也就是从那时候开始，我们逐渐形成了自学以及自我监督的能力。我们从基础知识入手，逐步深入到竞赛要求的高难度知识；每天坚持复习和总结，形成知识网络；除此之外，通过大量习题训练，提高解题速度和准确性；每次做完题后，再通过反思解题思路和方法找到不足之处。经过不断训练后，我们对化学竞赛理论知识的掌握程度达到了一个更高的层次。我的成绩，也在日积月累之中不断进步。

在高二学年快要结束的时候，我们化学竞赛组收到了北京大学全国高中生冬令营的邀请。冬令营结束时，会有对理论知识的考试。为了准备冬令营，过年的十天寒假，我除了除夕当天，其余每天平均会花 9 个小时用于做练习题和总结错题。由于有着较为充足的准备，我在冬令营的考试中获得了全国前五十名的好成绩。冬令营之行，也让我对北大高等学府的向往有了具象化的轮廓，激励着我更加专心学习。

学习过程中，日渐临近的考试日期和不断增加的模拟考试频率让我们压力倍增。但与同学之间的讨论，以及回到宿舍后的共同学习，又将压力化为了源源不断的收获。

蔡老师与我们的交流，更是让我从中受益匪浅。我记得他说过，"竞赛过程只是我们漫长人生中的一小段，考试结果只是这一段经历的'副产品'。真正重要的，是在这个过程中的收获"。的确，在竞赛学习中，我收获到的自我计划、自我学习、自我监督能力，是这辈子的宝贵财富；学习到的专业知识和思维模式，也非常有助于我现在的科研工作。

每天刷题、每天总结的日子一天天过去，我在"平淡且枯燥"的时间里磨练了心态，锻炼了做题本领。在高二那年的全国化学奥林匹克竞赛初赛，我取得了优异的成绩并入选了湖南省代表队，未来将代表湖南参加全国决赛。在初赛的考场上，尽管题目的考查角度有些刁钻，但是高二阶段扎实的知识和题目储备让我能够在领会出题者意图的基础上解出正确的答案。

化学竞赛不仅考查理论知识，也会考查实验动手能力。附中在实验的培训上是十分有优势的，有专门用于竞赛培训的实验室。在实验中，我第一次学习到了如何进行合理的实验安排，如何详尽地对实验进行记录，如何根据实验试题结合理论知识思考合适的反应条件，如何展开严谨的数据分析，等等。这些许许多多的第一次，让我养成了良好的实验习惯，且受益至今。在准备湖南省代表队选拔实验考试的那段时间，每天一两次实验的强度，着实让人疲惫，但与竞赛组同学并肩"战斗"的日子，回想起来却都是快乐。

湖南省代表队选拔结束后，便进入了全国决赛的准备期。那段时间，我们在学习上依旧保持着以往的节奏，没有丝毫松懈。最终，我们组进入省代表队的几人，全都获得了全国决赛的金牌，获得了清华或北大的入学资格。

回顾那段难忘的经历，我深刻认识到，在竞赛的道路上没有捷径，只有不断努力和坚持，才能达到自己想要的目标。除此之外，团队的力量，甚至是更为重要的。在备赛过程中，老师和同学的支持与帮助是我成功的重要因素。一个好的学习氛围能够让人更加投入，学习效率也会更高。

▶》寄语学弟学妹：

在化学竞赛的旅途中，会有许多挑战和机遇。作为一名曾经的参赛者，我想分享一些建议，希望能帮助学弟学妹们在这段旅程中走得更稳、更远。

热爱与好奇心：化学是一门充满奇妙与奥秘的学科。保持对知识的热爱和对未知的好奇，才能激发不断探索的动力。

扎实的基础：打好基础是成功的关键。无论是无机、有机还是物理化学，夯实基本概念将为你应对复杂问题提供支持。

勤奋与坚持：竞赛学习需要付出大量的时间和精力。在困难面前，不轻言放弃，坚持不懈的努力会带来意想不到的收获。

善于总结：学习过程中，及时总结错题和经验，不断反思自己的思维方式，能帮助人迅速提升。

动手实践：理论与实验相辅相成。多进行实验操作，理解化学反应的本质，对提高解题能力大有裨益。

团队合作：竞赛不是一个人的战斗，和同学们一起学习、讨论，可以开拓思路、互相启发。

合理规划：科学安排学习时间，保持良好的作息，确保自己在最佳状态下迎接每一次挑战。

竞赛的意义不仅在于结果，更在于过程中所收获的成长和对化学世界的深入了解。相信自己的潜力，勇敢迎接挑战，一定会创造属于自己的辉煌！祝你们好运，并享受这段奇妙的学习旅程！

学习需要埋头苦干，也需张弛有度的平衡

作　者：秦俊龙，获得第50届国际化学奥林匹克
竞赛金牌。本科进入北京大学化学专业
学习。现为北京大学化学与分子工程学
院博士研究生。

教　练：蔡忠华
班主任：蔡忠华

　　回想起我与化学的初次相遇，那种心动的感觉仿佛依旧鲜活。

　　初二那年，我还未正式学习化学，却被一本初三化学课本深深吸引。
书中密密麻麻的元素符号、化学方程式、实验图片，每一页都似乎在向我
揭示一个神秘的世界——那里有着无尽的奥秘，等待着我去探索。那一刻，
我的心中萌生了对化学的好奇与向往。真正让我彻底爱上这门学科的，是
初三时一位年轻的化学老师——蔡忠华老师。他讲课风趣幽默，实验演示
更是引人入胜，仿佛化学的每一个反应都在跳跃着欢快的音符。化学的课
堂，成了我生命中的一束光，让我深深迷恋上了化学世界的无穷魅力。

　　但我与化学竞赛的缘分，却对接得并不顺利。初三升高一的暑假，我
原本是选择了物理竞赛。那时，我在选拔考试中获得了班上的第一名，在
外人看来，选择物理竞赛已是顺理成章。但在我看来，物理的公式与实验
虽然迷人，却始终无法像化学那样在我心中激起火花。最终，我听从了自
己内心最真实的声音，决定转战化学竞赛。当我翻开化学竞赛的书籍，看
到那些大学教材时，尤其是涉及有机化学的内容，我的心被一种无以言表

的兴奋与激动填满。那种探索的渴望，让我一头扎进了化学世界，无法自拔。

进入化学竞赛后，我逐渐发现，除了对化学的热情，系统化的学习和高效的习惯同样重要。作为我的化学教练，蔡老师在我身上倾注了无数心血，不仅在知识上为我指点迷津，更在学习方法上给了我深刻的启发。每天的学习日记成了我与自己对话的方式，记录下了每一个知识点、每一次错题、每一段思考。通过这样的积累，我发现自己的进步并不仅仅在于成绩的提升，更在于思维方式的变化。我还学会了抄书，蔡老师总说，"好记性不如烂笔头"，将那些复杂的化学反应式一一写下，变成了我记忆中的宝藏。更有错题本，记录每一道失败的题目，在反复审视和纠正中，我逐渐走向成熟。

然而，化学竞赛之路远比我想象中更加艰辛。刚开始时，我遇到的最大问题就是做题速度太慢。每次模拟考试结束，我都常常因为时间不够而错失许多分数，心中无比懊恼。当我焦虑不安时，蔡老师总是安慰我，"没关系，慢慢来，别急"。蔡老师的鼓励，让我有了坚持下去的动力。通过一次次模拟训练，我渐渐提高了做题速度，学会了在考试时的策略调整——不再拘泥于题目的顺序，而是先解决自己有把握的部分。同时，我也开始专门训练自己最薄弱的计算题。起初每次演算的错误都让我感到挫败，但蔡老师为我设计的专项练习让我逐渐找到了思路，克服了这一障碍，心中慢慢燃起了自信的火花。

竞赛的日子既紧张又充满温暖。让我倍感幸运的是，我的舍友们在这条道路上与我并肩作战。我们制定了"宿舍规定"，确保大家能保持规律的作息，不至于被繁重的学习压垮。每一天的学习虽然高强度，但课间我们会到竞赛教室里的乒乓球桌放松心情，或是一起跑步，享受短暂的轻松时光。这些短暂的休息时刻让我感受到竞赛生活的多彩，也让我明白，学习不仅仅是埋头苦干，它需要张弛有度的平衡。而我的父母则是我心灵的后盾，在那段最紧张的时期，每天开车十几公里到学校，送上家里精心准备的饭菜，给了我无尽的支持与关怀。

　　然而，并非每一次努力都能换来立竿见影的回报。几次考试的失利，让我一度陷入了自我怀疑的困境。那种失败后的空虚与沮丧，像乌云般笼罩在我心头。我不断问自己："我真的适合化学竞赛吗？我是不是做了错误的选择？"每一场失败仿佛都在挑战我的信念，让我在迷茫中徘徊不定。但蔡老师告诉我："失败本就是竞赛的一部分，真正重要的不是结果，而是你在这个过程中学到了什么。"他的这些话渐渐唤醒了我。我开始意识到，化学竞赛不仅仅是知识的比拼，更是一场与自己心态的较量。每一次失败都是一次机会，一次重新审视和完善自己的机会。

　　经过无数次的失败与反思，我终于迎来了属于自己的高光时刻。我成功进入了省队，后来的集训队时光让我再次体会到化学的深邃与广袤，也让我不断突破自己。最终，我成功入选国家队，并在第50届国际化学奥林匹克竞赛中获得金牌，为我的三年竞赛生活画上了圆满的句号。在这段竞赛旅程中，我不仅收获了知识，更收获了强大的内心。激烈角逐的化学竞赛，不仅是一段青春岁月的回忆，更是一场心灵的蜕变。那段岁月，伴随着化学元素符号与实验现象的点点滴滴，深深镌刻在我的心中。它们不仅是我青春中最闪亮的部分，也将成为我未来路上最珍贵的财富。

　　在这条竞赛之路上，我满怀感恩。感恩蔡老师的悉心教导，感恩那些陪伴我、支持我的舍友，感恩父母无微不至的关怀。是竞赛的历程，让我学会了面对挫折，学会了在迷茫中找到方向，也学会了在不确定中坚持前行。而这一切，将成为我未来面对挑战时，最坚实的支撑。

▶〉〉寄语学弟学妹：

　　高中三年是人生的关键节点。三年时间看似很长，但回想起来却觉一晃而过。务必好好珍惜这段宝贵的时光，为自己的兴趣、自己的目标努力，不留遗憾。同时要记住，即使走过了这三年，人生的路还很长。高中三年间的每一次成功与失败，都是暂时的，脚踏实地的同时，需要为自己的未来做好规划，多看看外面的世界，了解更多的事物！

尽"百分之一万"的努力做一件事

作　者：李恺杰，化学国家集训队成员。本科就读于
　　　　北京大学元培学院，主修生命科学专业。现
　　　　于北京大学攻读博士学位。

教　练：李海汾
班主任：李　艳

有很多次，我和朋友聊起高中的竞赛生活，都会用这样一个比喻，"像是待在一个训练有素的战斗部队里面"。这里面，满是关于友情、艰辛、领导和对抗的故事。

先聊聊竞赛中的友情吧。

竞赛的社交圈是极为浓缩的。经过高一、高二的班级重组筛选后，我主要的学习生活，就是和组里的十几个人打交道，对于其他竞赛组的同班同学，几乎不认识。

海哥（李海汾老师）常跟我们说："你们要竞争的是省内，甚至全国的对手，身边的人诚然也是对手，但更是朝夕相处的伙伴。"事实上，我们也都是这样认为的。组里每个人都有自己鲜明的特点，例如，有机化学大神"杨老板"，无机化学大神"舟狗"，喜欢出奇怪分析化学题目的"凡神"，等等。我们会根据自己擅长的领域自主命题，互相抽查知识点、讲解试卷、交流学习材料和经验。

令我印象最深的，是在准备省队选拔期间，大家要在已知的几个实验题目中摸索出每一个实验的最优条件。大家做完实验后，一起总结经验。

经验中，既会有一些很宏观的规律，也会有一些小技巧。例如，即便已经告别化学实验室六七年了，我至今仍记得，要想把醋氨己酸干燥得彻底，需要用磨口玻璃塞，把粗产物全力压成白色的小饼，产率才能从两三克提升到十三克。每每想到自己居然在高中就有这么厉害的一帮队友，真是倍感奇妙和难能可贵。学习过程中，能够遇到这样一些愿意毫无保留和自己高效合作的人，是十分宝贵的财富。

再来聊聊艰辛。

身在过程中的时候，并没有觉得有多辛苦。因为竞赛的生活，就是在一段时间里"只需要做好一件事"，心灵和头脑都很"纯粹化"。但事后回想起来也有点后怕——如果竞赛失利了，自己该怎么办。

谈到那段时光，我曾跟一个朋友说，"好像所有的时间流到全国决赛的时候就停止了，后面的时间好像是一个黑洞，没有一点实感"。听起来有点畸形，但当时的我，心态的确不是很正常。

我不想夸大自己有多努力，因为我知道自己不是那种很聪明的人。所以，在竞赛学习的一年半时间里，除了除夕当天，我基本都会在培训室里。我把市面上流通稍微多一点的化学教科书都看过了，格林伍德《元素化学》《基础有机化学》甚至看了四五遍，还有无数的错题本和试卷。说实话，当时我自己也意识到了，自己是在尽"百分之一万"的努力做一件事。在我接下来的人生中，这种现象，可能再也不会出现了。其中值得总结的经验是，一定要做有意义的努力。一本上千页的书（格林伍德《元素化学》），我看第一遍用了几个月，把自认为重要的东西全部抄下来了。第二遍只需要看自己的笔记，花了两个星期。到最后，我熟悉了自己的笔记，再根据新知识进行删减增补，手里有了一个三大就能看完的、蕴含了可能出现的所有元素化学知识的笔记。这让我能够在每一场重要考试前，把全部元素化学知识快速刷一遍。但我不会去做一些无用功——比方说，做一个这辈子不会翻开第二遍的精致错题本。

最后，聊聊领导和对抗。

我选择的竞赛生活，不是象牙塔里的埋头苦干，也不是很多人误解的应试教育的特化，只是一种有些特殊的选择。

"领导"指的是海哥对我们的支持和帮助。海哥总是能给出我们最需要的帮助。良好的学习氛围并不是自然就存在的，高效的学习方法也不是我们自然就会的，都是海哥告诉我们可以这样做，然后大家根据自己所需，针对性地接纳、吸收，继而转化成自己的经验。还有部分经验，是来自更久之前的学长学姐。

有一件事情，至今让我记忆深刻，它让我认识到，有一位比自己更了解自己的老师，是多么难得。那是初赛前的一场考试，我因成绩优异，得到了北大降一本线的优惠政策。但海哥选择了对我隐瞒消息。我进入省队后，从别人口中听说了消息，着实有些生气。海哥淡定地告诉我，只是不希望看到我有保底之后松懈，毕竟，那阶段，我的备考状态很好——每次模拟考都能保持超级稳定的高分，只要保持现状，就可以往前走很久。其实我也清楚，自己确实属于寻求安逸型。如果有人能够把我推到被动的高压状态下，我反倒会越战越勇，取得更辉煌的战绩。

▶》寄语学弟学妹：

我觉得，一个好的教育，是帮助一个人更好地了解自己。在这方面，附中就提供了很多机会，让每一个学生都能更好地认识自己。有些尝试即便短期内看不出影响，但是这些经历和体验，都会在一定程度上左右一个人的未来选择。

希望大家无论选择什么样的道路，都能活出自己的精彩。

在一次次自我对话中，找到自己的节奏

作　者：黄章毅，获得第 53 届国际化学奥林匹克竞
赛金牌。本科被北京大学经济学专业录取，
本科期间相继荣获北京大学新生一等奖学
金、北京大学三好学生标兵、国家奖学金等
荣誉。

教　练：蔡忠华
班主任：谢朝春

　　在竞赛那些充满趣味和挑战的数理逻辑思考中，我渐渐认识到，科学
不仅是知识的堆砌，更是数理思维的艺术。随着年龄的增长，那份对科学
的热爱如种子般在我心中萌芽、茁壮成长。

　　在初三时期，我开始涉足物理竞赛，那时并未找到属于自己的节奏，
但对知识的渴望，驱使我不断向前探索。恰在那时，蔡忠华教练注意到了
我在化学领域的潜力。在蔡教练的引导下，我开始涉足化学竞赛。蔡教练
能够用生动的例子解释复杂的原理，能够将晦涩的公式转化为生活的常识，
在他帮我开启的视域里，化学是那么的鲜活而有趣。

　　进入高一阶段，我正式开启化学竞赛的学习旅程。当课程逐步进入无
机化学时，我发现它与数学之间存在着奇妙的联系。无机化学中的动力学
推导、化学平衡的精确求解与近似方法，仿佛是一系列精心构造的数学问
题，需要通过精确的计算和严密的逻辑推理来解答。

　　在处理化学平衡问题时，数学发挥了重要作用，同时也对逻辑思维能

力提出了更高要求。化学平衡的精确求解，通常涉及多项式方程的求根问题。例如，当我们需要求解一个体系的平衡浓度时，可以通过建立质子守恒、物料守恒、电荷守恒等多种条件，推导出一个关于平衡浓度的多项式方程。通过数值方法或代数方法解这个方程，就可以精确地确定各物种在平衡状态下的浓度分布。

但大多数情况下，直接求解化学平衡的精确方程可能会非常复杂，这时就需要采用近似的方法来简化计算过程。例如，在处理弱酸弱碱盐的水解问题时，要准确理解近似式的来源和使用条件，就需要一步步从精确式入手，根据合理的近似条件来推导。这对于理解化学平衡是非常重要的步骤。这种方法不仅提高了计算效率，还能在大多数情况下提供足够准确的结果。

无机化学中的定量分析，不仅让我在学习上如鱼得水，更增强了我对化学这门学科的学习信心。每一次解决完一个难题，都像是完成了一次小型的研究项目，这种成就感的不断累积，最终转化成了我在无机化学学习上的自信与热情。

但是随着课程推进到有机化学，复杂的分子结构和多种多样的反应性，让我感受到了前所未有的挑战。那些看似简单的化学式背后，隐藏着深奥的反应机制。在那段堪称"艰难"的日子里，蔡教练成了我的指路明灯。原来，有机化学不仅仅是死记硬背，更是理解和应用。在蔡教练的指导下，我开始注重基础知识的积累，并努力培养自己对知识点的理解力。随着有机化学学习逐渐步入正轨，我感受到了前所未有的成就感。

高一下学期，学校邀请到一位张老师为我们讲授结构化学。那段时期的学习内容丰富且复杂，不仅涵盖了原子轨道的形成与发展，还包括分子轨道理论及其在复杂化合物中的应用。张老师的课程从最基本的量子力学原理入手，逐步深入到化学键的本质，为我们揭开了结构化学的神秘面纱。记得在第一堂课上，张老师引入了"势箱理论"，这是我们在之前的化学学习中从未接触过的概念。势箱理论通过简化模型来探讨粒子在限定空间内的行为，它是理解原子轨道形状及能级的基础。但这一理论的抽象性和数学推导的复杂性，也很容易让人感到困惑。

于是，在培训期间，我们几个对结构化学比较感兴趣的同学，每天中午都会聚在一起讨论当天所学的内容，各自分享自己的理解，互相指出对方的错误，并一起探讨那些尚未完全明白的问题。在这样的交流中，我们不仅加深了对知识的理解，更提高了团队交流和学习的能力。

进入高二，课程难度的陡然增加，以及考试频率的提高，无疑是对我的又一次考验。我开始学会调整自己的心态，以积极乐观的态度面对每一次挑战。每当遇到困难或者挫折时，我都会提醒自己保持冷静，用积极的态度去面对问题。在一次次的自我对话中，我逐渐找到了属于自己的节奏，学会了在高压环境下保持良好的心态。

然而，真正的考验出现在高三的决赛中。一上午的高强度答题已经把精力耗费大半，却没承想，在下午场的考试中，无机部分的最后一题反常地设置了一道"三级膨胀法"的 4 分填空大题，成为整套题目中最难的一道。

那时，我面临一个艰难的选择：有限的时间，我是应该用于做之前跳过的题目并检查，还是坚持把这一道 4 分题啃下来——后者无疑风险很大，因为填空题意味着没有过程分，只有 4 分和 0 分两种结果。但这一题涉及的知识点是化学平衡中的气液平衡，本身就是我的优势项目。快速思考后，我决定先把后面的题目做完，然后集中精力攻克这道 4 分题。在一遍一遍地演算、推理，列出了一系列方程后，我将他们代入求解，得到了最核心的未知数——乙醇的亨利系数，但发现求解出来的结果是一个负数！我反复检查计算式，确认了这就是一个一元一次方程，并不存在更多的其他可能解。是题目出错了？还是计算过程出问题了？时间已经来不及检查了，只能将错就错。我先把看似错误的未知数代入，继续求解出题目所要求的乙醇的蒸气压，没想到，得出的倒是一个合理的数值。我也只能就此作罢了——离考试结束也不远了，检查完前面的题目就到了交卷时间，也算是发挥出了应有的水平。出考场后，看到官方答案与我的结果一致，悬着的心总算踏实了。但答案的计算方法是直接一步得出所求的蒸气压，没有中间亨利系数这一步——没办法，决赛题目有问题是常有的事。

总成绩出来得很快。由于上午题目做得不是很好，我最终仅以全国第 38 名的成绩，挤进了集训队。而能"挤"进去的关键，还多亏那迅速思虑后，坚持攻克下的那道 4 分题，否则我将与集训队失之交臂。总结起来，过往一次次考试中，对答题策略的训练和数理逻辑的锻炼，以及对自己演算结果的自信和坚持，在那一刻，都无声地浓缩在了那一道 4 分题之中。

进入集训队，便获得了保送清北的资格。这无疑是对我多年努力的一个肯定，也是许多人梦寐以求的机会。

蔡老师和我都一致认为，进集训队，仅仅是一个新起点，前方还有更高的山峰——国家队，有待我们去攀登。不过，蔡老师和我也都清楚，要想以决赛排名第 38 的成绩，冲入前四进入国家队，也绝非易事。但，不试试怎么知道呢？更何况，我也相信我的实力。决赛只是一次小挫折，未来还有更多的挑战和机会。

带着这份信念，我决定全力以赴，争抢进入国家队的机会。那段时间，我不仅加强了理论知识的学习，还在实验方面下了许多功夫，力求在各个方面都有所突破。在这个过程中，我也逐渐感受到了一种责任——不仅是对学校荣誉的维护，更是对梦想的坚守。那种为了一个目标而奋斗的感觉，让我感到无比充实和幸福。

最终，我以全国第一的成绩入选国家队，实现了逆袭，为母校捍卫了荣誉，并以世界第二的成绩，获得了第 53 届国际化学奥林匹克竞赛的金牌。

站在领奖台上，看着五星红旗缓缓升起，心中的激动之情难以言表。我知道，这一切的背后，离不开蔡老师的悉心指导，离不开学校的支持，更离不开自己不畏艰难、勇往直前的精神。

在附中参加化学竞赛的经历，让我深刻体会到，成功不仅仅依靠天赋，还需要坚持不懈的努力和正确的方法。同时，团队之间的合作，以及与老师、同学之间的交流，都是成功道路上不可或缺的一部分。

面向未来，无论走向何方，那段经历都将是我的宝贵财富，激励我不断前行。而那些在科学中思考的乐趣，那些与同侪共进的美好时光，将永远在我的记忆中熠熠生辉。那段旅程，不仅是学术上的探索之路，更是心灵的成长之路。它让我懂得，追求梦想的意义所在。无论未来的道路多么崎岖，我都将带着这份信念，勇敢地前行。

第四篇　生物学

一切皆有可能

作　者: 夏凡，1996 年全国中学生生物学联赛
（湖南赛区）第一名，入选湖南省队，同
年 8 月获全国中学生生物学奥林匹克竞
赛第一名，相继入选国家集训队、国家
队；1997 年 7 月荣获国际生物学奥林匹
克竞赛金牌。本科保送至北京大学，生
物专业。2006 年毕业于美国罗切斯特大

学，获博士学位。后赴哈佛大学开展博士后研究。现为美国贝勒
医学院遗传学副教授，贝勒基因临床副总裁，进行医学遗传学和
临床基因诊断领域的研究和实际应用。

教　练: 汪训贤
班主任: 肖鹏飞

"龙生龙，凤生凤，这叫遗传；龙生九子，各有不同，这叫变异"，这
是我在附中上第一节生物课时，汪训贤老师开堂第一句。当时，我听得非
常兴奋，觉得这是以前没有听到过的东西。多年之后，遗传和变异，名副
其实成了我每天打交道的日常。

1994 年，我有幸被附中录取。此时，附中已是全国瞩目的金牌摇篮。
从 1991 年开始，前辈师兄们，在数学、物理和化学国际奥赛中赢得了数枚
金牌。我只有金牌师兄，可能是因为招生考试偏科的缘故。同届的理科试验
班学生总共 72 人，女同学是 10 人。1995 年开始，听说招生考试的语言科成
分增加，女生比例大增；而附中的第一位金牌女得主，也在这一届诞生。

我记得这么清楚，是因为参加生物竞赛的人都有机会和上一届学生一

起听课，一起实验。生物竞赛的一个特点，就是周期长，内容多；从省级初赛到国际奥赛，耗时15个月。试验班的学生，高一上学期掌握所有高中必备知识要点；下学期，就可以和前辈们一起钻研竞赛知识了。

当年新来的汪训贤老师，在风趣的第一节课之后，收获了8个学生参加生物兴趣小组，也包括我。而我们8个人，有了和高二7位师兄一起学习的机会。这7位师兄，是附中生物竞赛的拓荒者。他们给生物组奠定的基调，是快乐。在他们代表附中首次全省突围未果之后，留给我们三点经验：第一，实验动手能力，是生物竞赛的决定因素；第二，陪师兄们踢踢球，涨经验快；第三，快意人生，不要把一次成败看得太重。7位师兄，在没有高考和竞赛的压力下，度过了愉快的高三。在7位师兄的眼里，我是他们的老八。我得到了他们很多的照顾。

之后，在我高二的那一年，附中的生物竞赛准备全面升级。经过附中和师大的联合培训，生物组的同学们已经能熟练掌握大学前两年的专业知识并加以运用。这段时间的经历，对我的工作习惯和心理素质都产生了深远影响。在如今这个知识爆炸的时代，工作中往往要求我们在极短的时间里收集大量信息，迅速消化并做出及时判断和行动。这种要求，与我在附中时期的学习经历相似，但更具挑战性。此外，竞赛的难度、随机性和反复性，也让我意识到，要做好充分的心理准备以应对各种结果。

从附中毕业之后，这么多年来，我的学习研究工作主线，一直围绕着遗传学。从大学的种群遗传学，到研究生时期的发育遗传学，再到现在的医学遗传学，每一个阶段，所需要处理的信息量都是指数级的增长，而我的工作性质也在一点一点发生改变。从一开始自己努力学习新技术，每天筛选上百个变异体，做好自己的研究课题，到自己开发新的工具系统，处理成千上万个病人基因组数据，发现以我自己来命名的新的遗传疾病，Xia-Gibbs综合征，再到现在如何运作高通量的遗传诊断平台，服务上百万的病人，同时赋能新的疾病机理研究，这一切，都开始于我在听了汪训贤老师的第一节课之后，希望自己能做出一些改变，做一些自己以前没有做过的东西，从而选择了生物兴趣小组。

我非常珍视在附中时期参加奥赛的经历。希望我的分享，能给更多的同学带来帮助。当我们愿意做出改变的时候，一切皆有可能。

竞赛播下的种子，奠定了我毕生科研之基

作　者：肖百龙，获得 1996 年全国中学生生物学
联赛（湖南赛区）一等奖。本科保送到中
山大学，就读生物化学专业。现为清华大
学长聘教授、药学院副院长，清华—北大
生命科学联合中心高级研究员，清华—
IDG/麦戈文脑科学研究院研究员，膜生物

学国家重点实验室研究员，北京生物结构前沿中心研究员。

教　练：汪训贤

班主任：肖鹏飞

　　我 1978 年出生在湖南省邵阳市绥宁县的一个偏远山区，父母是勤劳朴
实的农民，同时也是当地难得的有高中文凭的"知识分子"。父母竭尽所能
支持我求学，希望我能成才。我也没有辜负父母的希望，性格沉稳自律，
刻苦努力，勤奋求学，成绩优异，在求学成长的道路上一步一个脚印，实
现了"知识改变命运"的人生轨迹。

　　在乡村小学和绥宁第二中学完成小学和初中的学习后，1994 年，我非
常幸运地考取了湖南师范大学附属中学的化学与生物理科实验班，从偏远
山区来到了省会城市长沙，选择了参加生物学奥林匹克竞赛，获得了湖南
省一等奖。1997 年保送到中山大学，就读生物化学专业。2001 年本科毕业
后，到加拿大的卡尔加里大学攻读博士学位，奠定了自己从事生命科学研
究的职业起点。

湖南师范大学附属中学作为湖南省重点高中，有非常优秀的老师和同学，我所在的班是化学生物奥林匹克竞赛班，班主任是肖鹏飞老师，竞赛指导老师是汪训贤老师。虽然全班同学来自湖南省不同的地方，但三年高中生活、学习都在一起，我们结下了非常深厚的同窗之谊。高中阶段的学习虽然紧张，于我而言也是增长见识、丰富完善自己兴趣爱好和人格的重要阶段。

在"21世纪是生物的世纪"的预言下，在我上大学的1997年，生物化学专业是当时的"热门专业"，在中山大学的录取分数线与计算机专业的录取分数线旗鼓相当，学费也是最贵的，每年3500元。其实，当时的生命科学研究和生物医药产业在中国都非常薄弱，导致我有部分大学同学没有真正激发出对生命科学的兴趣，毕业后转行从事其他行业了。而我由于性格上的专注，以及受益于高中生物竞赛奠定的基础，保持了对生命科学的持久热爱，并有幸成为一名从事生命医药科学研究的科研人员，在自己的研究领域取得了一些重要研究成果。

2021年的诺贝尔生理学或医学奖颁发给了美国生理学家大卫·朱利叶斯（David Julius）与亚美尼亚裔美国神经科学家阿登·帕塔普蒂安（Ardem Patapoutian），以表彰他们发现了温度觉和触觉的受体。其中，帕塔普蒂安教授实验室于2010年在《科学》首次发现报道了哺乳动物中的机械力受体PIEZO1与PIEZO2。机械力感知这一相对小众化的研究领域，随着这一诺奖的颁发得到了广泛关注。

我有幸在Ardem实验室从事博士后研究工作，并参与了机械力受体PIEZO的早期研究工作，通过实验证实了PIEZO是一类全新的感受机械力的离子通道，相关研究结果于2012年发表在《自然》。

2013年，通过国家青年千人计划，我被引进到清华大学开展科研教学工作，组建了自己的独立课题组，致力于探究哺乳动物（包括人类自身）如何感知机械力这一生命科学本质问题，聚焦于从分子、细胞、动物及药物水平，解答机械力受体PIEZO如何将机械力刺激转化为电化学信号这一核心科学问题。经过十多年不懈努力，我的课题组取得了系统性的创新研究成果，在《自然》《神经元》《自然：综述》等权威学术期刊发表了系列研究论文，并产生了重大学术影响。譬如，多篇通讯作者论文成果被 2021 年诺贝尔生理学或医学奖委员会所引用，助推机械力受体 PIEZO 的发现与研究成为诺贝尔奖成果；2 篇论文成果被收录到《经典神经生物学》教科书，填补了有关知识的空白；项目成果荣获北京市科学技术奖自然科学奖一等奖。

我非常感恩能在师大附中参加生物竞赛，那时播下的热爱生命科学的种子，让我在过去 20 多年坚定不移地从事生命科学的研究，幸运全程见证并参与了 PIEZO 这项诺奖的研究工作，并带领自己年轻的研究团队取得了有影响力的研究成果，同时增强了我们勇于探索科技前沿、攀登科学高峰的信心。

随着中国生命医药科学研究的蓬勃发展，我相信，只要我们瞄准科学前沿，保持求真逐实的科学精神，一定可以有原创性的科学发现，在科学发展的历史长河中留下自己的足迹。

▶》寄语学弟学妹：

希望学弟学妹们充分利用和珍惜母校的雄厚师资力量、深厚人文底蕴、卓越学风校风，以及人才辈出的百年光辉，拿出足够的信心和勇气，立足当下、努力学习，更应志存高远，成就优秀的自己。同时，也希望大家在紧张的高中学习生活中，建立并珍惜相随一辈子的同学之谊和师生之情。

竞赛所得，常在成绩之外

作　者： 马晴，获得 2004 年全国中学生生物学联赛（湖南赛区）一等奖，入选湖南省队，同年 8 月获第 13 届全国中学生生物学奥林匹克竞赛二等奖。2005 年入读北京大学环境学院，2006 年转入生命科学学院学习。2009 年本科毕业之后进入美国约翰霍普金斯大学医学院攻读硕士、博士。2015 年博士毕业后在斯坦福大学进行博士后研究。现为中国科学院深圳先进技术研究院研究员，担任课题组组长。

教　练： 黄国强

班主任： 陈　宇、彭君辉

在附中实验班的三年是一段非常珍贵的回忆。

那是我第一次离开家远行，第一次独立学习和生活，第一次自己选择竞赛科目……在学习生活和心理上，都面临很大的挑战。

刚去附中的时候，我觉得不太适应，经常想家和失眠。幸运的是，我遇到了把我们当自己孩子一样看待的班主任老师和竞赛教练。并且，作为实验班稀缺的几个女生，宿舍生活非常温暖融洽。上一级的师姐们在生活上和竞赛学习上对我也非常照顾，有问题可以随时请教。慢慢地，在老师、同学、学长的帮助下，我开始适应附中的学习和生活。

那段时光给了我非常丰富的人生体验，奠定了我勇于面向未来的心态和观念。在附中的日子里，高强度的学习和竞赛训练，教会了我如何高效地学习和工作；高频率的焦虑、压力和困惑，教会了我如何调节自己，如何主动寻求家人、老师、同学的帮助；竞赛组里各有所长的同学们，教会了我如何欣赏别人、保持良性竞争的心态；进入省队和保送北大的开心，以及没有进入国家队的失落和遗憾，教会了我不要在意一时的得失，要专注做好当下的事……

在附中三年，每个人都付出了很多的努力和汗水，也收获了很多快乐。校园里和岳麓山的花花草草、湘西永顺小溪国家级自然保护区的野外实习、在湖南师大的省队集训、竞赛的比拼、可亲的老师们、可爱的同学们……这些，都是附中给我留下的独特记忆。

不仅如此，在附中，我还遇到了自己的人生伴侣，当年在附中选择的生物竞赛方向，也延续到我现在还在努力攀登的生物医学研究方向。感谢附中，祝母校越来越好！

▶〉〉寄语学弟学妹：

附中是一片让种子萌发凌云之志的沃土。你们此刻经历的早读晨光、竞赛鏖战、师友笑谈，都将化作照亮未来的星火，请珍惜这段与优秀灵魂并肩的时光。攀登路上，得失是路标而非终点，真正珍贵的是那些为理想全力以赴的时光。愿你们以草木生长的姿态面对挑战——向下扎根汲取养分，向上舒展拥抱阳光。当某天回望这段青春，愿你们发现：所有用热爱浇灌的坚持，终将长成生命里郁郁葱葱的风景。

独处，是每一个奥赛选手的必备技能

作　者：朱军豪，获得 2006 年全国中学生生物学联赛（省级赛区）一等奖，入选湖南省队，同年 8 月获第 15 届全国中学生生物学奥林匹克竞赛金牌，相继入选国家集训队和国家队，2007 年 7 月获第 18 届国际生物学奥林匹克竞赛金牌。2017 年博士毕业于北京大学，历任哈佛大学公共卫生学院博士后、助理研究员。2023 年 9 月入职中国科学院微生物所病原微生物与免疫学重点实验室任研究员，博士生导师。

教　练：张胜利

班主任：蒋向华、张胜利

　　从教练张胜利老师那得知母校在编写《金牌之路》后，作出供稿的决定只需一瞬，却未曾料到拟稿的过程如此"艰难"。

　　从附中毕业已经 17 年有余。在后续的求学生涯中，我走了许多弯路，当下处境虽算不上一事无成，但相较于母校给予的培养和期许，我内心感到惭愧与惶恐。以至于毕业后，哪怕心中万分惦念，我也鲜有勇气迈入附中校园。

　　我很难说服自己去写下一些激昂澎湃的文字来描述高中三年的学科竞赛金牌之路，抑或大谈"攀登"之道。毕竟回过头来看，竞赛登顶源自母校优异的培训体系，以及各级教练与同窗营造的学习氛围。我仅仅是一个得到青睐的幸运儿。所以，每当我在深夜试着敲下几句对"金牌之路"的回忆感慨时，脑海里能回想起来的，多是"堕落街"的文具店与盖饭，榕树下的淡雅花香，雨后篮球场的聒噪，以及同学们灵动的眼眸和青涩的面庞。删改多次后，我决定不再多想，权当重温在附中学习时的美妙经历，以及作为附中学子的自豪与骄傲。

与多数实验班同学不同的是，我几乎在入学的第一课，便笃定要选择生物学竞赛。在我儿时，家附近有几座小山和一条很细的溪流，和家里老人爬山、抓虫、捞螃蟹、挖笋几乎构成了我童年娱乐活动的全部。初中入学后，恰逢就读学校尝试探索学科精英教育方向，筛选方式是根据小升初摸底考试成绩，分配学生进入某个学科的课外兴趣班。由于数学语文天赋的明显不足，我阴差阳错但又似乎命中注定地被划入了生物兴趣班。生物兴趣班辅导员是一个刚从湖南师范大学生物系毕业的大男孩，在其他兴趣班的学生都中规中矩坐在教室里听课的时候，他会领着我们一帮初中娃娃去学校后山挖螃蟹、铲蚯蚓、钓鱼，然后带着"战利品"回实验室解剖观察。出于爱玩的天性，以及对于未知生命现象的渴望，我从初中起便在自学生物学科上投入了不成比例的时间。直到现在，我仍会将自己数理化基础的薄弱归咎于自己初中的愚钝选择。这种奇怪的学科偏好，进一步影响了我进入附中后的学习轨迹。

在侥幸考入理科实验班后，我立马意识到，在多数学科上，自己与周围同学存在着难以弥补的差距。当时，班里有不少同学在初中就已接受过非常系统的数理化甚至计算机竞赛培训。有一次，我窥探到了某位同学入学前的数学竞赛培训内容，惭愧于自己的无知，更惊恐于她对这些内容的驾轻就熟。就这样，对于生物的偏爱，以及对其他学科竞赛的恐惧，自然而然地就将我推到了张胜利老师的"麾下"。

附中生物竞赛的师资实力，已广为人知。若没记错的话，还在入学前，我便从一位家乡师姐那儿听闻过汪训贤老师、黄国强老师等资深竞赛教练的事迹，也在长沙的书店里翻看过他们撰写的竞赛指导书。我仍清晰地记得，自己第一次近距离接触汪训贤老师时，他正弓着腰微笑着和学生聊天，我内心有种按捺不住的兴奋。与这种"追星"激动相比，我与我的竞赛及人生导师——张胜利老师的相识显得极为平淡。几节课下来，我只觉得张老师儒雅且极为认真，但却难以在他的课堂上收获到兴奋与好奇。我后来才慢慢知道，张老师在任职实验班竞赛导师前，在教学上已经有相当程度的积累。但从我个人感受来说，无论是在普通生物课上，抑或是在竞赛培训过程中，他的授课方式和课程内容都显得些许青涩。"既然是兴趣使然和无奈之举，那就权当像初中那样拓宽点知识面与视野吧。"这个想法，伴随了我进入生物组后的前半个学期。至于未来在张老师的指导下攀登到学科竞赛之巅，那是我决然不敢想象的。

所幸的是，后续的经历证明，那时的我，简直错得离谱。张老师的风格并没有随时间的推移有所改变。近期再会恩师，他也一如既往的儒雅专注。但这并不妨碍他用自己的方式，去践行他对于素质教育的理解与信念。

他会花极大的精力去打磨自己的教案，只为在教学中更高效地覆盖更多的内容，也会不遗余力地检查我们每一个竞赛选手的答案，并盯着细微的问题反复考查，直到我们能下意识地去订正一些不起眼的错误。他会异常认真地对待我们下意识的抱怨与絮叨。例如，倘若我提起睡眠欠佳，他定会琢磨许久并教我运动、饮食乃至睡前冥想的方法。他似乎将我们学习生活的方方面面都当成了自己的工作重点，以至于在我的记忆里，他身上很少能见到如今被广泛推崇的"松弛感"，总有忙不完的事，操不尽的心。但他这样一个不懂得休息放松的人，却一直在努力地给生物组的同学们创造张弛有度的学习氛围。记得省考前，同学们的压力都逐日累增。张老师不知从哪儿邀请了一位心理学教授给我们传授自我剖析与精神放松的技法。我全然不记得那位乡音颇重的心理学教授所传之法是否有功效，但那天张老师旁听时眼角透露出的疲惫、期许、谨慎与坚毅，我记忆犹新。

很长一段时间里，我都不知道该用什么样的词句来形容张老师的教学风格。严苛？他是有些不苟言笑，但又很少像许多竞赛教练一样讲纪律上强度，仅仅是引导我们去钻研学习本身。在进入国家队以后，我开始脱离班级的常规课程，在附中实验楼里的一个小屋里自学备考。坦白说，对于一个渴望玩耍、渴望社交、渴望友情和爱情的高三学生而言，那段时光谈不上多快乐。除却书本外，有那么一段时间，我白天仅有的朋友，是一具骨骼标本和两条"堕落街"里买的宠物蝾螈。

作为教练，张老师说，独处是每一个高中奥赛选手必须掌握的技能。他几乎没有干涉过我的学习内容，甚至没有给我布置过任何明确的学习任务。那段时间里他做得更多的是拉我探讨人生理想，钻研向内心寻求宁静的方法，或是散步，或是冥想。他也会邀我去他家吃饭，与她可爱的小女儿讨论天文地理。他会怂恿我去参加不同的班级活动，尽管那时我已慢慢适应独处，乐得其所。将近半年时间里，我几乎没有从张老师那感受到任何对于夺金的压力，只是自在地沿着自我精进这条路前行。去加拿大考试前国家队需要去北大集训，张老师问得最多的不是学了啥，而是吃了啥。这种嘘寒问暖式的培养，推着懵懵懂懂的我走到了国际舞台。一贯患得患失的我，在那段时间里异常的平和，即便在考试中出现了一整页题没做这种重大失误后并未觉得天塌地陷，单纯地享受着人生首次与外国小伙伴沟通交流的乐趣。直到摘金回国，当我看到站在附中门前，满眼血丝的张老师快步走来拥抱我时，我才意识到那段时间他独自承担了多大的压力。

2007年的秋天，我走完了"金牌之路"，踏入了大学殿堂。带着金牌的荣光，我也曾踌躇满志、傲慢猖狂。但在汇聚了全国最顶尖人才的北大校园里，这些过往的荣誉都很快会被归零。在后续的十几年里，我与众多北大学子一样，经历过迷失彷徨，兜兜转转才最终学会接受自己的平庸，重新扬帆起航。2023年年底，我回国成为一名教育工作者。我开始学着打磨我自己的教案，摸索我自己的风格；我开始试着去理解每一个学生的需求与困惑，去寻找因材施教的切入口；我开始钻研提高学生学习效率的技巧，开始尝试与学生沟通的各种"妙方"。至此，我才慢慢意识到张老师教学的核心理念或许仅有"认真"二字：认真地帮助学生，认真地践行教育。不久前，我与张老师在北京重逢，几杯下肚后我如同十七年前一般向张老师倾诉自己工作上的困惑，张老师也如同十七年前一样，用平白的语言再次坚定了我前进的信念。那一刻，各种复杂的情绪夹着泪水喷涌而出。张老师的目标或许从来不是将我们培养成金牌选手，而是将我们培育为善良、认真的人。我并未取得傲人的成就，但也自认未曾辜负他的培养。

在附中，我的恩师远不止张胜利老师一人。实验班的各位老师教学风格都极为鲜明。蒋向华老师（或者说是"蒋妈"）会在英语课堂上叉着腰用俏皮的语气诠释句式的精妙；教物理的汤新文老师（或者说是"汤嗲"）会带着他招牌的微笑和醇厚温和的音色一句一句将解题思路刻进我们脑中。还有举手投足间透着"教父"既视感的周正安老师，比我们大不了多少，与所有学生打成一片的李立文老师，等等。我从他们那儿学到的知识大多已经淡忘，被他们训斥的记忆也开始模糊。在他们面前嬉笑打闹的场景倒是偶尔还能在微信群里回味，只是无法再像高中那般放肆。时间会冲淡记忆，却也会将残存的画面冲刷出新的色彩。过了而立之年我才慢慢回想起，那时的每一位老师都与我们现在多数人一样肩负着家庭和工作的重压，会面临所有中年人都需应对的苦恼。尽管如此，他们无一例外地选择将最亲切真诚的笑容与陪伴以及最大的包容留给了我们这些还不懂事的学生。金牌之路走过了一批又一批优秀学子，但不管走多远，回首看总能看到恩师们驻守路边，提灯引航。

教育，是人类文明延续发展的唯一有效形式。我很荣幸能够踏入附中的校门，在如此多优秀教师的指引下成长。是他们的言传身教，督促我去寻找我自己的教育之道，以光荣的高校教师的身份，去帮助年轻一代追逐自己的科研梦想。学科竞赛的金牌之路仅两年有余，但教育的金牌之路永无止境。作为附中人，我坚信教育的无穷力量，也将沿着恩师们铺好的路，奋楫笃行。

好心态就是"上上签"

作　者：蒋锡辰，获得2012年全国中学生生物学联赛一等奖，入选湖南省队，同年8月获第21届全国中学生生物学奥林匹克竞赛金牌，入选国家集训队。本科就读于北京大学生物专业。现任教于重庆市巴蜀中学。

教　练：李晓聪
班主任：李　艳、谢朝春

竞赛的旅程显然是曲折且不易的。

2010年9月，我刚入读湖南师大附中，对于未来的竞赛规划以及学习路径，基本上是一头雾水。开学第一周，学校安排了五大学科竞赛教练进班，介绍竞赛学习、参加比赛的路径，以及不同学科的风格特点和学习规划。根据教练的介绍和宣讲，同学们纷纷结合自己的兴趣爱好选定了竞赛学科。我也听从了自己内心，选择了较为感兴趣的生物学科。

学科选定后，漫长的竞赛培训之旅就开始了。平时，除了常规学习之外，我们还要利用晚上和周末时间不断充实课外知识。印象比较深刻的是，在2010年的那个"十一"假期，教练李晓聪老师仅用了4天的时间，就将高中生物的所有必修内容都讲完了，我们惊叹于教练的效率、速度，以及强硬的功底。

快速过完高中知识后，就开始刷高考模拟题了。一开始是非常生疏的感觉，压力非常大，需要不断抽出零碎时间，将注意力放在滚动复习和自我学习上面。第一轮高中知识学习过后，我深刻意识到自主能动性和自我学习规划对竞赛学习的重要性。坚持了大概一个月的时间，我发现，高考的题目居然变得非常容易了。

在高中常规知识学习完以后，就开始学习与竞赛相关的大学科目了。生物竞赛所涉及的大学科目非常多，包括植物学、植物生理学、动物学、动物生理学、生物化学等十几个学科。为了对整个学科面貌及学科分支有一个全览，我们先从普通生物学开始学起，说实话，学习难度比高校的本科生还要高，不仅要全面，而且要每个知识点都清晰到位。

丰富的科目学习之外，还有非常密集的考试。我大概用了两个月的时间，才适应了这样大容量、高强度的学习节奏。记得在 2011 年年初冬天的时候教室非常的寒冷，空调无法运行，教练李晓聪老师从家里带了暖风机，在教室里陪我们一起学习。那温馨的一幕，纵是紧张的学习氛围，也变得暖心又舒适了。

除了课本知识，生物竞赛学习的特别之处，更在于实验课和野外实习课程。近水楼台先得月，湖南师大附中的竞赛小组能够非常便捷地在湖南师大进行实验培训，把实验与理论相结合，更能体现生物学科的学习特点。

2011 年的暑假，我们小组去了贵州铜仁的梵净山国家级自然保护区，开展了为期一周的野外科学考察。在那里，专家和老师为我们实地介绍不同的动植物知识；我们采集植物和动物标本，在住所进行相关实验。那次不仅是一次野外知识与课本知识相结合的再次提升，同时也是一次内容非常丰富的团建活动。当时，我们的住所在山顶的棉絮岭和山腰的团龙村，有着非常美丽的自然景观和淳朴的民族风情。记得在团龙村的那几天，正是山谷里百合盛开的时候，不同品种的百合将团龙村装点成了世外桃源。晚饭后在小溪边散步，与挚友们一起讨论人生规划，与指导老师分享当天的收获，大家互相欣赏一天的摄影作品，都是非常难忘的记忆。这都是生物竞赛学习带给我们的意外收获。

由多科目学习、大小考试、实验培训组合而成的竞赛学习，一直持续到了高二上学期末。在这一过程中，竞赛小组的成员数量，也在不断递减，从一开始的 30 余人变成了不足 10 人。熬过十几个科目知识的学习后，意味着学完了备考生物竞赛所需的文化知识。接下来，就是长达半年的冲刺阶段。

冲刺阶段，对学习能力和心理抗压能力的要求非常高。不仅要把学过的十几个科目进行串联式和巩固式的两轮复习，对于知识体系的掌握，也要更加深化。同时，还要应对更为密集的测试。

在 5 月生物联赛开始之前，有两个月的时间要停课，专门备考。在此期间，我们每天都要对标"准生物竞赛"的要求，开展一次精准模拟考。考完后，大家交叉改卷。在那样的紧张环境下，组内的同学是非常团结的。在此，我也要特别感谢沈铎和胡旭同学，每天晚上 10：30 后，我们会相互陪伴着继续在培训室学习。虽然我们每天也在模拟考的排名表上你追我赶，但我们共同的目标不变，相互扶持、共度时艰的坚定内心也是不变的。

2012 年 5 月 12 日，是全国中学生生物学联赛（湖南省赛区）的"正日子"。当时，我们的考点在长郡中学。在去往考点的大巴上，我们基本上都比较沉默，因为面临着未知的挑战，内心充满了惶恐和不安。开考拿到试卷后，我大概花了 10 分钟时间，才让紧张的自己冷静下来。沉下心来答题发现，我们平时的培训非常有针对性，对于大学知识的滚动复习也很到位。如果平时学得比较扎实，这套试卷要想拿个好成绩也不在话下。不过，我在最后的遗传题组还是卡壳了一下。好在冷汗直冒的同时，还是强按住了心态，去仔细分析试题背后的逻辑。

从考场出来，李晓聪老师以聚餐的名义，带我们大家一起估分、核对答案。这也是生物竞赛的特色之一。生物竞赛的官方答案，只是一个初始参考。任何人都可以根据所学知识和材料，对答案质疑。毕竟，竞赛所涉及的知识实在太多了，而且生物世界本就缤纷多彩，不是非黑即白。

又过了两周，生物联赛的成绩揭晓，我拿到了一等奖，开始备战后续的六七月份的省集训队和省队选拔。

省集训队是在一等奖的学生里选出 8 人，省队是在其基础上"8 选 4"，代表湖南省参加全国决赛。两次选拔的测试流程基本一致，都是为期两天的理论考试加实验考试。在我印象里，那两次考试比参加全国决赛还要紧张。湖南省内部的竞争非常激烈，而且涉及的实验考试对于综合能力要求也非常高，以至于在备赛的几个月内，我不断给自己加油打气，无数次问自己能不能挺过去。自觉备受煎熬。

入选省队后，就开始备战八月份的全国决赛了，我和来自雅礼、长郡的同学一起冲刺。虽然大家之间存在着竞争关系，但是团队内部的氛围挺好，都成了非常知心的好朋友。

全国中学生生物学竞赛决赛在安徽马鞍山进行。第一天是开幕式和理论考试，第二天是四场实验考试。

我第一天下午的理论考试发挥得非常不好，脑袋像短路了一样。好在有教练的支持和陪伴，第二天的实验考试，没有受到第一天心态上的影响，发挥比较稳定，尤其是后三场实验，十分顺利。记得当时的动物学实验考试内容是对蜜蜂进行解剖和观察。虽然在培训中没有做过，但我还是冷静地进行了思考和操作，并取得了"全国第一"的动物学实验得分。隔天出炉的总成绩显示，我如愿进入国家集训队，并签约了北京大学，成了一名保送生。

2013年的元宵节，集训队的18位同学又在北京大学进行了国家队的选拔，同样也是理论和实验相结合。第一天全天进行理论测试，包括现学现考的测试以及标准化的笔试，第二天进行了四场实验考试，第三天上午进行了中英文面试和小组讨论。一周以后成绩公布，我虽然没有进入国家队，但优异的表现，也让我经中国科协选拔，获得了入选国际青年科学论坛（伦敦）中国代表队的机会。

三年的高中竞赛之旅着实不能用简单的语言来总结，一切感激，尽在追忆中。

▶▶▶ 寄语学弟学妹：

竞赛学习是对多种能力的综合考验。

首先，是心态上的调节能力。心态的培养（心态的稳定度和内心对于目标的坚守）比知识的获取更为重要。

其次，是自我学习能力和整合信息的能力。一定要发挥自主能动性，给自己不断设定目标和考验，不断激发自身学习潜力，挖掘更大可能性。

再次，是与教练、团队的配合能力。团队协作非常重要，一定不要把自己身边的朋友、同学看成竞争对手，要视为有着共同目标、一起奋斗的队友，减少内耗，激励自己向更高的目标前进。

此外，零碎时间的利用也是非常重要的。要学习利用零碎时间，更高效地做好学习规划、提升效率。人与人的差距体现在谁更会利用时间，更能掌握自己的学习规律，更有效地校准自己的薄弱点。不过，时间规划能力是在整个过程中，慢慢磨炼和培养出来的。

最后，想借用一位竞赛前辈的话，"没有人会从竞赛中空手而回，它带给你的，远比你眼前所见的要多，并将在你人生后续的成长经历中体现出来，这一点，一定要坚信"。

巅峰对决时，心态优者胜

作　者：沈铎，获得 2012 年全国中学生生物学联赛（湖南赛区）一等奖，理论成绩湖南省第一名。2013 年参加高考，考入复旦大学数学科学学院。2017 年本科毕业，成为上海市选调生，入职市公务员局。2019 年入职上海市委组织部工作至今。2023 年获复旦大学公共管理硕士学位。

教　练：李晓聪

班主任：李　艳、谢朝春

　　2010 年，我进入湖南师范大学附属中学理科实验班，被分在生物竞赛组，教练是李晓聪老师。我是李老师的第一届竞赛学生，他带我走入了生物学的神奇世界。

　　两年的竞赛时光中，第一年基本上都是在探索方法、尝试与错误之中度过的。我第一本学习的书是《普通生物学》，主要是科普性质，让大家了解生物学的大概。第一个学期，我的生物竞赛成绩不是很好，主要是植物学不理想。而且我没有找到合适的学习方式，没能形成完整的知识架构，基本上都是零敲碎打地记一些知识。转眼间，这种状态就延续到了当年的寒假。当时，我在学习《普通动物学》，书本非常厚，我找不到学习重点，就通过做题的方式去深入了解学科。当时，心态没有调整好，不确定是否要坚持生物学竞赛，也不知道该如何处理竞赛学习与综合学科的关系。

第二个学期学习《动物生理学》的时候，我的状态开始慢慢稳定下来。在王玢、左明雪两位老师点拨的基础上，我自己又研读了其他一些生理学教程。那些教程都很厚，但在研读不同书本的过程中，我逐渐积累起很多学习方法，通过多方面印证和比较，逐渐给自己建立了完整的知识架构。动物生理学也激发了我对于生物学的热情，让我看到了生物学的丰富多样，它涉及物理、化学等多个学科，不论是神经突触的研究，还是肺泡的功能机制以及各种激素的作用，人体血液循环的脉络等，让人感觉生物学是最鲜活的一门学科，与生活最息息相关，且充满了未解之谜。

暑假里，我接触了生物化学和细胞生物学。对我来说，这两门是最难的学科。暑假里，学校安排我们竞赛组去湖南师范大学上课。听着教授的讲解，我对知识架构又有了更加清晰的认识。尤其是研究脊椎动物学的邓教授，授课生动精彩，整堂课都是掌声雷动。直至我硕士研究生毕业，也未能再遇到像邓教授那样精彩地讲解脊椎动物的人。在师大上课，我也认识了许多其他学校的生物竞赛选手，尤其是长郡中学的朋友，都非常优秀，有着很好的专业精神。

暑假里，我们还去了贵州的梵净山国家级自然保护区进行野外考察。虽然我并没有很强的植物学功底，也没有做出很好的成果，但山里的野生生活着实有趣，拓宽了我认识大自然的眼界。

高二的生活，压力确实很大。一方面，我们上一届的学长们考得不是很好。另一方面，竞赛难度也在逐年提升。进入高二的紧张阶段，心态尤为关键。那些日子，强度拉满。今天植物学，明天动物学，后天又是细胞生物学，频繁切换，考验着大家的综合能力和过硬功底。其实一到竞赛组我就听说了，前辈们都把《植物学》看了至少六遍。一开始，我觉得六遍太多了，亲身经历了才知道，六遍不仅不多，而且还要学会提取关键信息。教材的内容往往很庞杂，一定要学会寻找知识的主干，不要把时间浪费在无用的地方、细枝末节的地方。这对我后续的学习有很大帮助。

对我而言，竞赛过程最关键的，就是对心态的考验。让自己拥有强大的内心，是可以通过竞赛学习训练出来的。李老师始终强调，要把每天的普通测试当成联赛，联赛无非也就是一次普通的测试。我确实做到了。我的实力不是组里最好的，但心态是相对比较好的，最后我考出了全省笔试第一名。

在临近生物学联赛的时候，我曾经翻到过自己高一时的试卷。对比发现，同样一套试卷，现在做和当时做居然有二十分之差。竞赛确实是很艰苦的过程，但对人的磨炼也是非常难得的过程。

高中毕业以后，我很少用到生物学知识了。我认为，学习也好，竞赛也罢，终极目标不一定是功利性的。学科经验都是触类旁通的，当一个人在一个领域走到极致，自然会想去看看外面的世界，但这不意味着之前的所学就白费了。其实，生物学学习最考验一个人的学习能力、学习习惯，而不是依赖天赋，这与数学、物理都不一样。

我当时对自身并没有清醒的认识，于是成为我们那届唯一一个竞赛拿奖后，仍然选择参加高考的人。后来，我通过高考进入了复旦大学数学系。高考成绩没有像竞赛成绩一样优秀。现在回想起来，自己最大的遗憾，是没有把生物学竞赛那条路更彻底地走下去。但人生总归是峰回路转、跌跌撞撞的，这就是青春、就是成长，很高兴在我的青春岁月里，能与生物学竞赛结下一段不解之缘。

▶》寄语学弟学妹：

人生能有几回搏？能够在十六七岁的年纪，去勇敢冒险，是值得一生铭记的事情。希望大家抱着一颗好奇心，去遨游科学知识的海洋，人生难得有一段时间可以与别人完全都不一样，这需要毅力，也需要勇气。

希望大家能够在竞赛这条路上走得更加洒脱，赢得开开心心，输了也无怨无悔。

不经千锤百炼，何以成钢？

作　者：黄羽岑，获得 2013 年全国生物学联赛（湖
南赛区）一等奖。本科进入清华大学生命科
学学院学习。2018 年获清华大学生物学学士
学位，并被推荐免试攻读生命学院博士生。
现为清华大学博士后，即将入职南开大学，
为特聘研究员。

教　练：冯建国

班主任：卿卫群、刘　婧、杨美英

2011 年的暑假，我与生物竞赛结下了不解之缘。

中考结束后，无所事事的我看到学校发布的"附中高一年级生物竞赛
组计划去贵州梵净山进行生物考察"的相关信息，当即兴冲冲地报了名。

其实，报名后心里多少有些忐忑。初二生地会考后，我除了了解一些
简单的生物学常识，基本没再系统地学习过生物学知识，担心会与高中生
物竞赛组的学长学姐们格格不入。真正来到梵净山开始生物考察后，我才
发现，之前的担心都是多余的。虽然我基本是毫无基础，但是学长学姐和
带队老师都十分热情，即使问的是一些很基础的问题，也都会被耐心解答。
那段时间，我们就住在山腰上，白天跟着学长们在山上观察和采集各种植
物和昆虫，晚上则对收集到的样本进行分类，并对照实际所学，加深对书
本知识的理解。当时，最令我感到钦佩的，就是学长丛博，无论我们在路
边看到了什么植物，他都能根据植物的茎、叶、花等形态，判断出所属科

目，甚至很多还能精确到种属，像一本行走的植物百科全书。半个月的时间转瞬即逝，给我留下了许多珍贵且难忘的回忆。

进入高中后，我毫不犹豫地选择了生物竞赛，开启了一段不一般的经历。

说实话，刚入组学习的时候十分不适应，与生物考察时边实践边学习不同。一开始《普通生物学》上大段全新的概念与模型，让人感觉无从下手。尤其是涉及微观部分的生化、分子等，不像植物、动物在生活中看得见、摸得着，微观部分更加抽象，很多新名词新概念很难一下理解透彻。竞赛学科的学习也和其他高考科目学习不一样，老师不会掰开揉碎了去讲解一个个知识点，多是总结性地指导重难点，最多再解释一下不好理解的概念与模型。而且，半天一两章的速度也远远超过平时的学习进度，如果不在平时争分夺秒地预习，上课时根本跟不上老师的思路。经过两个多月囫囵吞枣的学习后，第一次小测，我备受打击——学得那么多、那么快，考试内容又那么细、那么深，真的有人可以全部记下来吗？我忍不住怀疑起来。但同组的确有同学考出了很好的成绩，也给我们分享了很多实用的方法和参考资料。原来，优秀的同学在每次学完一章后，都会找对应部分的考题，对知识点进行查漏补缺，明确章节的要点难点。

逐渐适应组里的学习节奏后，更大的难题又出现了——原来《普通生物学》只是一道开胃菜，后面十几本动辄几百页的《细胞生物学》《分子生物学》《遗传学》《生物化学》《植物生理学》《人体与动物生理学》等才是真正的"饕餮盛宴"。随着学习内容的增加与深入，单纯依靠老师课上的讲解，已经远远不够了，大多知识需要我们自学，课堂多是针对具体问题进行答疑。每周两天半的竞赛课，大半就在这样自习、讨论、考试的循环中度过。

当年，从我们这届开始实施的竞赛改革，成为影响大家竞赛心态的重要因素之一。以往，只要通过竞赛获得全国联赛一等奖，就有资格参加各个高校自己组织的保送生考试，但改革后，各个高校不再自行组织保送生考试，只有进入国家集训队，才能保送清华、北大。联赛一等奖的意义，变得十分鸡肋。

　　竞赛改革带来不确定性，让越来越多的同学选择了专注高考。组里只剩下了 6 个人。记得当年，我们 6 个人都获得了全国联赛一等奖，其中，唐瑞祥获得全国竞赛金牌保送清华，周卓伟获得银牌拿到清华的一本线降分，我通过金秋营拿到清华的 40 分降分。

　　随着 5 月份的省队选拔结束，竞赛组除了一名保送外，余下的 5 个人，包括我在内，一起重回班级重新高考。压力不言而喻，但我咬牙告诉自己："不经千锤百炼，何以成钢？"

　　记得第一次考试的时候，为了照顾我们的心情，老师把我们的卷子单独拿出来打分，没有参与年级的整体排名。刻骨铭心的是，当时数学和化学勉强上了及格线，但数学、物理的后半张卷子，我几乎看不懂题目，物理甚至没及格。同学们都已经开始准备第一轮复习了，我的基础课却都没有学完。为了追上大家的进度，我只能在课后花更多时间恶补。那时候，我往往是下晚自习回家后，再坚持做题到一两点，第二天坚持 6 点起来上早自习，暑假也是一天都没有休息，总算在高三总复习前把落下的部分补了回来。

　　回头想，身体真的是革命的本钱，要是身体没跟上，这个学习强度根本不可能坚持下来。这中间，我觉得最能提高效率的，就是一定要提前做好预习和错题整理。这个预习不是说单纯预习新课，而是针对第二天的课表，大概想清楚老师每节课会讲的内容，是某一节的知识点还是哪套卷子的题目，一定要做到心里有数，才能有针对性地做好准备，才能更高效地理解老师课上讲的内容，做到触类旁通。错题整理也是同样的道理，不是说每道错题抄下来再写上正确答案就行，而是要想清楚，自己这道题为什么会出错：是看错了题目？漏看了条件？还是某个知识点不会？根据不同的情况再去分析。对于看完答案依旧不会触类旁通的题，就要去理解答案的解题思路，弄清楚为什么出题人会想到用那个方法，是题目里的哪个条件、哪个情况作了提示，想明白这一点，相似的题型就都迎刃而解了。

　　那年高考，停课半年再重回高考一线的我们，最后都进入了心仪的院校。其中，唐瑞祥、周卓伟和我都如愿进入了清华大学，黄杨钰选择了北医的临床八年制，黄文韬选择了浙大的基础医学，肖潇选择了湘雅的八年制。我心里清楚，后起直追取得的成绩，与学习竞赛期间培养出的极强的自学与思考能力，是息息相关的。

说来也奇怪，虽然整个高中生涯过得都不轻松，没有寒暑假、没有节假日、没有周末，但每次回想起高中生活，却从来都不觉得辛苦和劳累。也许，是因为当时的生活有明确的目标，周围人也都在一起努力，一起向着一个目标前进，就只觉得充实而有动力，不会觉得疲惫。一路走来，有良师益友相伴，岂不幸哉乐哉。

▶》寄语学弟学妹：

高中阶段是最难得的一段时光，你们逐渐从孩子走向成年，在这个过程中思考和明确自己想要做什么样的事，想要成为什么样的人。每一个人最重要的就是要有目标，有了目标就有了前进的动力，有努力的方向。无论你们现在所处的位置如何，我想告诉你们，只要你们敢于梦想，敢于追求，就一定能够实现自己的目标。

当然，这一路上绝不会是一帆风顺的，总是会遇到各种各样的困难与挫折，但每次的历练其实也是在打磨自身，帮助认清自己真正的追求。就像只有一次次捶打出杂质，才能百炼成钢，每次困难其实也是在帮助你接近真正的目标。

另外，就是不要总和别人去比较。人生是没有标准答案的，每个人的目标也没有高下之分。比较往往只能带来焦虑，别人的目标是不是更有意义？别人的生活是不是更轻松惬意？这都是没有答案的。多想一想自己，自己想要的到底是什么，自己最重视的究竟是什么，追求自己内心真正的渴求，这一路上才不会遗憾和后悔。

在未来的征途上，愿你们以梦为马，不负韶华，用努力和汗水书写自己的明天。

只有不断攀登，才能到达梦想的巅峰

作　者： 唐瑞祥，获得 2013 年全国中学生生物学联赛（湖南赛区）一等奖，入选湖南省队，同年 8 月获第 22 届全国中学生生物学奥林匹克竞赛金牌，入选国家集训队。本科进入清华大学自动化专业学习，博士毕业于莱斯大学。现于罗格斯大学计算机系任助理教授。

教　练： 冯建国
班主任： 刘　婧

回想起在湖南师大附中读高中的日子，生物竞赛真的让我难以忘怀。

高一的时候，我对生命科学特别感兴趣，所以就报名参加了生物竞赛。这个决定真的改变了我的人生轨迹。报名后，我遇到了我们的竞赛教练冯建国老师。他不仅知识渊博，而且对生物学充满了热情。他的讲课生动有趣，通过各种有趣的例子和最新的研究动态，把复杂的生物学知识讲得通俗易懂。他的热情深深地感染了我，让我更加坚定地投入到生物竞赛中。

加入竞赛队后，我的生活节奏变得超级紧张。每天早上，我们在冯老师的指导下，疯狂地学习生物学知识。他不仅详细讲解课本内容，还带我们探索各种前沿的生物研究。除了课堂学习，我们还做了大量的实验操作训练，比如显微镜观察、DNA 提取和 PCR 扩增等。这些实验不仅提高了我的动手能力，也让我对生物学的魅力有了更深的体会。

在竞赛冲刺阶段的日子里，真是又累又充实。每天的强化学习、实验室里的反复操作，还有放学后的自发复习和讨论，都在考验着我们的耐力和毅力。但也正是这些艰难的时刻，让我学会了如何面对困难，如何在压力下保持冷静，以及如何从失败中不断成长。一起拼搏的过程中，我们竞赛组的小伙伴们也建立了深厚的友谊。为了更好地备战，学校还请了专家来指导我们，传授应试技巧，讲解竞赛中常见的难题，让我们在比赛中更加自信。

生物竞赛不仅激发了我对生命科学的浓厚兴趣，也让我明白了奋斗和坚持的意义。不过，后来我发现自己对计算机科学也有着强烈的兴趣，于是我决定转专业到计算机科学领域。虽然方向变了，但生物竞赛的经历始终激励着我。这段经历不仅是我高中生活中宝贵的回忆，也是我人生中重要的一课。它教会了我科研的艰辛与乐趣，让我懂得了团队合作的重要性和个人努力的价值。正是因为这段经历，我在追求自己的科学梦想时，无论是在生物学还是计算机科学的道路上，都始终充满信心和勇气。

▶▶ 寄语学弟学妹：

高中生活转瞬即逝，希望你们能抓住每一个机会，勇敢追求自己的兴趣和梦想。无论是生物、计算机，还是其他任何领域，只要你对它有热情，就大胆去探索吧！在这个过程中，你可能会遇到挑战和挫折，但这些都是成长的一部分。

不要害怕改变方向。我当初也是从生物竞赛转到了计算机科学，发现了自己新的热情所在。人生充满了未知的可能性，勇敢尝试，你会发现更多的精彩。

最重要的是，享受学习的过程，珍惜与你们并肩作战的伙伴们。团队的力量和友谊是你们最宝贵的财富。

赛至尾声，拼的是兴趣和自学力

作　者：罗宗睿，获得 2015 年全国中学生生物学联赛（湖南赛区）一等奖，入选湖南省队，同年 8 月获第 24 届全国中学生生物学竞赛金牌，入选国家集训队，保送清华大学。目前在清华大学攻读博士学位。

教　练：李晓聪
班主任：吴彩霞

就我个人而言，竞赛这条路较为坎坷。

刚入学的时候，我还不是理科实验班的学生。这种情况在其他学校的话，可能就与奥林匹克竞赛无缘了。但幸运的是，附中允许所有学生尝试竞赛学习，这对我来说是一次宝贵的机会。

最终能够在竞赛这个赛道上获得较好的成绩，我非常感谢我的竞赛教练李晓聪老师。李老师看中了我的潜力，帮我顺利融入竞赛学习中。更关键的是，经李老师协调，学校其他科目老师帮我跟上了理科实验班的学习进度。

竞赛学习，一开始就伴随着压力。印象中，第一轮考试出分的时候，我心里特别紧张，忐忑不安。因为一开始接触生物竞赛的时候，发现用的全是大学教材，书很厚，有太多的知识点需要学习，难免不能全部记忆或者理解，所以考试前总是感到准备不周全。

在随后的整个竞赛学习的过程，我不停地发现问题，解决问题。也许在外人看来挺无聊的，但我们乐在其中。实际上，我们也不会一整天都在学习。当时，竞赛培训教室旁有一个小活动室，学习之余，大家经常会聚在里面做一些体育锻炼，放松放松。除此之外，我们还会经常进行实验技能的培训，涉及分子克隆和生化产物含量的检测等。

相比其他竞赛学科，生物学科会有更多走进自然的机会。因为考试内容涉及动植物学，我们需要对常见的动植物有一个更直观的了解。记得高一暑假，我们去了神农谷，每天都要去山里认识植物、采集标本，回来之后还要用采集到的标本练习植物切片。这也是竞赛学习过程中挺有趣的一段回忆。

但是，尽管我们有各种接触大自然的机会，相比动物学，我的植物学学得并不好，主要是植物分类方面的内容，算是所有科目里最差的。这里就不得不提"兴趣"的重要性了。

我植物学成绩不好的原因，主要就是缺乏兴趣，以至于没有分配太多的时间在这方面。但对于自身比较感兴趣的内容，例如，细胞生物学、生物化学和生理学，则额外分配了很多精力，也学得相对好一些。随着备赛进入中后期阶段，其他高考课程都停了，每天面对的都是单一学科的知识和习题，如果没有足够的学科兴趣和信念，一定会感到枯燥和无聊，导致学习效率的下降。可见，要想在竞赛这条路上走到最后，"兴趣"必不可少。

此外，就生物竞赛而言，最常见的学习场景，就是按照教练制订的计划，按部就班地自学大学阶段的生物学知识。所以，自学能力和勤奋也是必不可少的成功要素。

▶▷▷ 寄语学弟学妹：

祝愿学弟学妹们在竞赛的道路上也能收获满满，并且勇于攀登，闯出自己的一片天地。

奥赛队员必须"两条腿走路"

作　者：唐璟彧，获得 2015 年全国中学生生物学联赛
（湖南赛区）一等奖，入选湖南省队，同年 8
月获第 24 届全国中学生生物学竞赛二等奖、
2015 年清华大学生命科学体验营一等奖。本
科就读于清华大学化学专业。目前在新加坡
国立大学攻读博士学位。

教　练：李晓聪
班主任：吴彩霞

　　2013 年 9 月，我以优异的成绩从湖南师大附中博才实验中学免试直升
湖南师大附中理科竞赛班。因初三均获长沙市数学、化学、生物奥赛一等
奖，又被生物奥赛教练李晓聪老师提前招募进入高中生物奥赛组。

　　在教练的辅导下，通过自身努力，我先后获得 2015 年全国中学生生物
学联赛一等奖、第 24 届全国中学生生物学竞赛二等奖、2015 年清华大学生
命科学体验营一等奖。

　　高中三年，是我学会自主学习、拓宽知识面、确定专业兴趣、设定人
生目标的重要人生阶段，竞赛学习的磨炼，更让我受益匪浅：

　　1. 较强的学习能力。备赛过程中，教练每周都会安排生物学科竞赛知
识的学习范围，大家在规定时间内自学完成后，教练会安排考试，验收学
习效果。所以，参加竞赛学习过程中，我学会了合理安排学习时间、学习
进度，确保完成学习任务。

2. 良好的心理素质。每名奥赛同学会面临新知识的冲击，实验技能的锤炼，这些都需要同学们具有非凡的心理素质。

3. 认真学习基础学科，不偏废。师大附中有明确要求，奥赛队员必须保证两条腿走路，就是奥赛、基础学科都要学好，如果有一项成绩不行，就要退出竞赛队伍。作为生物奥赛队员，我没有偏废任何一门学科，高质、高效地完成各门学科学习任务，在历次综合考试中均名列前茅。

4. 锻炼自身组织协调能力。在紧张的学习训练之余，我仍关心集体，热心班务，竞聘担任了班级生活委员，认真做好运动会等后勤工作，并能积极主动完成老师安排的各项临时任务。

5. 良性竞争的品质。我能耐心解答同学在学习上的疑难问题，并多次在班会上毫无保留地介绍自己的学习方法。在与同学进行学习探讨中，我也学到了别人的学习经验，深刻理解了"三人行，必有我师"的道理。

6. 积极参加各项活动。多次报名参加校运会的女子长跑项目，既锻炼了身体，又磨练了意志。课余，我还积极参与了烹饪、电影等社团活动，品尝美食、欣赏名片，让我能够放松神经，在"充电"后更好地投入学习状态。

▶》寄语学弟学妹：

对每个人而言，高中时期都是成长的重要阶段，是为未来职业和生活做准备的关键时期，对后续人生规划和职业选择有着至关重要的影响。竞赛过程中，所面对的学业压力、人际沟通、未来发展，可能会带来许多烦恼和焦虑。但一定要相信，这是大多学子都要经历的。无论是在竞赛路上，还是在学习基础学科过程中，都要学会把压力化为动力，即使内心忐忑，也要激励自己必须勇往直前。要相信，等风不如去追风！

千淘万漉虽辛苦，吹尽狂沙始得金

作　者：谭泽州，获得 2016 年全国中学生生物学联赛（湖南赛区）一等奖，入选湖南省队，同年 8 月获第 25 届全国中学生生物学奥林匹克竞赛金牌，入选国家集训队。本科被清华大学生命科学专业录取。

教　练：朱昌明
班主任：朱昌明

初入竞赛组时，便觉得生物组是个积极友爱的集体，大家经常互帮互助，互相请教。入门时，教练朱昌明老师带我们细致地学习了高中生物教科书和《普通生物学》，亲手演示了动物学中经典的解剖实验。朱老师的解剖利落、规整，让围观的我们无不透出崇拜之情。

此后，生物学的进一步学习，主要就靠自学了——自学完成相应细分学科知识的学习。虽然少不了枯燥和辛苦，但是大家都铆足了劲儿要学好。那时，朱老师虽然已经不用给我们讲课，但无论寒暑，依旧风雨无阻地陪着我们，时时关心我们的学习情况。朱老师是我们的教练兼班主任，平时还有几个班级的学科授课任务，还需照料家中老幼，此间各种辛苦，自是不言而喻。

随着我们把各学科的书目翻得烂熟，各种培训、集训也逐渐多了起来。印象最深刻的，当属湖南师范大学的教授们，他们毫不吝惜地将所学传授给我们，即便是基础的实验，也能让人感受到教授们的真才实学，真的是受益匪浅。

竞赛组几经变迁，终是迎来了大考之日。省赛时，组里几个平日成绩优异的同学发挥失利，我虽顺利进了省队，但也感慨万千。

当年的省赛内容多是高中生物知识。高中生物的许多知识都是相对片面、简单化的，就如高中数学里 $x^2 + 1 = 0$ 无解，但学了复数就会知道，其实它有 2 个虚数根。这种带有隐含条件的正确是普遍存在的，只是在竞赛生物中尤为突出。经过省赛一战后，本来就已寥寥数人的竞赛组，只剩下了两个人——我和另一位同学。有一阵子，我白天早起去师大培训，中午就在附近吃饭、休息，下午接着培训，晚上再回校自习。来自不同学校的同学们也在共同的学习生活中，逐渐熟识。

在应接不暇的忙碌备赛中，国赛如期而至。考试的内容不多提了。当时，我心里只是想着尽量考好一点，对未来的事情并未多想。主办学校绵阳中学的食堂很大，菜品很丰富。与考完试后就只管吃喝玩乐的我不同，一直到考试出成绩的当晚，朱老师还在为我们的前途奔忙。

组里没有被保送的同学纷纷返回课堂参加高考，成绩大都不错。几位在组里就是成绩优异的同学，也通过高考，裸分进了清北等重点高校。

竞赛过程中，长期自主学习的经历确实让人受益匪浅。如果再让我选择一次，我肯定还会选竞赛。当然，我也深知这些成绩离不开所有在此过程中给予我鼓励，教导我、帮助我和陪伴我的人。感谢朱老师对我的悉心教育栽培，难忘那些在走廊和您促膝长谈的夜；感谢其他老师的认真教导，感谢课堂上你们的倾囊相授；感谢所有相扶并肩的小伙伴们，难忘课桌旁与你们嬉笑玩耍，跑道里和你们畅谈古今；感谢一直守候、支持我，却从未给予我压力的父母，难忘你们无微不至陪伴照顾的日日夜夜；还有一路上帮助过我的各个老师、同学、工作人员，凡此种种，不胜枚举。没有你们，就没有今天的我。

转眼十年过去，再回首，在附中读书的日子，确实是一段幸福的时光，也是我最宝贵的一段人生经历。最后祝愿母校欣欣向荣，祝母校竞赛事业蒸蒸日上！

▶▶ 寄语学弟学妹：

首先，要恭喜学弟学妹们能在风景秀丽的附中校园度过一段美好的青春岁月。湖南师大附中是诸多杰出学子成长的摇篮，有悠久的历史传统与优秀的师资队伍，丰富多元的校园文化与扎实的素质拓展教育，还有各行各业的优秀校友作为前行的榜样。无论你们志在何方，附中都是你们最好的追梦舞台。希望大家勇于发现，不吝尝试，发现自己的热爱和梦想。

当然，不论是学科竞赛还是其他发展方向，追梦的路必然是伴随着艰辛坎坷的。我在这里给各位学弟学妹鼓劲儿——汪国真曾写道："没有比脚更长的路，没有比人更高的山。"毛主席曾言："世上无难事，只要肯登攀。"道路是曲折的，前途是光明的。祝愿各位学弟学妹在附中再创佳绩、勇夺桂冠。

最后，作为过来人，我还想说，附中虽大，但也只是漫漫人生路中的一站。想提醒各位，不要只顾着埋头苦读，忘记了欣赏沿途的风景：午后阳光透过槐树枝叶投下的斑驳光影，夜晚江岸烟花落下的星星点点，操场上挥洒的晶莹汗珠，礼堂里飘荡的婉转歌声，老师欣慰竖起的拇指，同学灿然咧开的笑脸，这些仿佛微不足道、稀松平常的点点滴滴，却是你独一无二、永不再来的青春足迹。事实上，人生也是如此。不要把结果看得太重，一时的成败输赢并不等于一切。希望大家在追梦时轻装上阵，享受过程，在美丽的附中收获美好的青春。

战胜心魔，笑对"九九八十一难"

作　者：钟砺涵，获得 2018 年全国中学生生物学联赛（湖南赛区）一等奖，入选湖南省队，同年获第 27 届全国中学生生物学竞赛金牌，入选国家集训队，保送清华大学。研究兴趣主要为计算生物学和肿瘤免疫学。曾获清华大学优秀毕业生、北京市优秀毕业生、2 次国家奖学金、一二·九奖学金等荣誉。本科毕业后前往美国纽约洛克菲勒大学攻读生物学博士学位。

教　练：李晓聪
班主任：李　艳

　　不知不觉，已经从母校毕业 5 年了，高中的大部分时光回忆，都主要聚焦在生物竞赛上。那段充满斗志、激情澎湃的两年时光，确实对于我未来的人生发展至关重要。

　　高中阶段，每一名竞赛选手都需要面对很大的压力。我是 2016 年进入师大附中的，于 2018 年 5 月参加全国高中生物学联赛，以全省第六的成绩进入省代表队，随后于 2018 年 8 月参加全国高中生物学竞赛，以全国第二十名的成绩进入国家集训队，保送清华大学生命科学学院。可见，在高中阶段，每一名竞赛选手都需要面对多么大的压力。特别是在强手如林的湖南省，四大名校需要一起同时竞争这极其困难的 8 个名额。而且竞赛一旦失利，意味着需要重新回去准备高考，捡起因大量精力投入竞赛导致略显陌生的高中课程。

所以，竞赛的这两年时光，于我而言，不仅仅是简单地看完一本又一本的学科生物学专业书并记住知识，更重要的是，我自己是如何与内心深处的恐惧作斗争，并最终战胜心魔，涅槃重生。

说到我为什么在高中选择了生物竞赛，确实是一个有趣的故事。

在我 2016 年夏令营初到师大附中初识学科竞赛时，我非常清楚，自己的优势科目是生物与化学，但比起化学，我确实更喜欢生物。在一开始，我也了解到，生物竞赛和化学竞赛的省队名额是不同的，生物竞赛全湖南省只有 8 个，化学竞赛能有 20 多个。显而易见，选择化学竞赛会有更多机会。因此，最开始的我，也"毫不犹豫"地"随大流"，选择了化学竞赛。在接下来的那个高一前的暑假，我根据李海汾教练给我的高中化学讲义，很快就自学完了全部的高中内容。那时候的我，满心憧憬未来在化学竞赛之路的学习。但一切，在高一刚入学的时候，发生了改变。我也不知是什么原因，我后来的恩师——生物教练李晓聪老师，偏偏"挑中了我"。他非常器重我，极力劝说让我选择生物竞赛。至于理由，似乎没有理由，似乎就是老师的一个直觉。对于当时的我，面对着已经算是准备了"很久"的化学（其实也没很久），突然要转到生物这一个"完全陌生"的领域，并不是一个很容易做出的决定。至今我还能回忆起那天下午的我，在广益楼进行着无比纠结、煎熬的思考。因为我清楚，这个选择，将会很大程度地改变我未来的高中生活、学术轨迹，甚至是人生方向。

但最后，我还是决定跳出自己的舒适区，选择生物这个我更喜欢的方向。我或许也只是在当时的情况下"一时兴起"，从而"冲动性"地做出了这样一个决定，但是现在放眼回看，我非常感激当时的自己，勇敢地遵循了自己内心。

对于每一名竞赛生，每个人都必须在繁重的高中课程和更加繁重的竞赛学习之间做出权衡。每天不得已要挤占大量高中课程的学习时间去学习竞赛内容，然后看着高中课程的成绩，肉眼可见地迅速下滑。每一次月考，对着做不出来的数学、物理题目抓耳挠腮，那种感觉令人相当不安而焦虑。

但幸运的是，那种"被迫分心"的高中学习节奏，成功地倒逼着我，找到了高中学习最高效的方法。我深刻意识到，学习要学会总结反思，触类旁通。

但是，即便我渐渐找到了学习的节奏，担忧却依旧时刻存在着——"万一我竞赛最终失利，一切是不是并没有意义？"——这样一个患得患失的心魔，始终困扰着我，不断打击着我的自信，压力真的非常大。但我非常幸运，这一心结，渐渐在我父母的开导下成功解开了。我逐渐意识到，知识学了一定是自己的，从来没有白费的努力。十几本生物学科教科书，一轮又一轮地阅读、复习、总结，我确实深刻意识到，那些知识确实印刻到了我的记忆当中，融合成为我思维的一部分。我确实热爱生物，难道学习我热爱的东西，不是一件极其令人幸福的事情吗？特别是当我在不断阅读新的专业书籍当中，看到了一些之前不曾读过，但经过一些思考、猜想过的观点，那种不谋而合、强烈共鸣的幸福感，让我深刻体会到，我在与我热爱的生物学"共振"。我能够有机会去自由品味人类百年来的智慧结晶，真的是一件极其奢侈的事情——我发现，我确实爱上了生物。到了那个时候，我发自内心地感受到，结果本身对我已经没有那么至关重要了，它不会改变我未来继续前行的脚步。我已经足够努力了，就算最终我没能取得理想的成绩，回头来看，我也不会怪罪于过去的自己不够努力，更不会后悔选择生物竞赛这条道路。

因此，只有克服患得患失的恐慌，才能心无旁骛地向前拼搏。竞赛从来不是非生即死的战场，它是百炼成钢的熔炉。放下执念、保留纯粹，才能把各种事情做好。仰望星空、脚踏实地，一分耕耘、一分收获。人生是旷野，失利不是绝路，一切都是最好的安排，保持内心真挚的热爱，我们才能真正对未来充满激情！这便是在附中这 3 年教会我最多的东西。它也影响到了我后来的科研生活。学术界同样也是一个充满激烈竞争的地方，它和竞赛一样，要时时刻刻应对来自各个方面的压力。但，即使求取真经之路荆棘丛生，我也要勇往直前，笑对"九九八十一难"。

▶》寄语学弟学妹：

不忘初心，勇敢尝试自己真正想做的事情，做令自己真正开心的事情。年轻就是要多尝试。很多时候，不必害怕改变，千里之行始于足下，只有勇敢迈出舒适区，才能看到外面的风景。

但是，勇敢归勇敢，但一定记住，不要勉强自己。选择改变去做一件事情，是一种勇敢；选择不改变，坚持内心，也是一种勇敢。身边主流的声音，并不一定是自己真正想要选择的。要多思考，多想一想，到底什么才是自己内心深处真正喜欢的东西。选错了也不要紧，错误是最好的老师。很多时候，只有犯了错，才能真正刻骨铭心地学会一些东西。

不要害怕失败和犯错。人生是旷野，当下的"失利"，或许却是命运长河里的最好安排。人生很长，世界很大，很多事情都没什么大不了，不要让别人定义自己，路只能自己自信地往前走。仰天大笑出门去，我辈岂是蓬蒿人。

"一年三百六十日，多是横戈马上行"

作　者：黄一可，获得 2020 年全国中学生生物学
联赛（湖南赛区）一等奖，入选湖南省
队，同年 10 月获全国中学生生物学竞赛
决赛银牌。获得 2021 年全国中学生生物
学联赛（湖南赛区）一等奖，入选湖南省
队，同年 10 月获第 30 届全国中学生生物
学竞赛金牌（第四名），入选国家集训队和国家代表队。现于清华
大学临床医学（协和八年制）专业学习。

教　练：黄　俊
班主任：吴彩霞

　　选择生物竞赛的原因，有对生物的热爱，有对附中攀登杯的向往，也
有与黄老师的缘分。

　　初入高中，对竞赛并没有特别清晰的概念，只是一心沉浸在探索、收
获的乐趣里。刚开始学习高中生物，觉得和初中没有太大区别，黄老师的
课堂生动也深奥。但是，必修二的考试，我考出的成绩非常惨烈——没有
及格。但我心态好，一直没有难过，也没有懊恼。与大家相比，我没有很
好的基础，领悟能力也不强，但是没心没肺的我不在意考试得了多少分，
只是单纯会因学到新知识而快乐。现在想来这是最应该保持的初心。

　　高一的时候，综合、竞赛都不能落下。我们却习惯了那样紧凑充实的
生活。白天争分夺秒写综合作业，晚上挤时间看竞赛书。从学习竞赛开始，

黄老师就要求我们提前做近期的学习计划，每天总结和反思。这是我在竞赛路上学到的第一课——学会规划和时间管理。这种自主学习和自主规划管理极大地提升了我的自学能力。自主学习是非常高效的学习方法，听老师上课，更多的是掌握知识体系的脉络，分析问题的经验。而自主钻研时，需要自己在独处的学习中分析、归纳。当然，闭门造车是行不通的，日常与老师探讨和同伴讨论成为我们提升能力的另一助力。在下课时，我们常常聚在一起，或讨论，或争辩，在轻松快乐的氛围里延续我们的思路。

在家学习多少都会有些懒散。但我也发现，一直看书，远不如发呆时的思维发散有用。有时候不想看书，我会躺在床上，渐渐想到如何将所学知识串在一起、它们在生活何处体现。一遍一遍看书是没有太大提升的，重要的是变成刻在脑子里的东西，知道如何使用。高中学习也是如此。黄老师时常引导我们对新知识进行深入思考，了解它们从哪里来，可以被用作什么。这是形成独立思想需要迈出的第一步。

怀着懵懂的自信，高一联赛，我幸运地进入了省队。但国赛成绩的公布让我们备受打击。湖南省只有一名同学进入了国家集训队，我获得了银牌。尽管笔试成绩也不尽如人意，但实验过程中的低级错误，让我自己都无法接受。在考场上拿到试卷的那一刻，我的大脑的确是清醒又空白的。清醒来自日复一日的练习，使我能够在考场上镇定思考。但不断重复的训练，让我有些丧失了解决未知事物的能力。平时的考试，我总是胸有成竹，因为相似的题目、考点已经看过很多很多遍。但面对全新的、完全没有触碰过的领域，我就需要花很多时间进行摸索。在考场那个快节奏的紧张环境里，很难做到快速冷静。

那一次试错，给我敲响了警钟：平日的成绩不能衡量一切学习成果，不论是对于高中阶段还是未来的学习，在有一定的基础后，重点应该提升隐性的学习能力，比如快速反应、灵活变通，对未知的问题形成一定的解决模式。

进入高二复习期，考试频率不断增加。可能由于"摆"的缘故，我的成绩在组里不再占有优势。其实我不在乎排名，只是为自己的混沌状态而感到失望。好在有黄老师和班主任吴老师的鼓励和督促，一次次耐心沟通，一次次热血沸腾的鼓舞，让我重拾了信心。

但由于前期的一些"欠账"，第二次联赛，我发挥得不是很理想。如果不是省队人数扩增，我都没有资格参加国赛。考试成绩让我进一步调整心态，接受现实，并且转变观念更为注重绝对成绩的提高，而不去计较相对排名的高低。由于内心的落差感造成的浮躁和焦虑减少了，我把精力更为集中在要完成的事情上。等我把自己该做的事情一步一个脚印做好之后，我惊喜地发现，一切都是水到渠成的——自己渐渐找回了参加国赛的信心。

国赛真正来临的时候，紧张、激动、释然交织。理论考试中规中矩，更重要的是我没有慌乱，真切地体会了一次在考场上学习新知识的奇妙感受。实验过程很顺利，有了前一年的经验，我认真检查了所有数据，对没有把握的题目积极猜想，捋清楚思路再动手。宣布名次的那天，仿佛是我们两年拼搏的盛大落幕。

三年过去，记忆有些褪色了。我曾遗憾为何没有再努力一点，站上更高的领奖台，但恰是因为遗憾，我持续保持着仰望的姿态，不断攀登。以至于后来，我冲击国家队、冲刺国际比赛，一切都显得那么顺理成章。能够入选国家队为国争光是我毕生的荣光，因为新冠疫情未能出国参加比赛、未能站上世界最高的领奖台，也是一种遗憾，但也预示着我的终身学习没有句号。

高中生物竞赛时光的点点滴滴，时常会像电影般在我脑海播放，那些快乐的、忧伤的、孤独的、失落的情绪，一如当初那样明媚。生物竞赛的三年，成为我生命中最为深刻的烙印，生竞教室里的日日夜夜早已铭刻在心底。教室后面种的十几盆绿萝、菠萝蜜、红豆、花生，在教室偷偷吃过的零食、流过口水的课桌，还有那个总给我们打鸡血、充满朝气与梦想的黄老师，都在我的心里留下了最鲜活最不能忘怀的印记。那些一同抢着吃的饭、吐槽过的题目、聊过的人生理想、吹过的牛，都是我青春中最亮的底色。

我喜欢那个执着、专注、自信的自己，也很怀念生竞路上那份热爱。

生物竞赛三年，教会了我太多太多，远远超过两个奖牌的价值。它给予了我团队的温暖，也教会了我要忠于热爱，哪怕前路迷茫，哪怕过程艰辛无比，哪怕结局充满未知，哪怕只是一腔孤勇……如果重来一次，我依旧会选择这种滚烫的青春。

现在想来，很多事情我都是第二遍才能做好。但是得益于那些不眠不休的夜晚，持续的专注和对学习的谦卑，我才能获得来之不易的每一个"第一次机会"。上大学以后，我发现附中的学生无论在哪里都是发光发热的。因为我们敢想敢做，善于交际，无畏困难，总是有些奇思妙想。感谢附中接纳我们的不同，悉心培养我们的长处，让我们磨砺出一身优秀品质，在未来的道路上一往无前。

▶▶ 寄语学弟学妹：

在宝贵的竞赛时光里，要珍惜每一次学习机会，努力探索自己的潜能，培养创新思维和解决问题的能力。勇于面对挑战，不断提升自己，勇敢追求梦想。学习是一个持续不断的过程，需要我们保持好奇心。取得了优秀的成绩可以骄傲，但不能自满。当我们拼尽全力，收获到的好运与荣耀才会在心里觉得它值得。当我们回过头翻动这段时光，找到的才是少年的意气风发和勇敢无畏。

流光一瞬，华表千年。三年的高中生活转瞬即逝。曾经披星戴月，见证了汗水浇灌的鲜花盛开，也收获了拼搏奋进换来的青春无悔。在竞赛的路上，有"一年三百六十日，多是横戈马上行"的艰辛；有路漫漫其修远兮，吾将上下而求索的精神；有月缺不改光，剑折不改刚的志气；更有不破楼兰终不还的决心。

历经天华成此景，人间万事出艰辛。梦想并非高远不可及的太阳，只要我们一直向前走，踔厉风发，笃行不怠，定能留住满身的光辉和温暖，一步步更接近自己的太阳。

祝愿学弟学妹们勇往直前，实现自己的理想。不负光阴，未来可期。

学习不是仅凭一腔热血

作　者： 张懋森，获得2021年全国中学生生物学联赛
（湖南赛区）一等奖，入选湖南省队，同年获
第30届全国中学生生物学竞赛金牌，相继入
选国家集训队（第一名）和国家代表队。本
科进入清华大学临床医学专业学习。

教　练： 黄　俊

班主任： 黄　俊、吴彩霞

　　选定竞赛赛道的那一刻，我其实并不知道竞赛会包括一些什么，但我
却明白，那是高考之外，别样的火热青春！

　　因为初中是在附中集团下的广益实验中学就读，所以我初二就已经接
触到了一些数学培训。但是，在一同培训的学生里，我显得很不起眼，老
师发下来的试卷和提出的问题我常常没有任何思路。

　　初入高中，当高中课堂全面呈现在我面前时，我发现那是与初中完全
不同的学习要求和模式。当时，黄俊老师负责给我们上高中生物课。因为
黄俊老师经常抛出一些有趣且引人深思的问题，所以，我经常也会提出自
己的见解。因为我在课堂上的活跃表现，黄俊老师邀请我加入生物竞赛组。
鉴于对生物学科的兴趣，我抱着试一试的态度加入了。现在想来，那应该
是我做出的最正确的决定之一。如果我一直死磕数学竞赛或者物理竞赛，
可能会走上截然不同的道路。所以，我觉得，学习有时并不是仅凭一腔热

血。人在行动之前首先要清楚地认识自己，明白自己的优势和不足。

高中相比初中，整体的学习氛围发生了改变，我对学习的态度和学习习惯也发生了改变。刚刚接触竞赛时，我可以挤压各种课余时间，用两周的时长，刷完一本生物必修2"五三"。但是，在高中综合课业压力到来之时，我无法做到整天保持高强度的竞赛学习，除非有某种强烈的外在约束或者内在动因，但这显然不能作为一种可持续的常态。

我认为，高效学习比增加学习时间更重要。我在生物竞赛领域取得的成绩，不是因为我比别人花了更多的时间学习，而是因为我的学习效率更高。在课外，我把一定的时间花在了玩乐上。这听起来可能并不是一种好的现象，但对我而言，这些玩乐，可以让我把学习中积压的负面情绪和压力发泄出去，更有利于高效学习状态的维持。

在竞赛学习过程中，我也经历过低谷。在高二的国庆假期前，周围同学轻松愉快的假期状态，与竞赛生长时间的无假期、高压力状态，形成了鲜明的对比，也成了压垮部分竞赛生心态的"最后一根稻草"。那段时间，有人开始退出竞赛组了。其中，包括和我关系比较好的一位化学竞赛组的同学，以及一位我们生物竞赛组成绩靠前的同学。概莫能外，我也受到了影响，大脑中满是一句话，"不如回去准备高考，轻松了许多"。

我的"退堂鼓"被黄俊老师给拦下了。在高强度的竞赛教练工作之余，黄俊老师多次找我谈话，帮我疏导情绪。现在想来，如果当时黄老师没有阻止我，让我因为一时的情绪和冲动退出了竞赛，那便不会有今天的我。我很庆幸有负责的黄俊老师做自己的竞赛教练，他是我的伯乐，为了我们这些竞赛生的未来发展，付出了数不尽的心血。

在竞赛学习过程中，我们习得的一些学习品质和策略，无论对日常学习、科研工作，还是对人生发展，都至关重要。

除之前提到的高效学习外，"自主学习"也是尤为重要的一点。老师授课的形式，确实在知识学习的初期有很大作用，可以减少走弯路的可能性，但是仅通过课堂，信息传递的效率是非常低的，老师讲话的速度，远远没有我们自己看书或做题高效。所以，尽可能培养自主学习的能力，仅在一些关键问题、难题方面，向老师请教。

时间管理，是另一个关键点。学校制订的作息规律是普适性的，对于个别人而言，可能不是最佳的。应该在了解自己的情况后，与老师沟通，自己安排每天的学习和日常生活。这样，通过制订学习计划并且严格遵守，可以减少学习状态的波动，取得更满意的学习效果。

最后一点，是团队合作。我的同学是我学习旅程中不可或缺的伙伴。我们一起讨论问题、一起学习竞赛，甚至在学习之余也会一起开展一些体育锻炼活动。在这个过程中，我们建立了深厚的友谊，并相互支持。如果在学习中，遇到个人解决不了或者陷入"牛角尖"的问题，可以多与同学交流，了解他人的想法，学习他人的长处和优点。在未来的学习和工作生活中，团队合作能力，也是非常重要的一项能力。

▶》寄语学弟学妹：

站在母校这个充满无限可能的起点，在这个充满创新和挑战的时代，我想分享一些建议和寄语，希望能够对你们的成长和发展有所助益。

第一，保持好奇心和求知欲。不论你们选择的专业是什么，保持对知识的渴望是最重要的。不断探索、学习新知，不断质疑和思考，这将成为前进的动力。

第二，勇于创新和实践。创新是推动社会进步的关键。不要害怕尝试新的方法、新的理念，勇敢地去实践自己的想法。母校鼓励创新，我们也应该成为创新的推动者。

第三，培养团队合作精神。无论你们将来从事什么工作，团队合作都是必不可少的。学会倾听、尊重他人的意见、懂得协作，这将使你们更加出色。

第四，关注社会问题和全球挑战。作为拔尖创新人才，你们有责任关心社会、关注环境、关心全球挑战。用你们的知识和智慧，为世界带来积极的改变。

　　第五，坚持追求卓越。母校培养的不仅仅是优秀的专业人才，更是具有卓越品质的人。无论你们走到哪里，都要保持对卓越的追求，不断超越自我。

　　最后，引用一句话送给你们，"天行健，君子以自强不息"。愿你们在母校的日子里，不断成长、不断进步，成为有担当、有情怀、有智慧的新一代。

我走过温暖的起雾的早晨

作　者：罗子兰，获得2021年全国中学生生物学联赛（湖南赛区）一等奖，2022年全国中学生生物学联赛（湖南赛区）一等奖并入选湖南省队，同年8月获第31届全国中学生生物学竞赛银牌。本科就读于上海交通大学生物医学科学专业。

教　练：朱昌明
班主任：刘　婧

　　如果不是来到附中，我一定不会选择竞赛这条路。我仍记得那时的纠结和彷徨。但现在若再问我，你愿意选择竞赛吗？我一定会回答，我愿意。

　　生物竞赛带给了我什么？

　　它让我学会观察。它让我欣赏一朵花的美，不只是欣赏色彩花纹和形态。还记得那个暮春，放学后，我和同学一起对着一朵杜鹃花看了半个小时，阳光融化在花香里。它让我知道那些我之前统称为"虫子"的东西，各有各的不同，各有各的生存智慧。它让我在往后的日子里，一直保持着对身边每种植物、每种昆虫、每种飞鸟的好奇。它让我去理解自然。

　　它让我学会战胜自我。对于生物竞赛而言，看书、做实验、考试以及不断思考是日常，说它不枯燥是不可能的，但它的确磨砺了我们的心性。看书看不下去，实验做得不理想，是常有的事，战胜畏难的情绪，想办法去解决问题、克服困难，这是竞赛之路带给我的。

　　它让我学会接受和再出发。我曾经以为那一场考试告诉我我是竞赛之路上的失败者，后来我发现我错了。因为竞赛之路上从来就不分失败者和胜出者，每个用心对待的人都会收获属于他的礼物。其实接受自己的不理想是一件并不容易的事情，这也花了我很长时间。因为这并不是一个懂得了道理就可以做到的事情，道理谁都懂，但只有自己去经历，去消化，去体悟，挣扎过，迷茫过，才能渐渐学会和自己和解。"极端和对立消解，也就是涅槃之时"，重新出发的时候，我已经更加强大。我想，这或许就是竞赛带给我最大的收获。

　　现在回想起来，脑中浮现得最多的，还是那些温暖的画面。考完试，我们聚到一起讨论错题，常常是争论得面红耳赤，或是为某人的奇思妙想叫好。这也是我最喜欢的一个环节。一起做实验，互帮互助的感觉也很好。虽然很累，一天下来躺上床一闭眼就能睡着，但大家一起有说有笑很快乐。有时做实验做到很晚，食堂已没有晚餐，教练就带我们一起出去吃，白色的热气升腾在黑夜，现在想起来，真的很幸福。还有我们一起养过的几十盆绿萝和各种花，黑板上的"鸡汤"，一起打过的雪仗……

　　一路走来，真的特别感激我的教练和班主任。永远都会记得每个晚上教练的办公室亮着的灯，还有在很难过的时候他们对我的鼓励和帮助。也特别幸运，有一群一直并肩的"战友"，从来都相互支持、相互帮助。你们让附中对我来说，有了家的温暖。

　　作为一个或许在竞赛之路上走得不太成功的人，曾经有一段时间，我一直在回避这段经历。但是，渐渐走出来之后，再回首，会发现这段经历终究是一笔宝贵的财富，它让我尝到了苦和甜，品到了悲和喜，也让我慢慢成长，变得更加坚强。

　　或许你不是最先登顶的那个人，但是你也欣赏到了属于你的风景。

▶▶ 寄语学弟学妹：

　　攀登的路不止一条，历尽波折总能登顶！

始于兴趣，成于坚持

作　者：张鼎康，获得2022年全国中学生生物学联赛
（湖南赛区）一等奖，2023年全国中学生生
物学联赛（湖南赛区）一等奖并入选湖南省
队，第32届全国中学生生物学奥林匹克竞赛
（CNBO）全国金牌，入选国家集训队。本科
就读于清华大学。

教　练：李隽之
班主任：杨　茜

　　身处大学校园，再去回忆高中的竞赛时光，只觉得，那是一段美妙的
岁月。感恩母校、恩师、战友，还有一直不遗余力支持我的家人。

　　生物竞赛是始于兴趣，成于坚持，是一件很酷的事情，教练曾寄语我
说，"竞赛的成功，肯定不是你人生的最高光时刻。希望借由它开启人生新
篇章，助力人生一次又一次攀登"。

　　我想，我正在践行中。有时候我在想，在AI时代，旧有知识的获取已
经变得极其迅捷，那曾经被生竞人戏谑地称为"全国中学生生物知识背记
大赛"的生物竞赛，意义又何在？想想之前刷过很多遍的生竞书籍，做过
的许多竞赛题，虽然有许多是文献分析，重逻辑、重推理的内容，但也免
不了单纯生物知识的考查，我想正如我选择生物竞赛的初心，根植于内心
对生物世界的好奇，驱使我仍在这条路上攀登向上。附中三年的竞赛时光，
沉淀了我自学钻研的能力、攻坚克难的勇气、质疑创新的思辨力。我想这

些就是母校"攀登"精神的具体诠释吧。

初识生物竞赛，是参加了母校关于学科竞赛的宣讲会。教练李老师完全不像我想象中"老学究"的样子。宣讲竞赛时，我听得十分认真，加上是我自小的兴趣所在，就义无反顾地选择了生物竞赛。但我心中也有很多疑虑：竞赛必然会以综合学习为代价，我是否还能跟上综合的内容？竞赛很苦很累，看书也十分枯燥，我能否坚持到最后？这时候我家人的意见也产生了分歧。经过深思熟虑后，我决定还是追寻自己的热爱，虽然不一定有功利的回报，甚至可能有风险，但是人生短暂，而在追寻热爱中可以找到人生的价值，我也愿意承担失败的风险。

我的生竞生涯，一路跌跌撞撞。在初升高考试中，因为身体原因没发挥好，差点儿没考上附中；进入高中后，本就对数学和物理不自信，面对繁多的综合科目的作业以及一次次考试的冲击，我在综合学习上的表现堪忧，竞赛学习也遇到了瓶颈，内心不止一次打起了退堂鼓。那时，多亏有家人和师长的鼓励和信任。那时候，竞赛教练李老师总能以轻松幽默的方式化解我的苦闷，提供满满的情绪价值，让我重拾信心。高二生物联赛后的那一段时间是非常煎熬的，一度收拾好陪伴我两年的竞赛书籍，回归综合学习，备战高考。班主任杨茜老师宽慰我，并帮我制订好后续的追赶计划，但没承想，我居然能够压线进入了省代表队。

大多数时候，生竞人都是孤独的。孤独地享受生物知识带给内心的充实，但有那么一群人为着同一目标去拼搏，也是趣味十足。这群人也是一辈子值得珍视的好伙伴，附中生物组历届都是非常团结的，不论是最初的四十几人，还是到最后高二时期包括教练在内的八人团队，都能愉快且毫无保留地分享，分享奇思妙想，分享对教材知识的质疑，分享新知，分享美食，分享心情的悲喜。

虽然现在已经进入大学生活，但我们的微信群聊依旧非常火热，大家分享彼此遇到的趣事，为生活增添一抹友谊与牵挂的色彩。我的教练李老师，虽然他总是说自己不善言辞，但极具仪式感的鼓舞从不缺席，总会文采飞扬地给我们灌各种"鸡汤"，十分受用，我至今还保留着他给我写的信件呢!

在附中,各学科组之间也是充满善意和友爱。记得联赛考试前,数学组、化学组同学一通生猛造势:一束象征一举高中的向日葵花、一次加油鼓劲的击掌握手、一个大佬式的有力拥抱……在那段时光里,这些都仿佛是彷徨中坚定的光。

附中的人文关怀,是发自内心的。记得承载着全组希望的省队十二人组出征时,学校领导老师们激情壮行,并在疫情时期提供全面的后勤保障。还有我那些没能顺利入选集训队的战友们,在回归综合学习后,得益于老师们给予的精准定位分析和个性化辅导,均在高考中如愿圆梦。在他们进入大学后再谈起那段回归班级的时光,趣事、乐事、难忘事都是随口说来,着实让我这个保送生十分羡慕。但我想,母校之所以能一路长红,就是一代又一代附中人对这些细节的坚守与发自内心的以人为本吧!

附中,那个承载我的光荣与梦想的地方,一直鼓舞着我。祝福我们,祝福母校。

▶▶ 寄语学弟学妹:

竞赛之路并非坦途,它充满了挑战和困难。但只要你们像我们一样,拥有严谨负责的态度,拥有团结互助的精神,就一定能够战胜一切困难,取得优异的成绩。

我希望你们能够珍惜在附中的学习时光,努力学习生物知识,不断提升自己的综合素质。同时,也希望你们能够保持一颗热爱生物的心,将所学知识应用于实践,为社会作出贡献。

最后,我想对你们说,攀登之路,是充满希望和挑战的。只要你们坚持不懈,勇往直前,就一定能够登上属于自己的高峰。祝愿你们在竞赛之路上取得优异的成绩,未来的人生道路一帆风顺!加油!

第五篇　信息学

我有一颗"考场大心脏"

作　者：李有为，获得 2015 年全国青少年信息学奥
林匹克竞赛（NOI）银牌。本科就读于北
京大学计算机科学与技术系，后在北京一
家外企负责大数据集群算力资源管理系统
相关工作。

教　练：许　力
班主任：李晓聪、李海汾、吴彩霞

　　我与信息学竞赛结缘于初三结束的那个暑假。那时，我已经拿到了师
大附中理科实验班的资格，在入学前可以享受一个无所事事且长达两个月
的假期。

　　记得那时是 2013 年，正值电脑游戏最为火热的几年，网络上更是各类
游戏外挂泛滥，网络安全也并不完善，可以很方便地使用各类端口的扫描
软件进行网络入侵。体验了一番那些奇奇怪怪的软件之后，我对软件背后
的原理，萌生了研究的兴趣。几番了解后得知，最厉害的高手们都是会用 C
语言写代码的，于是，在好奇心驱使下，我在那个暑假用一台老古董台式
机自学了 C 语言。

　　进入附中后没两个月，我们就被要求从数理化生信五科竞赛中选择一
门竞赛深入学习。其实自初中起，我就倾向于数学竞赛，按照常理来说，
我是应该选择数学竞赛的，但听闻有部分同学在开学前已经补了一个暑假
的数竞课，我深感失去了先机，再加上当时正处在学习 C 语言的热情当中，

于是，在信息课上，我向许力老师提出了学习信息学竞赛的请求，从此踏上了信息学竞赛的道路。

学习竞赛的日子总体上来说是愉悦的。在老师的组织下，我和其他班约二十个小伙伴一起到机房学习信息学知识，每周两次。从最基础的语法逐步过渡到各类简单的算法。由于在暑假自学了一定的 C 语言基础，我在小团队里算是进度比较超前的。于是，许力教练给了我一本更高阶的竞赛书籍。在那本书里，我看到了更广阔的知识世界。我利用一切闲暇时间学习书里的新知识。中午吃完饭就跑到机房，利用剩下的午休时间上机练习。由于午睡不充分，我的学业成绩受到了一定影响。

时间过得很快，转眼就到了 2013 年 10 月，我高中生涯里的第一次全国联赛。作为高一组的我们主要是去熟悉考试流程，感受大考氛围。联赛分为两天，每天一场四小时的比赛，三道题满分 300 分，都是根据题目设计合适的算法进行求解。我第一天拿了 40 分，第二天则睡过了头错过了考试，得了一个参与奖。尽管这事没有打击到我，但觉得有点不好意思，许力教练则用轻松的口吻让我下回别迟到了，给了我不少宽慰。

大考成绩的失利，加上学业成绩的欠佳，让家长和班主任的怀疑接踵而至。班主任委婉地表示，"如果学业成绩太差的话，是无法继续竞赛的"。我的家长也不断地在电话中劝导我，"换个高考用得上的竞赛吧"。可我却是一句劝也没往心里进，继续保持自信、勇往直前。兴趣驱动着我继续前行，同时，也要感谢教练在其中所做的沟通工作，让我在学业欠佳的情况下，仍能继续我的竞赛学习生涯。

一年时间很快就要过去了，原本二十多人的组，只剩下几个人了。教练把我们组与另一个初中就有信息学基础的组进行了合并，开始了共同训练，我们也有了独立的训练室和独立的电脑，训练强度也开始增大。竞赛组内的交流也变得密切起来，作为同一道"战壕"里的战友，我们开始共同奋斗、共同进步。

组内的氛围是很好的。我们常常在周末的夜晚，一起踏上岳麓山的攀登之旅。在朦胧的夜景里一边前行，一边讨论碰到的有趣题目，一边交流各种算法的细节，美景与收获并存。

为了提高学习效率，教练会组织一些研讨会，我们所有组员各自挑选一些最近做过的好题，拿出来一起探讨。那时，看着只是高中生的队友们在讲台上一本正经地讲题，倒也颇为有趣。教练还会安排高年级的学长们给我们组织一些模拟考、实战训练，或者一些专题讲座，让我们从中查漏补缺。

经过大大小小的集训，我的能力得到了飞速的提升。在对联赛级别的题目得心应手后，逐渐开始挑战省赛级别、国赛级别的题目。题目难度的升高也让我更加享受其中。曾经有一场为期十天的十道题的比赛，其中一道题我冥思苦想反复实验了三天才解决。解出的那一刻，巨大的喜悦感涌上了心头。那种喜悦感让我对挑战性题目有了更多期待。

在各种集训的实战考试中，我的成绩并不突出，时而优、时而劣。这与我的解题策略有关。在模拟考中，我常常执着于题目的最优解。那时对我而言，每道题都像是一个思维游戏，如果不能得到最优解，就会感觉少了很多乐趣和成就感。也因此，在考试中，我的时间分配容易失控，解题效率较低。同时，与正式大赛的赛题不同，集训训练题的难度往往没有什么限制，也导致我在集训中的发挥很不稳定。教练发现这一点后，及时给我做出了"高含金量"的指导。一番调整后，我在训练赛中的发挥更稳定了。

很快就到了高二，我再一次面对全国联赛的时刻。如果说一年前的联赛只是"打酱油"，那这一次的联赛的结果，就要影响到我后续的竞赛道路了。联赛成绩会被作为省选的一部分，而我们只有一次省选的机会。压力、紧张……各种复杂的情绪交织在一起，大家的脸上也少了一年前的轻松与稚嫩。

也许，能在大考中保持冷静和镇定，也是一种天赋，我就是这一类有着"考场大心脏"的人——在试题分发进我的考试电脑的那一刻，所有的躁动与不安就都消失了，唯一的信念就是拿下每一部分能拿到的分值。考场内紧张的四个小时很快就过去了，隔天，是第二场比赛，又是紧张的四个小时。考完的刹那，我紧绷的大脑终于彻底放松，满分600分得了530分，算是一个还不错的成绩——组内第一，有冲刺省队的希望。同时，这也是我和教练用于打消家长和班主任顾虑的"坚强理由"。

教练笑着对我说："你这个成绩，其他学校的教练肯定会注意到的。"那时，我无暇去理解各大学校在赛场上的比拼和对其他学校有实力选手的关注，只是觉得考了个高分很高兴，这个成绩让我更有信心面对后续的挑战。

时间很快过去，大大小小的集训一个接一个，校内的、多校合办的、跨省集训的……忙碌间，转眼就到了省队的选拔赛。尽管那种压力感让我在考前一度失眠，但凭借一颗"考场大心脏"，我还是超常发挥入选了省队，同时，省队的资格也让北大向我抛出了橄榄枝，让我拿到了一个一本录取协议。再后来，就是国赛。但因为我在解题细节上不够精进，国赛只取得了略有遗憾的银牌。

竞赛之路是一条不断攀登、不断向上、不断挑战自己的道路。在这个过程中会有不适，会有挫折，会有骄傲，也会有失落。但值得相信的是，在更广阔的人生中，竞赛磨炼出来的优良品质，会显现出更大的作用。

▶》》寄语学弟学妹：

竞赛，从来都不是一个人的战斗。在这挑战自我的道路上，会有教练们、学长们、队友们一直陪着你。

我们要在这一场磨炼中，打磨我们的意志，战胜我们的弱点。同时，也要时刻警醒，不断地审视自己的问题，并想办法解决问题，积极调整自己的心态，调整自己的学习节奏和学习方式。要相信自己，相信坚持的力量，每天进步一点点，每天优化一点点，努力做到自己能达到的极限，剩下的交给时间，时间一定会给你一份对得起你的付出的答卷。

因为相信，所以看见。愿学弟学妹们都能顶峰相聚！

从零分攀到金牌，谁不是努力到倔强？

作　者：骆轩源，2014 年荣获全国青少年信息学奥林
匹克竞赛金牌，入选国家集训队。本科被清
华大学计算机录取，就读科学与技术专业，
硕士研究生就读于清华交叉信息研究院。现
为字节跳动（杭州）机器学习研发工程师。

教　练：李淑平

班主任：彭知文

我的信息学竞赛之旅从小学就开始了。

那时候，是因为周围的孩子们都有课外班上，于是，我就跟风报了名，
选择的是一个看起来不像奥数和珠心算那么枯燥的学科，结果，就上了信
息学的"渡船"。

最开始，我以为是玩电脑，结果没想到也要学数学、比赛。一开始上
手的时候，确实是非常困难。首先，那时候我的年级太低，列竖式除法都
没学，老师上课就教高精度除法，自然完全听不懂。然后就是平时电脑玩
得少，打字也慢。一开始感觉非常不顺，但确实好玩。例如，看到自己写
的程序能解决一些小问题的时候，还是非常骄傲的。而且，调试一个错误
程序的时候，很像在破案。就这样，靠着信息学竞赛，我初中、高中一路
保送，最后到了湖南师大附中开启了真正的高段位竞技生涯。

刚开始的感觉是非常爽的。教练会带我们（以及学长学姐）去全国各
地集训。比如，北京就去过很多次，一次就要两周多的时间，还有很多好

吃的。对高中生来说，这差不多就是旅行了。集训的日常就是听课或考试，听课一般是听之前的国内顶尖选手讲课（一般在清北）；考试就是与来自全国各地强校的选手们模拟考试。我第一次出去的时候还很小，是在初三刚毕业的那个暑假，压根不了解情况。不知道场上坐着的，有好多是已经进入集训队和即将进入集训队的"武林高手"。

记得第一天考试，我得了 0 分，还给李淑平教练发短信表达了自己的失落和沮丧。李老师非常和蔼地鼓励着我。她跟我说，场上的人已经是高手中的高手了，你年级最低，才开始参加竞赛，这些都是正常的，主要是让自己锻炼锻炼。听了李教练这番话，我感觉如释重负。但第二天，我又考了 0 分。

我当时并不清楚国赛和联赛难度的差别，只感觉自己曾是被寄予厚望招进来，结果连考两天 0 分，太不像话了。晚上，我在机房复盘白天的考试题目，看题解，虽然那些算法和技巧是我初中没学过的，但我发现了集训里高频出现的一些考点。我决定先爆破这几个知识点，于是，疯狂地在百度上找资料。网上找到的资料质量参差不齐，每个看完都似懂非懂。那时跟队友还不是很熟，也不敢请教。但不管怎么样，感觉学了一些知识后，还是有了一些底气，有点儿"初生牛犊不怕虎"了，敢于在考试时蒙一些大胆的想法。终于，有一天我解了一道数学题，得了 130 分（全场第 8），教练特别开心，说我进步特别快，我也得到了很大的鼓舞。之后，我再也没怎么考过很低的分了。

回来后，我乘胜追击，经常向学长请教各种知识，然后自己又去做题网站上做好多题。那个网站可以看刷题日榜，我那段时间经常就是全网日榜第一。紧接着高一那年的 11 月，我得了联赛一等奖，非常开心。

但是，政策变化也随之而来——联赛一等奖直接保送大学的政策取消了，必须 NOI 金牌才行。这个大变化，将保送的难度一下子提升，风险也大很多。因为，专攻竞赛势必伴随着一些文化课停课，如果竞赛失利，回来重新高考的难度很高。那种节骨眼上，全家都在纠结我是否要接着搞竞赛。但那个时候我势头正猛，态度非常强硬——不能放弃竞赛。

时间很快就到了第一次省队选拔赛的时间。当时，教练和学长学姐都预期我能进。但运气不佳，有一道题我忘记对输入取余数，导致越界，100分的解答变成了 30 分。我记得那年是 130 分的省队线，我考的 110 左右，如果加上这 70 分，肯定是稳稳进省队。但是肯定没如果，那一次省队赛，我考砸了。那次失利，对我打击挺大的，因为下一次省队选拔要再等一年，而一年间的变数实在太多了：会有很多新选手横空出世，高二面临的高考压力会比高一更大……但无论如何，我肯定不会就此放弃。于是就开始了新一年的备赛。首先是马上回班级学文化课。那一瞬间，落差非常大，所有的"特权"一下子都消失了：不能一直待在机房，不能随时去学校超市买零食等。记得那时马上就是月考，因为我之前停课加集训没有参加过月考，所以按照排位，我坐在了最后一名的位置，特别不是滋味儿。好在连蒙带猜的，月考混了个门门及格。

之后的压力其实有显著提升。因为只剩下一次竞赛机会了，而且文化课学习的压力也不小，写完作业之后用来学竞赛的时间更少了，精力也被很大程度分散。加上学长也毕业了，能面对面辅导的机会也没了。这种状态下，我的文化课和竞赛成绩出现"双滑坡"，心态越来越不好。

转机出现了。有一天感觉想摆烂，不想做题了，就拿起《算法导论》当闲书看看。认真看了一章，我记得是讲随机相关的内容，感觉特别有意思，里面会有很多严谨的证明和一些以前也没接触过的思维方式。想着自己以前的学习方法可能确实有点儿急于求成，主要就是刷题、记住解题方法，却是知其然不知其所以然。后面的日子，我调整了看书和做笔记、写总结的时间，居然感觉水平有了比较大的提升，对各种算法的理解也更深入了。比如，最后 NOI 考试的时候，有一题是考查对 KMP 算法的深入理解，这种学习方式就刚好派上了用场。

其实，即便如此，竞赛成绩的起色也不大。主要原因是心理压力很大，因为我文化课成绩并不好，如果竞赛"翻车"，那下场很难看。每天我也很难睡着觉，一般都是熬夜到凌晨 2 点多，第二天 6 点多起，精神也很差。

最后的好转，其实是 NOI 考试前的省队集训，一共 8 天，每天都是考试。我当时的规划就是，上午考完试，下午回家睡觉，晚上做以前的国家集训队作业。一开始集训队作业做不出来，一晚上只能做出半道题。但是很神奇，这样持续两天后，我在晚上能做出一两道题，到最后几天，升级为半小时做一题。我自己都觉得自己有点"进化"了。现在想想，应该是那段时间生活比较单一，除了集训、做题，就是睡觉、打球、休息，自己内耗比较小，想的事儿也少，比较放松就发挥很好。最后，NOI 考得不错，拿了金牌，被保送到了清华大学计算机系，赚到了高三一整年的长假。

我现在回想，高中的竞赛经历应该是对我人生帮助最大的一段经历。它锻炼了我的专业能力，教会了我如何在高压力、希望渺茫的时候给自己打气，在没什么人相信自己的时候，坚信自己能成。在后续的大学，以及工作和生活中，遇到困难和挫折时，我都会和高中这段时光相较，发现根本不算什么，很平静地就解决了。

▶》寄语学弟学妹：

学弟学妹们好，当下的你，也许是在准备竞赛或者高考，如果感到压力大或紧张，不妨试试放下这些包袱，只是开开心心地做眼前的事儿、眼前的题目，不要去担忧考试的结果。其实，很多的担忧都是多余的。例如当年，我们有很多在竞赛中"失利"的同学，进入大学后一样非常成功，有一些还在美国排名第四的大学做着非常成功的研究。而且，很多时候，心态越轻松，学习效果越好，考试失误更少，结果也更好。多给自己打气，多相信自己，就会在成功的道路上越走越快。

感谢"偶像的力量"

作　者：段志健，2015 年获得全国青少年信息学奥
林匹克竞赛银牌，2014 年和 2015 年获得
全国青少年信息学奥林匹克联赛（NOIP）
一等奖。本科就读于北京大学，获得北京
大学光华奖学金，入选首届图灵班。2020
年，获北京大学信息科学技术学院荣誉管理
学学士学位，获学院直博资格。

教　练：许　力
班主任：吴彩霞

我的信息学竞赛经历对我来说是一个受益至今的历练。在这段经历中
所锻炼的思维能力与算法竞赛水平，对我之后在大学甚至读博期间的学习，
都有着很大的帮助。

最开始知道信息学竞赛，是在我初中一年级的第一堂信息技术课。当
时，我就读于湖南广益实验中学（现已更名为湖南华益中学）。信息技术课
是在学校的机房上课。第一堂课上，邢新林老师向我们全班介绍了信息学
竞赛。这让从小就喜欢玩电脑而且长大后想从事计算机相关行业的我，顿
时兴致勃勃。当时（2010 年），竞赛保送制度还非常宽松，邢老师告诉我
们，如果能在高中期间获得省一等奖，即 NOIP 提高组一等奖，还可以有机
会保送名牌大学。这对当时的我来说，吸引力巨大。于是，抱着一半兴趣
一半功利的心态，我报名参加了邢老师组织的信息学竞赛培训。

理想是美好的，现实是残酷的。

上了不到三节课，竞赛保送制度改革的消息传开了——五大学科竞赛的省一等奖都取消了保送资格，只有进入国家集训队，才能保送清华北大。邢老师坦率地把这个"沮丧"的消息后告诉了我们，同时表示，如果有人不想学了，可以直接从教室离开，他会理解并尊重大家的选择。当时，整个培训班鸦雀无声。等到一周后再上课时，人数就锐减了一半，而且不断递减。

这件事对我也产生了很大影响。我复盘了一下学习信息学竞赛的初衷，除了功利心以外，确实对计算机这个领域很有兴趣，计算机专业也是我未来想要从事的专业。我的直觉也告诉我，信息学竞赛对于计算机专业的学习大有帮助。最终，我还是决定坚持下来。

尽管有坚持学习的决心，但我初中阶段的信息学竞赛，学得可谓十分糟糕。尤其是因一次羽毛球比赛翘课后，就再也没能听懂邢老师的讲课。于是，我初中阶段的信息学竞赛，最后停留在了掌握基本的语法和深度优先搜索算法的水平。好在这点水平的反馈是正向的，我于 2011 年和 2012 年先后获得了 NOIP 普及组一等奖。

初三下学期的某一天，湖南师大附中的李淑平老师到我们学校交流，同行的，还有当时已经进入信息学竞赛国家预备队的彭天翼学长。李老师和彭学长鼓励我们到附中理科实验班就读，并继续进行信息学竞赛的训练。

当时，对于高中是否继续进行信息学竞赛的学习，我内心还是很犹豫的，其中，信心不足是关键。但当我看到跟我是老乡的彭学长时，内心又很崇拜，我非常想成为他这样品学兼优的竞赛生，于是抱着试试的心态，我加入了附中的信息组。

2013 年暑假，我到附中开始了为期两周的信息学竞赛培训。刚刚高中毕业的彭天翼学长给我们讲基础课，同时还有几位信息组的学长跟我们讨论问题。两周的封闭式训练，所获得的信息学知识就超过了整个初中阶段，让我感觉迈进了信息学竞赛的大门。同时，也首次感受到一个竞赛氛围浓厚的团队，对自我竞赛水平提升的"带动力"。我想，这或许就是附中能够成为全国闻名的"金牌摇篮"的原因之一吧。暑假结束后，彭天翼学长赴清华大学就读，临行不忘鼓励我努力学习竞赛。

在高一期间，信息学竞赛的学习一半是靠自学，一半是由当时国家集训队的高三学长胡泽聪给我们讲课、出题。就像崇拜之前彭学长一样，我也很崇拜胡学长，很想变成像他一样精通算法的人。但高一上半学期，我学得并不好，在 2013 年的 NOIP 提高组比赛上也没能拿到一等奖，在组里的内部考试中成绩也很普通。那时，父母开始不太赞同我继续学习信息学竞赛了，担心我最后落得竞赛、高考两头空。经历了短暂的动摇后，我靠着想学习信息学竞赛的信念和"榜样的力量"，说服了父母，也说服了自己，坚定前行。

高一下学期分竞赛班之后，竞赛培训的时间更加充足。我也终于敢积极地跟学长请教和讨论问题了，包括高三的胡泽聪学长，还有当时高二的刘明华学长、骆轩源学长。我的信息学竞赛水平终于有了一个质的飞跃。

不知不觉中，曾经我认为很难的 NOIP 提高组试题已不再是难题。在高中信息学竞赛的赛制下，选手在完成程序后会统一提交，只有一次评测机会，很多选手会因细节问题丢分。这种赛制下，对写代码的正确性有很高的要求。于是，我着重加强提升写代码的能力，同时也学会了如何在提交前对代码进行测试。

高一结束时，一直给我们出题讲课的胡泽聪学长也要奔赴大学了。印象很深刻的是，学长之前给我们出的试卷，每套的标题都是"Problems for Kids"，在他快离开的时候，试卷标题改成了"Problems for Teenagers"。他告诉我们，因为我们长大了。的确，进入高二后，我们就要开始纯自学了。进入高三的骆轩源学长要开始给高一的学弟讲课了，恰如当年胡学长给我们讲课一般。这种"传帮带"的竞赛培训体系是学校竞赛的传统，造福了竞赛生们的同时，也让竞赛组的同学、校友们产生了血浓于水的情谊。

高二的一年，是拼搏的一年，像极了高考生的高三，但同时，也是我整个竞赛生涯最快乐的时光。我们增加了停课集训的频率，增加了训练的强度。在竞赛教练许力老师的组织下，我们每周都要进行组内考试、组内题目分享。印象最深刻的日子是省队之后国赛之前。那时，因为要参加省队集训，我们四人每天早起坐公交车去长沙市一中，参加五个小时的模拟考试，再一起聚餐、听讲题、坐公交回学校，晚上再一起在学校机房吐槽考题。

国赛获得银牌后，我也结束了我的竞赛学习生涯。回顾那段经历，我庆幸能够获得来自附中的多方面支持，包括在云麓楼可以登高望远的竞赛培训室、引领并支持我们的教练与老师、传授我们知识经验的学长，以及一同讨论交流并战斗的同学。在信息学竞赛中的所学，无论是专业知识的增长，还是对心智的磨炼，对我之后的大学生涯与博士生涯也都起到了很大的帮助。

▶▶ 寄语学弟学妹：

如果学弟学妹们选择了信息学竞赛，很有可能遇到和我当年一样的关于是否坚持竞赛的抉择。

毕竟，信息学竞赛在五大学科竞赛中最为特殊，不在高考科目中，而且需要在电脑上做题，所以相比另外四门竞赛，信息学竞赛更难得到长辈们的理解，甚至会担心你们是否会因此沉迷电脑游戏耽误学习。面对这样的问题，也许我的经历能够对你们有所帮助。

一方面要保持自律。不要沉迷电脑娱乐，用竞赛成绩让老师和家长们放心。如果担心自律有困难，也可以积极寻求教练的帮助。另一方面，严肃审视自己对计算机领域是否真心向往，对信息学竞赛是否真的感兴趣。可以多和优秀的学长们交流，也许能获得"偶像的力量"。

相信，在附中这样一个竞赛氛围浓厚的地方，你们也能找到向你们传授经验的老师、学长，一同交流切磋的同窗，共同在信息学竞赛这条充满机遇与挑战的道路上披荆斩棘。同时也相信，无论最后成绩如何，你们都一定能够获得属于自己的成长。

冲破"自我设限"的魔咒

作 者： 高铭鸿，2015 年荣获亚洲和太平洋地区信息学
奥林匹克（APIO）金牌、全国青少年信息学
奥林匹克竞赛邀请赛铜牌。2013—2015 年，三
次荣获全国青少年信息学奥林匹克联赛一等
奖。本科就读于复旦大学计算机科学与技术专
业。现为冰洲石生物科技有限公司（上海）软
件开发工程师。

教 练： 许 力

班主任： 尹一兵、吴彩霞

接触信息学竞赛，是我人生中的一个偶然。

在初一刚入学的时候，信息技术课老师向班里询问，有没有想学信息学竞赛的，举个手。当时，班上很多人都举手了，我也没管那么多，跟风举了一个。

因为是初中，信息学竞赛只作为一个兴趣，每周有两个晚上去机房上课，内容是入门级别，但也打下了一定的基础。其中发生过一个小插曲，就是初二上学期的期中考试，我考了班上第三十八名。因为在此之前都是班上前十，所以班主任就找到我，让我把信息学竞赛停掉，以免耽误学习。我向老师争取再给我一次机会，看期末考试怎么样，如果能考进前十，信息学竞赛学习就可以继续，否则就停掉。不出意料，我在期末考到了班上第六。其实，当时并没有觉得这个插曲有什么利害关系，但现在想来，假如真的把信息学竞赛停了，我后来的学习乃至人生的轨迹，可能都会天差

地别。所以我非常认同一句话："不是因为有希望才去坚持，而是因为坚持才会有希望。"

从初三毕业的那个暑假开始，我就在附中参加夏令营集训。

高中信息学的内容与初中截然不同，即便是同样的知识点，题目的解法也更为多种多样。记得当时一个叫作"乌龟棋"的练习题，用到了动态规划的模型。初中虽然也学过，但只接触过线性的模型。"乌龟棋"的练习题是个四维模型，我当时想了很久都没做出来，看了解题报告后，不禁感叹模型的灵活多变。

在那段夏令营集训中，我学了很多知识、长了很多见识。其中有一点，就是精神传承。在夏令营上课的老师是高我们三届，且在"攀登杯"上刻了名字的学长（高一时段的学习也有集训队学长给我们辅导和引路），这种薪火相传的精神深深地影响了我。我也向他们学习，在就读本科时，每个寒暑假都抽时间给学弟学妹们讲课，在大学程序设计竞赛队，也作为学生教练以老带新。学校的荣誉流传百年，在我看来，这样团结、服务、牺牲的精神也是非常值得学习和发扬的。

高一时段的竞赛压力相对来说小一点。那一年里，基本每天晚自习都在机房，学习内容以新知识点为主。相比起其他竞赛，信息学知识点迭代更新的速度是非常快的，一些在五年前看来比较高深、冷门的知识点或优化技巧，到五年后可能就变成入门常识了。当时，有很多经典的算法或者数据结构的命名，就是以发明这个的学长学姐的名字＋算法组成。所以，当时学习那些算法的时候，也常会幻想，能不能也发明某个算法，冠以自己的名字。

平时学习是以刷题和模拟测验为主。刷题一方面是结合新知识的学习，花两三天专门找相应题目来练习；另一方面，也会随机找题。这个过程，也会碰到一些没接触过的知识点。因为信息学竞赛没有固定的考纲，所以，所有碰到的新知识点，都有值得了解的价值。题目一般是从在线题库上找，上面可以看到其他同学，甚至全国各地选手的做题记录，所以也可以跟着一些知名选手的做题记录去刷题。当题目不会做的时候，要根据题目是否有突破性，来决定花费在题目上的时间长短。

模拟测验最主要的是模拟比赛的各种流程，避免在考场上出现低级失误，同时也可以熟悉比赛节奏。考题的来源也很关键，好的考题可以对知识点起到查漏补缺作用，也可以帮助了解当下比较热门的考点。说到这一点，不得不感谢我们的学长和教练，他们花了很多功夫帮我们挑选高质量的考题以及开展集中培训，给我们的学习带来了很大帮助。

到了高二，就是全力冲刺的阶段了。上学期的联赛、下学期的省队选拔赛、暑假的国赛，每一场都关系到后续的比赛，都必须全力以赴。从联赛前一个月开始，我们就正式停掉文化课，全天在机房里训练，每天就是宿舍、机房、食堂三点一线，打交道的人也就是教练、队友，以及宿管阿姨和食堂阿姨。虽说如此，但因为我们是信息学，能接触到电脑和网络，所以也会跟一些外校外省的同学交流，也有千人信息学群聊，相比起其他学科竞赛，会多一些欢乐。

上学期的联赛，我考得还不错，到寒假的冬令营也有一枚银牌进账。省队选拔赛的比赛时间是两天。第一天，我在一道题上花了很多时间，尝试了一个不太稳妥的做法，最后也没有把做法写得很完善，得分不高，排名在省队名额线以外。当时，我心态调节能力有点差，所以在第二天的比赛中，打得就非常保守，没有打出优势，最后没能进入省队。虽说有邀请赛名额，但当时的抗压能力确实有所欠缺，在沮丧的情绪下，省选结束后，我便萌生了退组的念头。

现在回过头看来，其实第一天的失利并不代表着失败，有的同学第一天分数比我还低，但凭借第二天一个题目的满分解答，得以成功翻盘进入省队。赛后再看考题，我居然发现，原是自己会做的题目，只因缺少了放手一搏去冲击满分的勇气。所以竞赛不光是知识和题目，敢拼敢闯，把会做的题、能拿的分收入囊中的大赛心态也是非常非常重要的。

在回高考班上了半天文化课后，教练许力老师找到了我，劝说我再冲刺一下国赛，哪怕是没有进集训队的机会，邀请赛名额也不能白白浪费。老师的鼓励，以及自己内心里一股不服输的劲，让我重新回到了机房，与同组的小伙伴继续并肩作战。这个阶段就以查漏补缺为主了，毕竟信息学竞赛的知识点又广又杂。同学之间的交流就是非常有效的学习方式。记得当时每周会有一次交流会，每个同学会选一两道题目来做一个分享。在这个过程中，听取知识的新奇和分享知识的快乐，让我的失落情绪慢慢淡去。

转眼就到了最后的国赛。比赛期间，我汲取教训沉着应战。但因为第一天一个数据结构知识的欠缺，以及第二天比赛题目难度的增加，最后只拿到了一枚铜牌。虽然去清华、北大无望，但我也幸运地获得了复旦的招生优惠政策。

在竞赛学习过程中，我虽然没能取得理想的成绩，但总体还是非常快乐和享受的。遗憾虽有，但更多的是收获与成长，心态上也有了比较明显的改观。这种种经历，对一年后的高考、大学的程序设计竞赛，以及生活上的方方面面都产生了非常积极的影响。

▶》寄语学弟学妹：

《中庸》有云："君子之道，辟如行远必自迩，辟如登高必自卑。"竞赛之路绝非一步之遥，攀登之果绝非一蹴而就。参与竞赛学习的缘起，可能会多种多样，如兴趣、偶然，或是被家长要求，但竞赛的成果往往都源于一定的天赋和十足的汗水。想要取得理想的成绩，就不能轻言放弃，既然选择了远方，便只顾风雨兼程。

竞赛之路，一方面是知识的学习，要与老师互动、与同学交流，要认真、耐心地对待每一个知识点；一方面也是内心的成长，内容学不会怎么办，题目想不出怎么办，当面对逆境时，是否还能爆发出自己的能量，这些或许没有现成的教材来学，但这些过程中的每一个点滴，都是成长。我觉得非常重要的一点是，不要给自己设限。或许有一位同学每次考试都考不过，或许有一个知识每次碰上都弄不懂，这个时候千万不要让自己陷入考不过和不会做的消极暗示，应该有不服输、不放弃的精神。只有这样，才能在面对种种困难之时，迸发出迎难而上的精神力量，才会越来越强大。

除此之外，我们也需要有感恩的精神。要感谢家人的支持、老师的教导、同学的帮助，要能尽自己所能去回报，在母校需要的时候能贡献自己的一份力量，把精神和荣誉一届一届传承下去。

在失败的痛苦中 "涅槃重生"

作　者：谭伯睿，高二入选湖南省信息学奥林匹克竞赛
代表队，2021 年在全国青少年信息学奥林匹克
竞赛荣获银牌，获北京大学强基计划破格录取
资格。本科就读于北京大学计算机专业。

教　练：许　力
班主任：吴彩霞

　　初二的那个夏天，我第一次接触到了信息学竞赛，那是一个充满挑战和未知的世界。我对编程的热爱从那时开始生根发芽，我的攀登记忆，也就此开启。

　　记得在初三的时候，我凭借着一股初生牛犊不怕虎的劲头，获得了省一等奖。那一刻，我感受到了成功的喜悦，也对自己的未来充满了信心。

　　然而，人生的道路并非总是一帆风顺。高一的那次竞赛，由于看错一道题的题意，加上没有认真准备，我连省一都没拿到。那次失败，让我深感挫败，心中无数次想过要放弃。

　　但是，对信息学的热爱，以及老师和家长的鼓励，像一道光，照亮了我前行的道路。我告诉自己，不能就这样放弃，我要证明给自己看，我能够站起来，能够走得更远。于是，我重新振作，开始了为期一年的高强度备战。这一年，我加强了对知识点和错题的整理，不断总结经验、提升自己。终于，在联赛中，我重新拿到了全省名列前茅的成绩。那一刻，我知

道，我没有辜负自己的努力。

省队选拔考试那天，我遇到了一个难题，花了两个小时仍然毫无头绪。但我没有放弃，我相信，只要坚持，总会找到解决问题的方法。就在我几乎要绝望的时候，灵感乍现，完成了那道题。那一刻，我明白了，坚持就是胜利。

进入省队后，我对信息学的钻研更加深入。在老师和队友的帮助下，我不断提升自己的能力，最终在全国比赛中获得了银牌。那份荣誉，是对我努力的最好回报。

但是，信息学竞赛与高考的关联并不紧密，高一高二的竞赛学习让我落下了很多文化课的知识。面对即将到来的高考，我心中充满了担忧。但在老师们的帮助下，我制订了详细的学习计划，系统地学习完了整个高中内容。那段时间，我每天与书本为伴，与知识为伍，最终，我成功通过了强基计划，圆梦北京大学。

进入大学后，高中竞赛学习锻炼的自学能力和自律精神，对自由度更高的大学生活有着极大的帮助。在信息与计算科学的专业学习中，我如鱼得水，多门课程获得高分。这一切，都得益于竞赛带给我的宝贵经验。

回顾这段攀登记忆，我感慨万分。信息学竞赛让我学会了坚持，学会了面对挫折。同时，也总结了以下几点学习方法，与学弟学妹们共享：

知识整理。将所学知识点进行归纳整理，形成体系，便于复习和巩固。一定要把自己觉得很重要的题目思路或者知识点，用纸笔记录下来。

错题总结。认真对待每一道错题，分析错误原因，避免再次犯错。

自学能力。培养自主学习的能力，遇到问题主动寻找解决方案。

时间管理。合理安排时间，确保每个阶段的学习任务都能按时完成。

持之以恒。无论遇到多大困难，都要坚持下去，相信付出总会有回报。

勇于且善于提问。无论是竞赛学习还是文化课学习，只要有问题，就一定要提出来。无论是向老师请教，还是与同学讨论，都会有很大的收获。

这段攀登记忆，是我人生中最宝贵的财富。它让我明白了，只要心中有梦想，勇往直前，就一定能实现自己的人生目标。在未来的道路上，我将继续保持这份热爱和坚持，为信息学领域的发展贡献自己的力量。

▶▷▷ 寄语学弟学妹：

亲爱的学弟学妹们，我是一名经历过信息学竞赛洗礼的附中学长。

记得那段时间，我夜以继日地学习、刷题、考试，每一次失败都让我倍感痛苦。然而，正是那些失败让我学会了坚持，学会了从失败中汲取教训。在一次次挫折和成功后，我终于圆梦北京大学，将所有的付出和汗水，化作了满满的成就感。

在高中宝贵的三年时光里，随着知识领域的拓宽和思考能力的提升，你们将在竞争激烈的信息学竞赛中遇到各种挑战。这些挑战可能涉及成就与挫折、心态与心理素质、团队合作与人际交往，甚至是理想与现实的选择。请记住，这些经历和挑战不仅仅是竞赛生涯中的小插曲，更将深远地影响你们的人格塑造。

无论你们是否已经感受到这些挑战，或正被它们所困扰，请坚信，所有的经历，都是成长的宝贵财富。迷茫和困惑是人生必经的阶段，但它们却不会是人生的终点。选择了信息学竞赛的道路，就意味着你们已经具备了迎难而上、解决问题的勇气和智慧。不论成绩如何，这条路都将引导你们到达更深层次的理解，获得对自我和世界更深层次的认知。

信息学竞赛，不仅仅是对编程技能和算法理解的深化，更是一次关于失败与挫折的教育。它将促使你们直面自己的不足，并用坚定的意志去战胜和实现自我突破。每个人的竞赛之路都是独一无二的，无论你们在竞赛成绩上处于何种水平，都要有迎难而上的勇气，通过多做总结、多刷题来提升自己。

我想告诉你们，竞赛和学习不仅仅是为了成绩和荣誉，更是为了锻炼意志和品格。每一次挫折和失败都是我们成长的垫脚石。所以，不要害怕失败，不要畏惧挑战。勇敢地追求自己的梦想，不断地挑战自己的极限。

　　此外，我希望你们能够珍惜高中这段美好的时光。在这里，你们会遇到志同道合的朋友，会经历许多难忘的事情。这些都将成为你们人生中宝贵的回忆。

　　最后，我祝愿你们在未来的学习生活中取得优异的成绩，实现自己的梦想。无论未来道路如何，都请保持对知识的热爱和追求，勇往直前！加油，学弟学妹们，未来的辉煌等待着你们去创造！

一次次跌倒和奋起，塑造了坚韧的我

作　者： 陈永志，2021 年、2022 年，连续两届荣获全国青少年信息学奥林匹克竞赛银牌，入选湖南省队。本科进入北京大学信息与计算科学专业学习。

教　练： 许　力

班主任： 吴彩霞

　　我的信息学竞赛经历是一段充满挑战与收获的旅程，不仅是对编程与算法的深入探索，更是一次心智的修炼和意志的磨炼。

　　我与信息学竞赛的结缘始于初中。那时的我对竞赛充满了好奇和向往。然而，这条路并非一帆风顺。

　　高一时，我在联赛中的表现彻底"崩盘"，几乎对自己的能力产生了怀疑。但正如尼采所言："那些杀不死你的，终将使你更强大。"在省选中，我重新振作、迎难而上，最终成功翻盘，进入了省队。这一经历让我深刻体会到，真正的竞赛不仅仅是知识的较量，更是心态和决心的比拼。

　　然而，挫折并未就此止步。在第一次参加 NOI 时，我满怀期待，希望为自己和学校争得荣誉。然而，现实却给了我另一记沉重的打击：尽管付出了大量努力，最终只得了一枚银牌。彼时的我，不禁开始怀疑自己是否足够优秀，是否真的能在这个领域走得更远。正如爱因斯坦所说："在失败和挫折面前，保持前进的勇气才是真正的智慧。"那段时间的低谷让我学会了反思，也让我懂得了，失败并不可怕，关键在于如何从中站起来。

进入高二，我以更大的决心迎接新一轮挑战。NOI 再次到来，我更加严阵以待，渴望这次能弥补之前的遗憾。然而，赛场如同一场没有剧本的戏剧，虽然拼尽全力，最终还是未能如愿，只拿到了第二枚银牌。这一刻，我真正意识到，竞赛中的胜负不仅取决于技术的深浅，更多时候是心态的考验。正如卡耐基所言："一个人的成功，往往取决于他应对挫折的能力，而不是他避免挫折的技巧。"

在竞赛之路上，一次次的失败和成功让我意识到，无论结果如何，重要的是从每次经历中汲取教训。信息学竞赛不仅教会了我如何解决复杂问题，还教会了我如何在面对挫折时保持镇定、理智和坚毅。

高三时，新的挑战也随之而来——文化课的提升。在多年专注竞赛的情况下，我的文化课成绩一度在年级中垫底。那时，摆在我面前的，不仅仅是知识的差距，更是时间与心态的双重考验。凭借着坚韧不拔的决心，我逐渐缩小了差距，最终进入了年级前 20。我常常想起丘吉尔的一句话："成功就是从失败到失败，仍不失热情。"这段艰难的历程让我明白，任何成就都离不开持之以恒的努力，只有不断前行，才会收获自己想要的结果。

最终，我成功收到了北京大学的录取通知书。那一刻，我深感欣慰，这不仅是对我三年辛苦付出的回报，更是对我在竞赛路上坚持不懈的最佳证明。

回顾这些年的竞赛旅程，除了编程与算法上的进步，我收获了更多关于坚持、心态调整和如何面对挫折的宝贵经验。每一次跌倒，每一次失败，都是一次向前迈进的机会。老师的教导、同学的支持，让我在每一次迷茫中找到方向，也让我更加坚信，正是这些挫折和奋斗，塑造了如今更加坚韧的我。

▶▶ 寄语学弟学妹：

对于我来说，信息学竞赛不仅仅是对编程能力和算法知识的考验，更是对意志与毅力的挑战。在竞赛过程中，我遇到了不少技术上的难题，也经历了思维的瓶颈和心理的起伏。但正是这些挫折，磨炼了我的心态，让我学会如何在压力下保持冷静，如何面对一次次的失败并从中汲取力量。

每个竞赛选手都会有属于自己的挑战，可能是某个难以攻克的算法，也可能是对时间和精力的管理。然而，不论你在起点或中途面临何种困难，请相信它们终将成为你成长路上的宝贵财富。

在这段充满挑战的竞赛旅程中，除了技术的提升，你还将学会如何与队友合作，如何面对心理上的波动，甚至如何在理想与现实之间找到平衡。这些技能远超赛场上的成绩，对你未来的影响也不可估量。

迷茫与困惑是常见的，但不要因此放弃。当你选择了这条道路，就意味着你有足够的勇气和智慧去面对所有的挑战。无论最后的分数如何，竞赛这条路将会引导你发现自身的潜力，拥有对技术的深刻理解，带领你领略更加开阔的视野，获得更加坚定的信念。

在跌宕中磨砺，在坚持中崛起

作　者：陈长，2019—2021 年在全国青少年信息学奥林匹克联赛中荣获湖南省一等奖。2022 年成功入选湖南代表队，在全国青少年信息学奥林匹克竞赛中荣获银牌。同年，在亚洲和太平洋地区信息学奥林匹克中荣获银牌。本科就读于北京大学，信息与计算科学专业。

教　练：孙　沅、许　力
班主任：刘　婧、刘雄昆

在充满梦想与憧憬的年纪，我踏入了信息学竞赛的世界。那时，我怀揣着对编程的热爱和对知识的渴望，希望能在这个领域中展现自己的才华。

竞赛的道路并非一帆风顺，它充满了挑战、挫折与未知。但正是这些经历，塑造了我坚韧不拔的品格，也让我更加珍惜每一次的成就。

（一）初涉竞赛　满怀憧憬

记得那是一个阳光明媚的下午，我无意间接触到了编程，并被它深深地吸引。那种通过编写代码解决问题的成就感，让我欲罢不能。我沉浸在编程的世界里，享受着每一次解决问题的喜悦。于是，我开始自学编程，并参加了一些线上竞赛。虽然起初的成绩并不理想，但我并没有气馁，反而更加坚定了自己走竞赛之路的决心。

我加入了学校的编程社团，与一群志同道合的伙伴一起讨论算法、刷题、参加模拟赛。每一次的竞赛都让我收获颇丰，不仅提高了我的编程能力，还让我结识了更多优秀的选手。我们互相学习、互相鼓励，以优异的竞赛成绩为目标，携手并进。

（二）挫折重重　屡败屡战

然而，竞赛的道路并非想象中那么轻松。在参加一些初级的竞赛时，我经常会因为一些小错误而失去机会。有时候，我会因为对算法理解不透而熬夜苦思；有时候，我会因为一次比赛中的失误而懊悔不已。失败的经历，让我感受到了竞赛的残酷与无情，也让我开始怀疑自己的能力和选择。

但是，我深知失败是成功之母。每一次失败都让我更加深刻地认识到自己的不足和需要改进的地方。于是，我开始更加努力地学习算法、刷题、参加模拟赛，不断提高自己的编程能力和竞赛水平。我借阅了大量的编程书籍，观看了无数的编程视频教程，不断拓宽自己的知识面。同时，也开始注重调整自己的心态，学会在失败中保持冷静和乐观。

（三）高二结束　竞赛告一段落

高二那一年，我全身心投入竞赛。

我参加了各种级别的比赛，从校级选拔赛到省级联赛，再到 NOI。每一次比赛，都是一次考验，也是一次锻炼。我经历了无数次的失败和挫折，但每一次的失败都让我更加坚定地相信自己能够取得好成绩。

经过无数次的努力和付出，我终于在高二结束时获得了全国青少年信息学奥林匹克竞赛的银牌。这是我多年努力的回报，也是我对自己能力的肯定。当我站在领奖台上，听着掌声和欢呼声，我感受到了从未有过的喜悦和自豪。

高二结束，也意味着竞赛生涯告一段落。由于高三需要全力备战高考，我不得不暂时放下竞赛的热情，将全部精力投入文化课的学习中。虽然心中有些不舍，但我知道，这是成长的必经之路。

（四）高三拼搏　全力备战高考

高三那一年，我面临了巨大的压力和挑战。我不仅要补上之前落下的文化课知识，还要应对即将到来的高考。那段时间，我几乎每天熬到深夜，既要刷题复习文化课，又要回顾竞赛知识，保持对编程的热爱。

在高三的备考过程中，我遇到了很多困难和挫折。有时候，我会因为一道难题而冥思苦想几个小时；有时候，我会因为一次模拟考试的不理想而失落沮丧。但是，我深知这是成长的必经之路。我告诉自己要坚持下去，不能放弃。

为了更好地备战高考，我制订了详细的学习计划。我按照计划有条不紊地进行学习，不断巩固基础知识，提高解题能力。同时，也注重调整心态和情绪，保持积极向上的态度。

终于，在高三的最后一次模拟考试中，我取得了优异的成绩。这让我更加坚定了自己的信心，也让我对未来充满了期待。我知道，只要我继续努力下去，我一定能够取得好成绩。

（五）反思与成长

回顾竞赛之路，我感慨于自己的成长和变化。那些挫折和失败，让我更加坚强和成熟；那些努力和奋斗，让我更加自信和坚定。我学会了如何面对困难和挑战，学会了如何在失败中保持冷静和乐观，也学会了如何与他人合作和交流、如何在团队中发挥自己的优势。

同时，我也深刻地认识到了自己的不足。例如，在算法和数据结构方面，还有很多需要提升的地方；在编程风格和代码规范方面，还有很多需要改进的地方。因此，我决定在大学期间继续努力学习信息科学领域的知识和技能，不断提高自己的能力和水平。

如今，我已经步入了大学的殿堂，开始了新的学习和生活。但是，我深知自己还有很长的路要走。我将继续努力学习信息科学领域的知识和技能，不断提高自己的能力和水平。我相信，在未来的道路上，我还会遇到更多的挑战和困难，但我将始终保持对竞赛的热爱和追求，不断攀登更高的山峰。

在大学期间，我计划参加更多的编程竞赛和实践活动，如 ACM-ICPC、

CCPC 等。这些竞赛不仅可以让我与来自世界各地的优秀选手切磋，还可以让我更加深入地了解信息科学领域的最新动态和发展趋势。同时，我也计划参加一些科研项目和实验室工作，通过实践来提升自己的科研能力和创新能力。

此外，我还将注重自己的个人发展和综合素质的提高。我将努力拓宽自己的视野和知识面，学习一些与信息科学相关的交叉学科知识；我也将注重自己的沟通能力和团队协作能力的培养，以便更好地与他人合作和交流。

我将永远铭记附中三年的攀登记忆，这将成为我人生中宝贵的财富和动力，激励我继续前行、不断攀登，向着更高的目标迈进。同时，我也期待着，自己能够在信息科学领域中取得更加优异的成绩和突破，能够为社会作出自己的一份贡献。

▶》》寄语学弟学妹：

竞赛和学习不仅仅是为了获取成绩和荣誉，更是为了磨炼意志和品格。每一次的挫折和失败，都是我们成长的垫脚石。所以，不要害怕失败、不要畏惧挑战。勇敢地追求自己的梦想，不断地挑战自己的极限。

我希望你们能够珍惜高中这段美好的时光。在这里，你们会遇到志同道合的朋友，会经历许多难忘的事情。这些都将成为你们人生中宝贵的回忆。

最后，祝愿你们在接下来的学习生活中取得优异的成绩，实现自己的梦想。无论未来道路如何，都请保持对知识的热爱和追求，勇往直前！

"我的求知欲很强"

作　者：彭宇祺，获得第 39 届全国青少年信息学奥林匹克竞赛银牌，2023 亚洲和太平洋地区信息学奥林匹克中国区线下金牌，第 40 届全国青少年信息学奥林匹克竞赛银牌。本科就读于清华大学。

教　练：许　力

班主任：杨　茜

　　我从小就能接触到电脑，在打游戏的过程中，对计算机程序运行原理产生了好奇心。

　　接触编程的契机，是小学时去北京参加一个小奥竞赛，其间听到了一个介绍 Scratch（一个面向少儿的编程语言）的讲座，让我稍微窥见了计算机世界的一角。

　　但是，那时我并不能频繁接触电脑，于是就用手机学习编程。为了能实际操作，还大费周章地下载了编代码用的手机软件，自己在手机上写了一个"2048"。

　　上了广益后，听到广播通知信息学竞赛的报名事宜，就让家长找到了广益的教练。但当时大家认为我是零基础，没有给我报名，只是让我去上了姚教练的课。

　　最开始是占用每周二中午的午休时间上课，抓紧那一个半小时的时间做题。那时，每周的周二，是我一周中最期待的日子。后来换成了邢教练，上课时间也改在了第一节晚自习，时间也更为紧张了。

　　有一次，我在附中集团的信息学测试中得了满分，引起了许教练的注意，他让我每周六晚到附中上课。

　　当时，文化课压力很大，周日也有课，加上我是寄宿生，所以有一段时间，我基本上是周六晚上睡长沙的宾馆，月假才能回一次家。

　　初二时，我有数学、信息学双修的打算，但班主任强烈建议我只选一门。在拖延了一段时间后，我最终还是选择了信息学——因为经过鏖战后看到一片绿色的 AC（通过）时真的很开心。

　　学竞赛的最大的特点是对自学能力要求比较高。我从橙色的《信息学奥赛一本通》开始（这本书不太推荐），一本一本地往后看。书看多了，脑中的知识体系也逐步建立了起来，基本跑在了老师课程进度的前面。

　　我看书最大的特点是不会首先看它的代码实现，而是会自己先想一遍，如果想不出，才会参考书上的代码。虽然这导致我的代码别人比较难看懂，但提高了我的独立思考能力。

　　寒暑假在校内集训，学校会请学长给我们上课。那时，上课的内容我基本听不懂，于是，在下课后，我会拿出课件一句话一句话地研究，再不会就上网搜。

　　在初三下学期省选前，许教练安排我到附中与学长一同集训。每天考教练精选的模拟赛题，题目非常难，我每天在机房的体验就像坐牢。之后的省选和中考后的省队集训（非省队也能参加）也是一样的体验。集训过程中，与学长的交流，让我学到了很多有用的技巧。

　　我的求知欲很强。因为以前没有考纲，比赛能考到的知识点覆盖面很广很深，所以每天除了比赛与更正错题外，我还会额外学些知识。当年，由于缺乏专门针对省选的书，所以很多知识需要自己上网找，或是从别人的博客里学。这也锻炼了我的信息检索能力。

　　考纲出炉后，虽然明确了知识点，范围不会很广，但我还是会花时间研究自己感兴趣的、信息学竞赛中最前沿的理论，是利是弊，也只能交给时间去验证。

省选回去后，我凭裸分上了附中。

我的信息学竞赛成绩的突破，始于国赛线上同步赛。记得我在考试的前四天学了一个比较冷门的知识点，国赛恰好考到，让我的分数排到了同省同年级第二。

进入附中后，我有了更多的时间学竞赛。当时的模拟赛，教练要求把题目全部更正，题目不是很难但解题过程却有些冗长，让我经常调代码调到头疼欲裂。

一般情况下，遇到思维难度不高，但是编写代码难度很高的题，我大概率会选择脑中明白做法，手上跳过不写。但更正的任务又督促我不得不写。一番博弈之下，我写代码和调代码能力有了质的飞跃。

那段时间，会学到一些之前已经学过的东西，有的是忘了，有的是前期知识的深化。与初中相比，我能够明显感受到自己理解得更快、更深、更有体系了。

信息学竞赛的校外培训机构不多，但只要是有名气的，就都很硬核。高一时，我参加了名为"正睿"的校外培训机构的课，题目很难，我的成绩日常垫底。但这是一个学习高水平题目的渠道，对我的帮助也很大。

高一省选后，我的成绩是省第三，出乎了所有人的意料。

国赛前，我有幸遇到一道题，最初尝试用常规算法去解一个步骤，但正确率极低。经过调试后，我换用了自己的算法。巧合的是，国赛正好考了我换用的算法，把常规算法卡在了 70 分以下。加上平日教练对我的严苛训练，那次国赛，我取得了一个高名次。

高二期间，我跟着正睿和南外集训，那段时间是我社交能力提高的重要时期。我尝试着与外校选手交流，挑战自己站在雅礼的报告厅上讲题，性格活泼了很多。高三再回班级上文化课时，相比原来只会闷头写作业的我，很多同学都觉得我像变了一个人。最后，我通过强基考上了清华大学。

感谢附中，感谢我的教练、老师和同学，是你们提供的优美的校园环境、个性化的指导、深入浅出的教学和浓厚的学习氛围，让我取得了出乎意料的成绩并获得了成长。

▶〉〉寄语学弟学妹：

遇变则变，遇强则强。随着全国各地竞赛交流的深入、选手水平的提高，竞赛形势也发生了翻天覆地的变化。我始终相信，学校和教练们能够探索出一条破局之道，相信学弟学妹们能够保持自律、冲劲和毅力，一路向前。

期待着你们的好成绩，等着你们刻满下一个"攀登杯"！祝附中越来越好！

背水一战时，只想为热爱留下"最后一舞"

作　者：颜桉，荣获第 39 届全国青少年信息学奥林匹
克竞赛银牌、第 40 届全国青少年信息学奥林
匹克竞赛决赛金牌，入选国家集训队，保送
清华大学。

教　练：许　力
班主任：杨　茜

　　我与信息学竞赛的不解之缘要从初中说起。

　　因为小学时对编程有浓厚的兴趣和一些基础，在我刚入初中时，母亲
便向我推荐了附中的一个编程兴趣班。为我们讲课的老师是许力老师。他
的语言风趣幽默，在课堂上用一个又一个问题不断激发我们的思考。在他
的引导下，我被信息学的魅力深深吸引了。渐渐地，我不再满足于课上教
授的内容，开始在一些网站上自学新知识。在此期间，我与许老师的交流
变得密切起来。有一天，他问我是否有意愿参加"信息学竞赛"。我觉得其
中充满令人兴奋的挑战，便欣然同意了，许老师也就成了我的教练。

　　在附中，我有时是与初二、初三的学长们一起训练；有时是由许老师
教我一些算法知识。每每完成一道题目或者学会新算法，我都会感到十分
高兴。不久后，许老师对我说，可以报名参加 NOIP。由于我还处于刚入门
的阶段，许老师只给我报了普及组。当时，虽然我连语法都没有学完，但
是在考场上硬是把自己学过的知识都用上了，压线取得了普及组的一等奖。
我的成绩超过了所有初一的同学和大部分初二的学长，这给了我极大的鼓

舞。于是，我开始把周末的大部分时间都花在信息学竞赛学习上。有时会觉得累，失败时会觉得沮丧，但是解决问题后的欢呼雀跃能够立马让这些负面情绪烟消云散。

时间飞逝，转眼就到了初二。因为我已经在普及组中拿到了一等奖，那年的联赛，我就只报名了提高组。我在第一天第二题中虽然通过了全部的样例，但由于没有认真检查，导致预期的 100 分变成了寥寥 5 分；第二天，我更是写不出除了暴力搜索以外的算法。最终，只拿到了一个普通的二等奖。这是我在信息学竞赛生涯中遇到的第一个挫折。

寒假，强基计划横空出世。当时的我完全不懂它意味着什么，但是从学长们的反应来看，貌似是将通过竞赛进入名校的难度又拉高了一个段位。与此同时，一位曾为我解答过问题的初三学长因为在提高组中仅取得了三等奖，决定退出信息学竞赛。这两件事让我意识到，仅凭热爱，是不足以一直在竞赛这条路上走下去的。

初三寒假时，我下定决心，要在湖南师大附中继续学习信息学竞赛。在暑假，我就迫不及待地前往培训室，与两位大我一届的学长一起训练。

几天后，有两位大我两届的学长前往浙江省余姚市参加 NOI 2021。在我的印象中，那两位学长实力非常强，我期待着他们的出色表现。

我和其他同学则是参加 NOI 2021 的网络同步赛。在同步赛中，我的分数在现场可以排到 100 名左右，令我有些兴奋，第一次意识到自己和心目中那些高水平选手的差距并非"鸿沟"。

竞赛结束后，那两位学长双双取得银牌的消息传回学校，我在感到失落的同时，也陷入了沉思：学长们只剩下高三一年的时间用来全身心投入文化课学习了，需要花费比其他人多出数倍的努力。看着他们讨论下一步应该怎么走时，那一脸茫然又不甘的样子，我对竞赛的沉重有了新的认识。

暑假过后，我正式入学，并和信息学竞赛组里的部分同学一起被分到了 2101 班。在那段时间的集训中，我清晰地感受到了自己实力的增强，也渐渐对即将到来的 NOIP 2021 充满了信心。比赛中，我发挥得很好，取得了湖南省第七名的成绩，这让我对第二年的省选充满了期待。

　　从 NOIP 2021 到省选，我的训练从未中断过。在寒假，我参加了全国青少年信息学奥林匹克冬令营（WC 2022）。虽然最后的结果只有一枚铜牌，但没有对我造成很大的打击，而是让我意识到了自己的弱点，我开始在之后的训练中加以改正。时光飞逝，省选立刻就到来了。第一天，我表现平平，很多人都会的一道题，我却没有做出来。但是第二天，我在一道题中拼了很多部分分，取得了不低的成绩。最终，我成功入选湖南省队，并将像学长那样，线下参加 NOI 2022。

　　与我一同入选省队的还有一个高一的同学、一个高二的学长。为了准备 NOI 2022，许老师为我们三个找了一个新的训练环境，其中不乏高水平的选手。在高强度的训练下，我们的学习收获增多了，学习质量提高了，但因为大部分选手都是第一次线下参加 NOI，再加上高二的学长们仅有此一次机会参赛，组里的气氛就有些压抑。不过在此期间，许老师和母亲都很关心我，同学之间也会相互鼓励。于是，这种压力与希望并存的训练，一直持续到了 NOI 2022 开赛。

　　赶到 NOI 2022 的赛场——昆山市，我的心情十分复杂。我知道，自己并没有稳定进入国家集训队的实力，却又不敢想象如果失败了，将要在多大的压力下度过高二这一年。最终，我在比赛中犯下了一连串的失误，只取得了银牌（中下游的成绩）。更不幸的是，其他两位同学同样也只取得了银牌。这意味着，学长们必须努力投入文化课学习，而我和另一位同学只能从头开始。

　　再次回到附中后，我们就成了培训室最大的一届，也是"背水一战"的一届。NOI 2022 后，有一段时间，我沉溺于失败，并没有总结其中的原因。加上 NOIP 2022 的临近，我有些焦虑，容易受他人干扰。在 NOIP 2022 中，被我忽视的问题还是集中爆发了出来。两个严重的失误导致我的排名比目标低了太多。之后，许老师找到了我，帮我一起总结了出现的问题，并讨论了解决方案，这让我重拾信心。一转眼，又到了寒假。在 WC 2023 中，我充分发挥自己的优势，为一道较难的题写了一个高分算法，并获得了金牌（上游的排名）。我能翻盘进入湖南省队吗？不如说，我相信自己能翻盘吗？我会因为 WC 2023 以及其他比赛的成功而自信，又会因为培训室中紧张压抑的氛围而自卑。所以，直到省选，这个问题都没有在我心中形成确切的答案。

在省选第一天，我拉开的分差已经足够翻进省队。但是在第二天，不知是因为太想证明自己还是其他原因，我并没有执行我赛前拟定的策略，再次以相同的原因失败。这是我信息学竞赛生涯遇到的最大挫折。

我和父母、教练思考了很久，最终决定还是继续参加 NOI 2023。为了根治我的心态问题，我向许老师提出单独训练的请求。一个人虽然孤独，但是压抑程度远不比培训室，我再次逐渐找回了自己的状态，并且终于能够开始尝试改变以前对于比赛的偏执看法，终于能够直面这最后的挑战。

在成都的赛场，我的心情始终能够保持平静。我只想在我所热爱的大舞台上，留下我的最后一舞。在第一天，我并没有什么亮眼的表现，也没有上当天的队线。但我惊奇地发现，自己不再会因为具体的数字而高兴或失落，这个"打出了自己水平"的成绩，已经足够令人满意。第二天，我发现前两题似乎都十分简单，而第三题又是我所擅长的随机化题目。双手离开键盘的那一刻，我知道自己已经完成了漂亮的翻转。不久后，结果出来了。我和几位同学如愿以偿地进入了国家集训队。当然，也有很多同学仍以遗憾收尾。那个晚上，许多和我一同训练的伙伴们聚在一起，大家彻夜长谈。与庆祝自己的成功相比，我更想留住和大家在一起的时刻。直到再次见到母亲时，我才开始感到喜悦和幸运。

现在，我已经在清华大学经历了一段时间的学习，结识了许多志同道合的朋友。我在信息学竞赛中所获得的成绩，绝非我一人之力可及。我的每一步成长都离不开教练、老师、同学和父母的帮助。长达五年的信息学竞赛经历，必然会成为我这一生中宝贵的记忆。

▶〉〉寄语学弟学妹：

亲爱的学弟学妹们，你们好！我是今年（2024 年）刚从附中毕业的学长，想和你们分享一些我的经历和感悟。

当你们想踏上竞赛的道路时，首先要明白，这绝非一条轻松的捷径，而是一段充满挑战与艰辛的旅程。竞赛的过程或许会让你们倍感压力，甚至会遇到无数次的挫折和失败。然而，正是这些艰难的时刻，才会成就你们未来的辉煌。

在竞赛中，最重要的是炼就一颗坚韧的心。每一次的失败都不是终点，而是通往成功的阶梯。竞赛不仅仅是知识和技能的比拼，更是对意志和品格的磨炼。只有在一次次的挑战中，才能锤炼出一颗坚强的心。无论遇到多大的困难，都不要轻言放弃，因为每一次的坚持，都是在为未来积蓄力量。

"相信自己"是竞赛中最为关键的一环。或许有时候，你们会怀疑自己的能力，觉得自己无法达到目标。但是，请记住，每一个站在领奖台上的人，都是从怀疑中走出来的。他们之所以能够成功，是因为他们始终相信自己的潜力，相信自己能够克服一切困难。在竞赛的过程中，学会给予自己积极的心理暗示，告诉自己"我能行"，这将成为你们前进的不竭动力。

最后，我希望你们在竞赛中不仅仅关注结果，更要享受这个过程。无论成败，这段经历都会让你们受益匪浅。祝你们在竞赛中取得优异的成绩，迎接属于你们的辉煌未来！加油！

后 记

指尖轻轻摩挲着《金牌之路》的书稿，仿佛触碰到了岁月长河中那些熠熠生辉的故事，如今它终于成册，心中的感慨如潮水般翻涌不息。这本书从萌芽到诞生，恰似一场波澜壮阔、跨越山海的接力赛，每一页都浸透着无数人的汗水、心血与深沉的情意！

回首 2023 年 1 月 1 日，征集稿件的号角嘹亮吹响，就此开启了这段意义非凡的征程。湖南师大附中，这片孕育梦想的沃土，多年来培养出了一届又一届优秀学生，他们如同繁星点点，散落在海内外各个角落。当我们试图将这些闪耀的星光汇聚成册时，才真切体会到其中的艰辛。地域的遥远、时差的鸿沟，宛如一道道难以逾越的天堑，横亘在沟通的道路上。然而，令人惊叹且无比动容的是，无论距离有多远，每一位校友在听到母校呼唤时，那份反馈的热忱都如同灼灼燃烧的火焰，让人倍感温暖，无比激动。在这场为了母校荣誉、为了传承精神的征集中，他们毫无怨言，全力克服困难，配合写作、编辑等工作。这份跨越时空的情谊，如同璀璨星辰，照亮了我们前行的路途；这份情谊亦是源源不断的动力，激励我们砥砺奋进。

教练团队，无疑是这场征程中的中流砥柱。他们既是校友们逐梦路上的领航人，见证着青涩少年成长为各界栋梁；也是这本书得以圆满问世的幕后英雄。从最初的资料整理，到一次次耐心地拨通越洋电话，与校友们重拾往昔回忆，再到面对繁琐要求，不厌其烦地反复补全各类材料，他们用专业与无私付出的精神，为《金牌之路》的面世筑牢了根基。面对长达数月甚至跨年的琐碎事务，教练们从未吐露半句怨言，用行动诠释着师者的担当。

　　由于篇幅有限，不少珍贵的图片、文字不能全部刊载于册，在此深表遗憾，也敬请读者谅解。但无论如何，《金牌之路》的意义早已超越了普通书籍记录荣誉的范畴，它是湖南师大附中学子与教练携手跨越艰难险阻的壮丽史诗，是连接过去辉煌与未来希望的坚固桥梁。愿每一位翻开它的读者，都能被这份炽热的情怀所感染，从中汲取奋进的力量，让"金牌之路"的光芒永不黯淡，持续照亮后来者勇往直前的方向，续写属于湖南师大附中的传奇华章！

编　者

2025 年 3 月 1 日